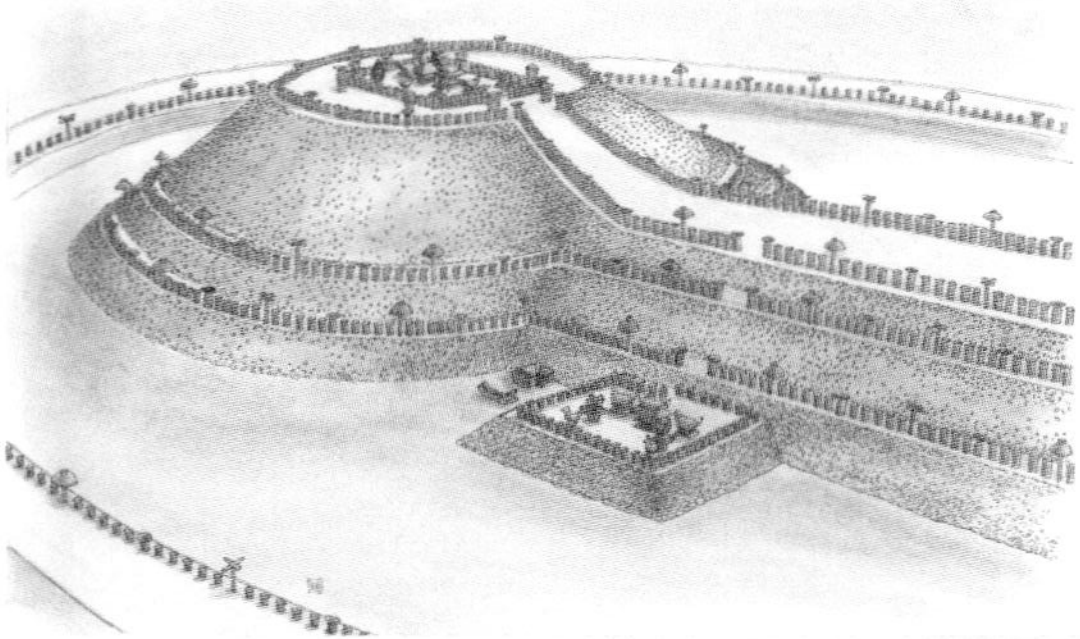

a

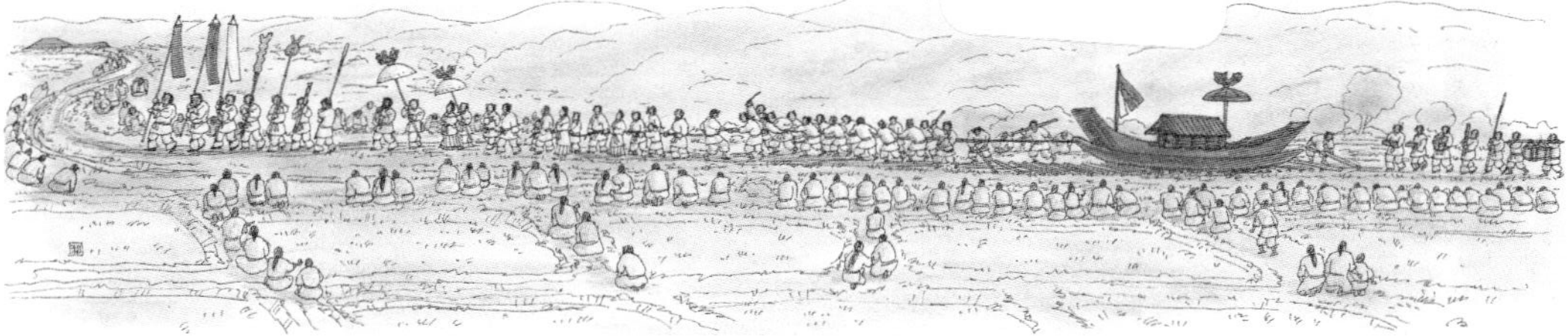

b

円墳完成予想図(a)と
葬列(b)(早川和子作画)

a

b

図2　福岡県桂川王塚古墳の前室奥壁(a)と後室奥壁(b)の壁画(小林行雄模写図)

古墳と埴輪

和田晴吾
Seigo Wada

岩波新書
2020

はじめに

日本列島の長い歴史の中で、人びとが憑《つ》かれたように墓である古墳《こふん》づくりに熱中した時代があった。今では「古墳時代」と呼んでいるこの時代は、わが国が東アジアの東の端で、中国や朝鮮半島諸国の文化や政治の影響を受けながら、古代国家の形成に向けて急速に歩みを進めていた時代にあたる。言いかえれば、古墳時代は、列島に最初の水稲農耕社会が定着し一定の成熟を見せた弥生《やよい》時代と、大陸から仏教をはじめとする新しい文化や政治が伝わり法に基づく本格的な古代国家が成立した飛鳥《あすか》時代との間に位置する、極めて重要な歴史的過程を担った時代だったのである。西暦で言えば、三世紀中葉から六世紀後葉にかけての約三五〇年間。列島の各地では大小一〇万基を超える数の古墳が造られた。

日本考古学では、この古墳の文化に一定の一体性と秩序が認められることから、政治的記念物としての古墳の築造状況にヤマト王権や地域勢力の動向を重ねあわせることで、古代国家形成過程としての古墳時代の政治社会的研究に力を注いできた。

しかし、古墳の第一義は墓であり宗教的記念物なのだから、他界観や信仰といった宗教的意味や葬送儀礼での役割、あるいは社会的意味を問わなければ、古墳の本質には迫れない。もちろん、これまでも多くの研究者がその解明に多大の努力を重ねてきたのだが、いまだ十分納得のいくものとはなっていない。

考古学では遺物、遺構、遺跡といった「もの」を研究の対象とするだけに、こうした心の問題を取りあつかうことは非常に難しい。しかし、古墳時代の出来事を検討する最良の資料は、何よりも同時代の信憑性の高い考古資料にほかならない。したがって、情報量が少なく物的資料に限られるという欠点はあっても、多くの発掘がもたらした資料や情報の中に問題解決の糸口を探らなければならない。重要なことは古墳という遺跡の長所を最大限に活かすことである。

考古学でいう「遺跡」とは、土器や鉄器といった、それ自体で完結する動産的な「遺物」と、溝や石垣といった地面と不可分に結びついた不動産的な「遺構」からなっている。しかも、遺物や遺構は遺跡の中で、上下・左右といった特定の空間的位置関係を保ちながら存在している。この関係を「諸関係」と呼ぶが、そこには時間的前後関係や同時関係、同時関係から類推される機能的関係、あるいは遺構の大小が示すような社会的関係などさまざまな関係が含まれている。

そこで、この諸関係に注目すると、幸いなことに、古墳では、後世の攪乱《かくらん》を受けていないかぎり、墳丘《ふんきゅう》の表面には当時の人びとが動きまわっていた「生活面」が良好に残り、人びとのさまざまな行為の痕跡が良好に残っている場合が少なくない。しかも、古墳で行われた行為は、葬送儀礼《そうそうぎれい》という性格上、一定の作業手順や儀礼的約束に則って行われた一回性の高い規則的な行為なのである。したがって、長い時間の中で消失したものが多いとはいえ、多くの諸関係は一定度保たれたまま地表下に残っているのである。

その点は集落遺跡とは大きく異なる。集落遺跡では人びとの日々の活動が長期間続き、不規則な行為や偶然の出来事で有意な関係性の多くが乱され、本来の諸関係を復元することは非常に難しい。しかも、ほとんどの集落遺跡では、生活面の多くが耕作などによってすでに削り取られてしまっている。

このような理由から、古墳の発掘では、遺構や遺物を見つけるだけではなく、さまざまな諸関係の追究に多くの努力が費やされてきた。発掘に技術と経験がいるのはそのためである。

したがって、古墳という場で行われた諸儀礼の実態を解明するためには、この長所を最大限に活かし、これまでの発掘の成果を十分踏まえつつ、古墳における人びとの一連の行為をできるだけ具体的に復元し、その場その場における遺物や遺構の内容や機能や使い方を丹念に検討することが、何よりも、最も基礎的で重要な作業となる。

それはちょうど、民族学者が未知の儀礼を前にして、その意味内容を理解するために、まずは儀礼の進行を追いながら、折々の人びとの行為や道具立てを克明に記録するようなものである。考古学では、すでに演じる人の姿はなく、光や音や臭いなど多くの情報も失われてしまっているが、残された痕跡は、まぎれもなく千数百年前のもの、そのものなのである。

葬送の儀礼は、死者を送る人びとの思いのもとに、遺体を処理するという現実と、死生観・他界観といった観念が交差するところで、身体的・言語的・精神的行為が一定の筋書きに則って行われた儀礼的行為にほかならない。それは、一定の筋書きに則って演じられる演劇的行為と言いかえることもできる。考古学では、言語的・精神的行為に触れることは難しいが、演劇的行為の舞台装置や道具立てについては遺構や遺物として具体的にかなりの情報を獲得することができるし、ある程度は人びとの身体的行為までも推測することが可能である。

そこで、本書では、人びとの行為の痕跡を頼りに、それらを繋ぐ儀礼の筋書きを復元的に推測し、その上で、背景にある宗教的・信仰的観念についても検討を加えたい。筆者は宗教や思想の専門家ではないが、あくまでも考古学の立場から、古墳を造った人の立場、使った人の立場に立って、できるだけ具体的・実証的に考えようと思う。そして、この作業の先には、日本列島の古墳時代社会が、当時の最先端を誇った古代中国文明の葬制の影響を受けつつも、独自の個性溢れる葬制を生みだし、古墳づくりを国づくりに活かしてきた過程を読みとることができると期待している。

端的に言いなおせば、本書の目的は、第一には、古墳とは何かについて考えるため、古墳づくりをはじめとする葬送儀礼の全体を「古墳の儀礼」と呼び、その実態を明らかにし、背景にある他界観や信仰を推測し、儀礼の筋書きと古墳や埴輪《はにわ》の役割について考察すること。そして、第二には、朝鮮半島諸国をも考慮にいれつつ、当時の東アジア諸地域に大きな影響を与えた古代中国の葬制との関係を素描することにある。

本文は七章で構成されている。古墳が本来の古墳として機能していた古墳時代前・中期の「竪穴系の槨《かく》の時代」の古墳と埴輪の考察に第一〜四章を費やし、古墳が変質した古墳時代後期の「横穴系の室《しつ》の時代」の様相を第五章で述べ、第六章では古墳の儀礼に大きな影響を及ぼした古代中国での葬制の変遷を概観し、第七章では、半島諸国の葬制をも考慮しながら、日本と中国の葬制の比較を試みた。

この間に、ヤマト王権の政治体制は前・中期における首長連合体制の生成・発展・成熟の過程を経て、後期の初期的な国家体制へと変化し、前方後円墳《ぜんぽうこうえんふん》の終焉とともに飛鳥時代のさらに新しい体制へと移行していった。そして、その政治体制の変化は古墳の儀礼の変化と対応し、古墳や埴輪など墓制の変化となっていった。

なお、記述にあたっては、原則として葬送儀礼全体に係わる信仰・約束・制度などは「葬制」とし、その中で墓そのものに関する約束や制度は「墓制」とした。また、古墳づくりを含む葬送儀礼全体を「古墳の儀礼」とした。さらに、一回切りの儀礼的行為を「儀礼」とし、繰りかえし長く継続するものを「祭祀」とした。埴輪群については「埴輪祭祀」や「埴輪のまつり」と呼ばれることが多いが、埴輪は古墳の儀礼の舞台に置かれた小道具の一つにすぎず、それを使って特別な儀礼や祭祀を行うものではないため、あまり適切な用語ではないと考える。

古墳編年	一	二	三	四	五	六	七	八	九	一〇	一一
古墳時代	前期				中期				後期		
細分	前	中		後	前		中	後	前	中	後
世紀	三		四				五			六	
細分	中後		前	中	後		前	中	後	前中	後

広大な中国は黄河《こうが》流域を中心とした北部（北朝）と、長江《ちょうこう》流域を中心とした南部（南朝）に分け、後述の槨墓や室墓が広がる以前に船棺葬が発達した長江以南を中心とした地域を江南《こうなん》とした。また、煩雑になるのを避けるため日本列島を「列島」、朝鮮半島を「半島」とした。なお、弥生時代や古墳時代の列島の水稲農耕社会の人びとや社会は、中国の歴史書では「倭人《わじん》」や「倭《わ》国《こく》」と記されている。「日本」と呼ぶようになったのは飛鳥時代になってからのことである。

時期については、基本的に古墳時代前期・中期・後期など相対年代を用いて記述し、要所で推定暦年代を記した。両者の関係は表のようである。また、古墳の編年については24・25頁図1-10を参照されたい。

目　次

目　次

第一章　古墳の出現とその実態

1　古墳の定義と形・数・分布

「古墳」とは土や石の高まり（墳丘）のある古い墓という意味である。墳丘のある墓を「墳《ふん》」、墳丘のない墓を「墓《ぼ》」とし、両者を指す場合は「墳墓《ふんぼ》」と呼ぶ場合が多い。石を積んだものを「積石塚《つみいしづか》」、土を積んだものを「封土墳《ほうどふん》」や「盛土墳《もりつちふん》」と呼ぶこともあるが、ほとんどの古墳が土を積んだものであるため、封土墳や盛土墳という用語はあまり使われていない。

形

墳丘の形は、平面形が前方後円形、前方後方《ぜんぽうこうほう》形、円形、方形の四つが基本である（図1-1）。この点は円形か方形のどちらかに限られることの多い外国のものとは異なり、古墳の大きな特徴の一つである。他に双方中円《そうほうちゅうえん》形や帆立貝《ほたてがい》形などがあるが、双方中円形は円丘の両側に方形の突出部が付く形で、前期の香川県高松市石清尾山《いわせおやま》古墳群の数例（積石塚）を除けばほとんど例がない。一方、帆立貝形は前方後円墳の前方部が短く帆立貝のような形をしていて、中期を中心に各地に存在する。最初は「帆立貝式古墳」と名づけられたが、ここでは他の墳形と合わせ「帆立貝墳」とする。前方後円墳や造出付円墳《つくりだしつきえんぷん》（方形の造出の付く円墳）との区別が難しいが、前方部と造出とでは機能に差があり出土遺物などから区別が可能な場合がある。しかし、前方後円墳と帆立貝墳の前方部の差は明確に決めがたく、ここでは、便宜的に前方部の長さが後円部の直径の二分の一未満のものを帆立貝墳としている。

数

二〇二一年度(令和三)の文化庁の調べによると、古墳・横穴《よこあな》の数は一五万九九五三基を数えるという。前方後円墳が約四七〇〇基(帆立貝墳約五〇〇基を含む)、前方後方墳が約五〇〇基。他は円墳、方墳《ほうふん》、横穴(地下式横穴を含む)である。規模の小さい古墳が多いとはいえ驚くべき数である。古墳は奈良や大阪など特別な場所にだけあるのではなく、あなたの身近にも存在する。

分布

分布は、南は九州の鹿児島県から、北は太平洋側では岩手県、日本海側では山形県にまで及んでいる。当時、水稲農耕を行っていた社会が基盤になっていた。

なお、前方後円墳が造られなくなった飛鳥時代にも古墳は数多く造られた。ここでは、それらを「飛鳥時代の古墳」、あるいは「終末期古墳」と呼びわける。八角墳《はっかくふん》や上円下方墳《じょうえんかほうふん》などは飛鳥時代のものである。また、飛鳥〜平安前期にかけては

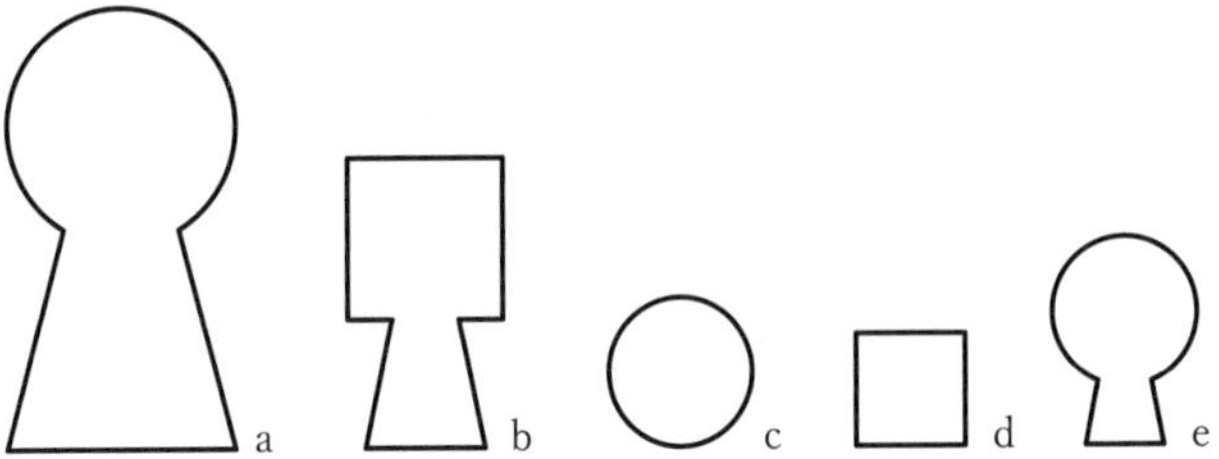

図 1-1　古墳の形
(a 前方後円墳，b 前方後方墳，c 円墳，d 方墳，e 帆立貝墳)

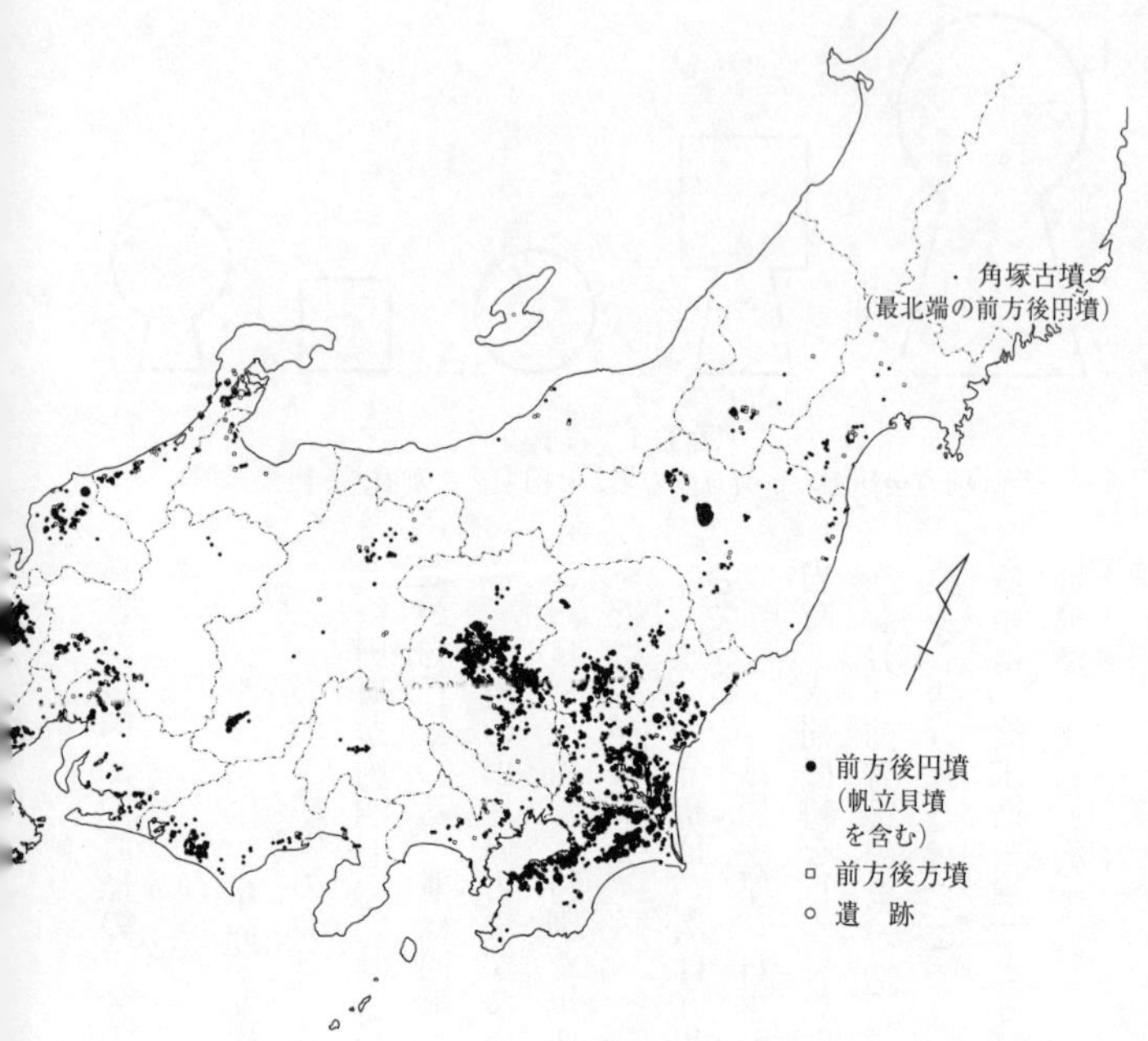

東北北部や北海道の石狩川《いしかりがわ》流域で円形を基本とする周《しゅう》溝《こう》を伴う小型墳が造られ、「末期《まっき》古墳」や「北海道式古墳」などと呼ばれている。歴史的評価は必ずしも定まっていないが、それらも古墳と無関係ではない。

ところで、古墳を代表する前方後円墳の分布を見ると(図1-2)、最も多いのは千葉県で、茨城県、群馬県と関東各県が続く。これは後期の中・小規模の前方後円墳が多いからで、墳長二〇〇メートル以上の巨大古

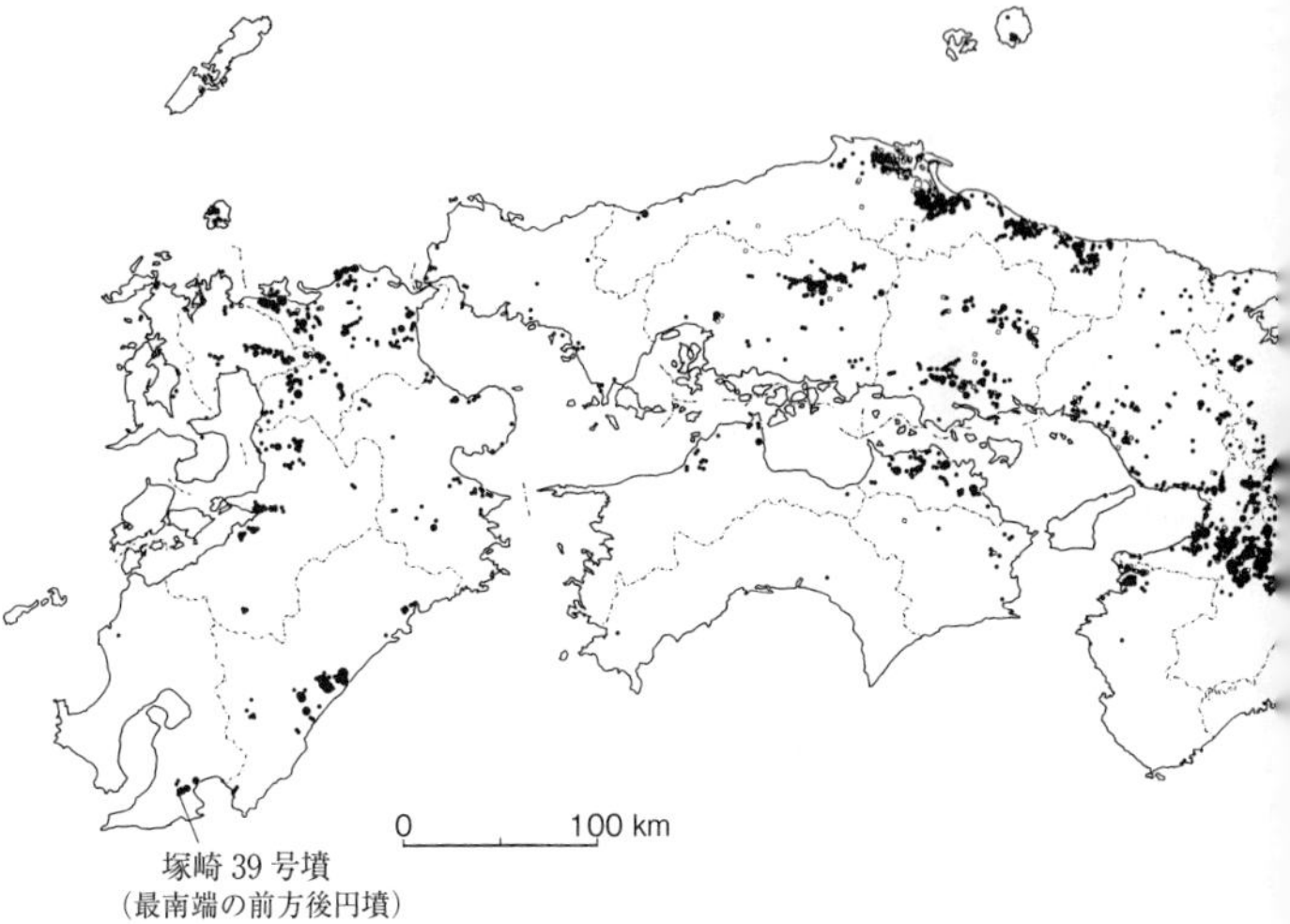

図 1–2　前方後円墳分布図

墳となると、未発掘のものが多いため数に若干の変動はあるが、奈良県二〇基、大阪府一六基、岡山県三基、京都府・群馬県各一基で、ほとんどが奈良県(旧大和《やまと》国)と大阪府(旧河内《かわち》国・和泉《いずみ》国・摂津《せっつ》国の一部)に集中する。当時の王権がヤマト王権と呼ばれる理由の一因である。

2　弥生墳丘墓から古墳へ

そのため、戦前から古墳の展開はヤマト王権の勢力拡大と深く結びついたものと理解されてきた。その理解は今も基本的に変わらない。しかも、戦後しばらくまでは、古墳のような墳丘のある墓は王権が成立した古墳時代になって突如出現したと考えられていた。しかし、一九六〇年代以降の活発な国土開発に伴う発掘調査の結果、古墳時代より前の弥生時代にも墳丘のある墓が存在することがわかってきた。

そこで今では、王権成立以前のそれらと古墳を区別するため、墳丘のある墓のすべてを「墳丘墓」とし、弥生時代の墳丘墓を「弥生墳丘墓」、古墳時代・飛鳥時代の墳丘墓を基本的に「古墳」と呼んで区別している。なお、ここでは同様の理由から、古墳時代でも、いまだ王権とは関係を持たない段階の弥生的な小型の低墳丘墓は、弥生時代の遺跡名のまま、「周溝墓《しゅうこうぼ》」や「台状墓《だいじょうぼ》」としている(22頁参照)。また、国外の墳丘のある墓も墳丘墓とする。

しかし、両者を呼びわけたとしても、古墳は弥生墳丘墓の伝統の上に生みだされたものだけに、その習慣は古墳時代にも長く残っていた。そのため、古墳を理解する出発点として、まずは弥生墳丘墓の定着と発展の過程を、近畿中央部の畿内地域(旧国の大和〈奈良県〉、河内・和泉

〈大阪府〉・摂津〈大阪府北部と兵庫県南東部〉、山城《やましろ》〈京都府南部〉を中心とした地域。以下、畿内とする）を中心に見ておこう。なお、九州でも円形や方形の墳丘墓や区画墓《くかくぼ》は存在したが、現状では一部の有力墓で確認されているのみである。

①弥生墳丘墓の出現と発達

弥生墳丘墓は弥生文化の一要素として半島南部から伝わり、前期の内に近畿に定着し各地に広がった。基本となる形態は二種類で、溝を四周に掘りめぐらし内部に土を盛って墳丘とした「周溝墓」（図1-3）と、地山の四周を削りだし墳丘とした「台状墓」とがある。平面形には方形のもの（多数）と円形のもの（少数）があり、埋葬施設には土坑《どこう》（墓穴）を掘って組合式木棺《くみあわせしきもっかん》を納めるもの（木棺直葬《じきそう》）が基本だが、直接遺体を納めるもの（土坑墓）もあった。主に周溝墓は平地に、台状墓は丘陵上に造られた。周溝墓は太平洋側に、台状墓は日本海側に多いのが特徴で、畿内では方形周溝墓が圧倒的に多い。

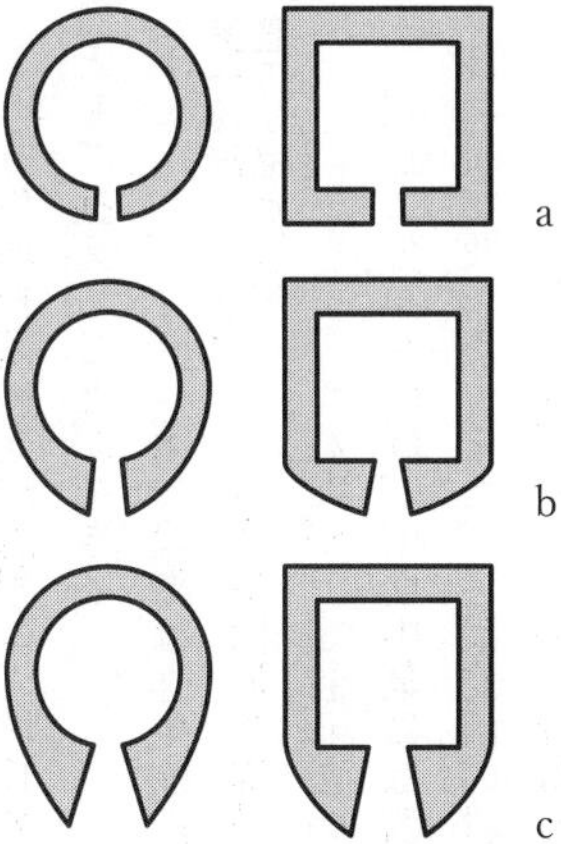

図1-3 周溝墓の渡土手の発達

この弥生墳丘墓の発達過程は、墳丘の形と規模と分布などの時期的変化を中心に、次の三段階として捉えることができる。

第一段階——周溝墓の伝播と定着

第一段階は弥生前期中葉～中期中葉（前六世紀～前三世紀頃）である。前期には方形や円形の周溝墓が一時的に九州や瀬戸内中部の一角で造りはじめられたが、定着したのは畿内の方形周溝墓であった。そして、この墓制はここを起点に分布を広げ、中期中葉には西は兵庫県播磨《はりま》地方や四国東部、東は東海、関東、北陸中部にまで及んだ。また、近畿北部の日本海側では前期末～中期初頭に伝わり、ほぼ同時期には方形台状墓も出現した。なお、分布の外側には異なる墓制の社会が広がっていた。

すでに、この段階で、社会的階層による遺体の取りあつかい方には差があり、埋葬場所が周溝墓の中の人（一基に一、二人が多い）、周溝墓の外の人、同じ墓域には埋葬されない人という区別があった。しかし、周溝墓の規模には一辺が五～一五メートルと差はあるものの、いまだ際立って大きな差はなかった。

第二段階——首長墓の出現

しかし、第二段階の弥生中期後葉～後期前半（前一世紀～後一世紀頃）になると、分布が広がるとともに、規模には明確な格差が現れてきた。少数だが一辺が二〇メートルを超える大型の墳丘墓が出現しだしたのである。この現象は農耕を営む比較的均質的な共同体（集団）の中に特定の有力者、すなわち首長が現れてきたことを意味する。ただ、この段階では首長墓とはいっても特別な形の墳丘はなく、集団の他の墳丘墓と同じ形で、規模の差によって差別化を図ったものだった。また、この時期の後半には、墳丘墓の外側から内側へ入る「渡土手《わたりどて》」(陸橋《りっきょう》)が一辺の中央に付くものや(図1-3右a)、渡土手の外側を切りはなし墳丘の「突出部《とっしゅつぶ》」とするものなど、後の前方後方形の祖型となるものも出現しはじめてきた。

一方、周溝墓をほとんど造らなかった中国山地から山陰中部にかけての地域では、貼石《はりいし》のある方形台状墓や、それから発展した四隅に突出のある方形貼石台状墓(以下、四隅突出墓《よすみとっしゅつぼ》とする。図1-4)が造りだされるなど、各地でも墳丘墓の築造が始まり、地域色が出はじめた。

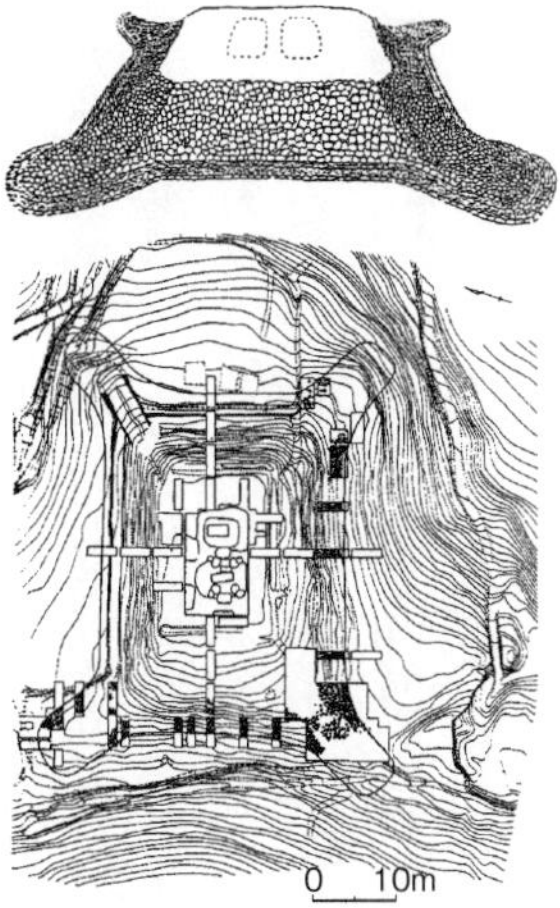

図1-4 四隅突出墓
(西谷3号墓と復元図)

そして、首長墓が出現すると、首長が採用する墓制は急速に政治性を持ちだし、墳丘墓の地域色の発現を促した。複数の首長の地域的まとまりが形成されると、そのまとまりごとに共通の墓制が採用され、他との差別化が図られたからである。

ちょうどこの時期は、弥生社会の大きな変革期にあたった。石器が衰退する一方で、道具や武器の鉄器化が進行した。共同体の階層分化が進み、首長が出現し、共同体の基盤であった環濠集落《かんごうしゅうらく》が衰退しだした。そうした中で、共同体の農耕祭祀で重要な役割を果たしたと推測される銅鐸《どうたく》も、音を鳴らして「聞く銅鐸」から、祭祀の場に据えおいて政治的意味を発揮する「見る銅鐸」へと変化した。

第三段階——地方勢力の形成

第三段階の弥生後期後半～終末期(二世紀～三世紀前葉)になると、これまで墳丘墓があまり発達しなかった九州でも方形の周溝墓や台状墓が目立ちはじめ、各地では首長の成長に伴う墳丘墓の大型化や地域色の顕在化などといった傾向が一層顕著になった。墳丘に付く渡土手や突出部も大きくなり(図1-3右b)、主に首長専用の墳形として使われだし、首長の墳丘墓は規模だけではなく形からも一般とは区別されるようになった。

首長墓として台状墓が発達した日本海側の、山陰では四隅突出墓(島根県出雲市西谷《にしたに》三号墓、四〇、貼石あり、図1-4など。以下、括弧内の数字は墳丘規模の概数で単位はメートル)が、近畿北部では方形台状墓(京都府京丹後市赤坂今井墳丘墓、四〇など)が発達した。また、北陸では四隅突出墓(福井県福井市小羽山三〇号墓、三三など)、方形・円形の台状墓や周溝墓など、各形式が混じりあったかたちで墳丘墓(いずれも貼石なし)が造られた。

一方、周溝墓が発達していた太平洋側の、畿内から近江《おうみ》(滋賀県)・東海では方形周溝墓の系譜を引く前方後方形の周溝墓（一部台状墓）が、また畿内では、円形周溝墓の系譜を引く前方後円形の周溝墓（一部台状墓）が造られだし、ともに東西に広がっていった（図1−3c）。極少数ではあるが、瀬戸内中部では円丘の両側に突出部が付く双方中円形の台状墓も造られた（岡山県倉敷市楯築《たてつき》墳丘墓、八〇、12頁図1−5など）。

すなわち、弥生時代の第三段階には、西日本の各地に出現してきた首長たちは地方ごとに政治的なまとまりを形成し、それに応じて他地域とは異なる墓制（墳丘墓様式）を共有するとともに、まとまりの内部では首長間にも格差が出はじめたのである。いずれにしても、墳丘墓の大型化や規模による格差づけはすでに弥生時代から始まっていた。

前方後方形墳丘墓と前方後円形墳丘墓の出現

これらの中で特定の地域を越えて広がったのが前方後方形と前方後円形の墳丘墓であった。図1−3右は方形周溝墓から前方後方形周溝墓への型式変化を示した模式図だが、第二段階で渡土手が一辺の中央に付くものが現れ、第三段階には前方後方形へと発達するというものである。円形周溝墓でも、ほぼ同様の変化が推測されていたが、比較的小さな突出部の発見が多かった畿内やその周辺でも、奈良県橿原市瀬田墳丘墓（弥生後期末、二六、13頁図1−6）などの発見によって、その型式変化の過程が立証されるとともに、奈良盆地もその変化の中心地の一つであったことが判明した。

渡土手が前方部へと発達した理由について、都出比呂志《つでひろし》は、墳丘墓の出入口である渡土手で

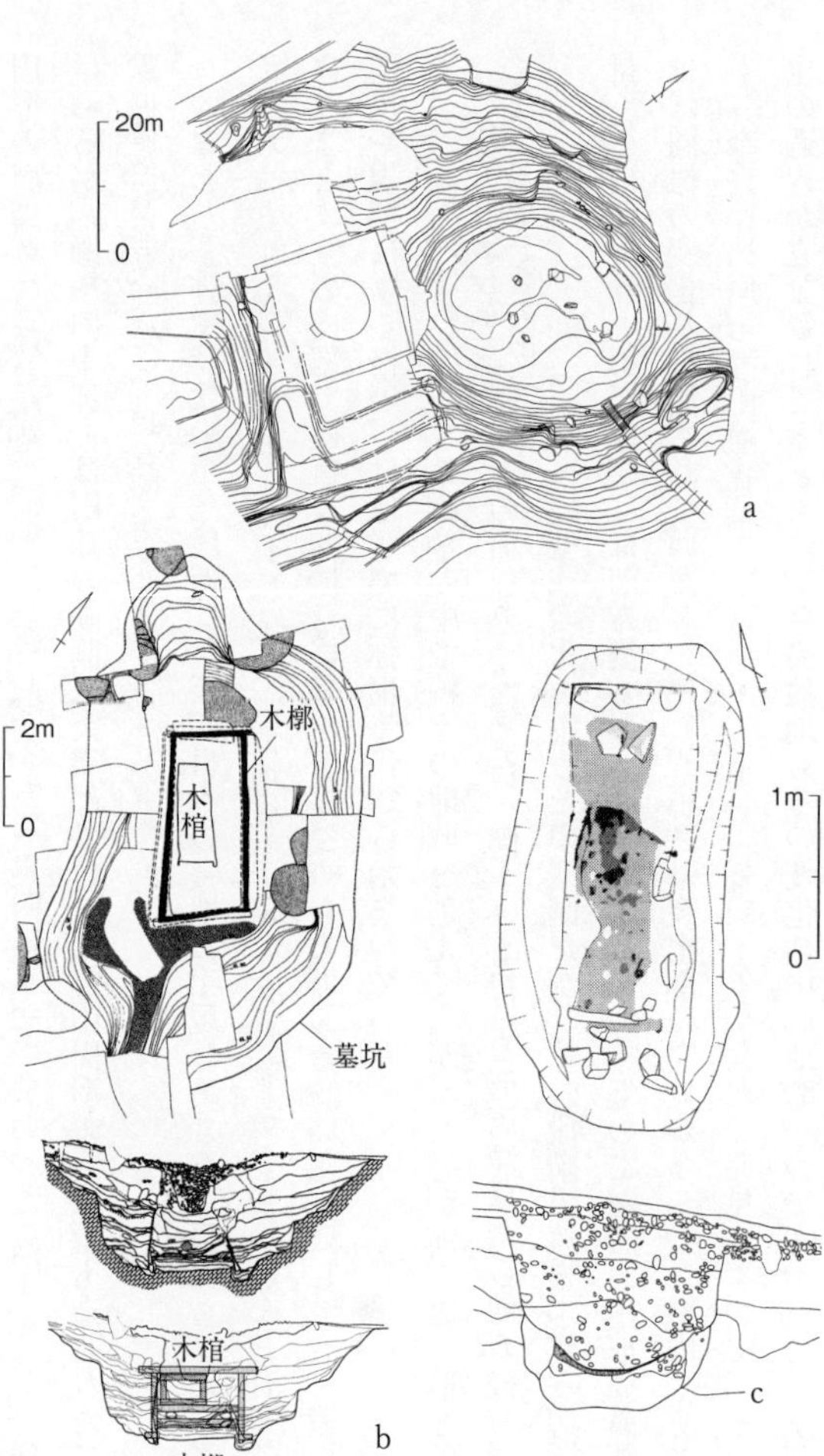

図 1–5　楯築墳丘墓(a 墳丘，b 木槨と組合式箱形木棺，c 刳抜式木棺)

の儀礼の発達が渡土手の大型化を促し、前方部を生みだしたと解釈した。

　いずれにしても、前方後方形や前方後円形の墳形は列島の弥生時代社会の中で生みだされたものだったのである。そして、日本の古墳を特徴づける前方後円形、前方後方形、円形、方形という古墳の墳形の基本四形式はこの段階に出そろった。

「前方後円」という呼び方

　ちなみに、「前方後円」という用語は、江戸時代後期の儒学者である蒲生君平《がもうくんぺい》（一七六八〜一八一三年）が著した『山陵志《さんりょうし》』（一八〇八年）に由来する。そこでは、蒲生は横から見た前方後円墳の形を「宮車《きゅうしゃ》」を象《かたど》ったものと考え、牛に繋がる衡《くびき》が付く轅《ながえ》側の方丘を前方、笠が付く座席側の円丘を後円と表現し、左右のくびれ部に付く造出を車の両輪に擬《なぞら》えた。

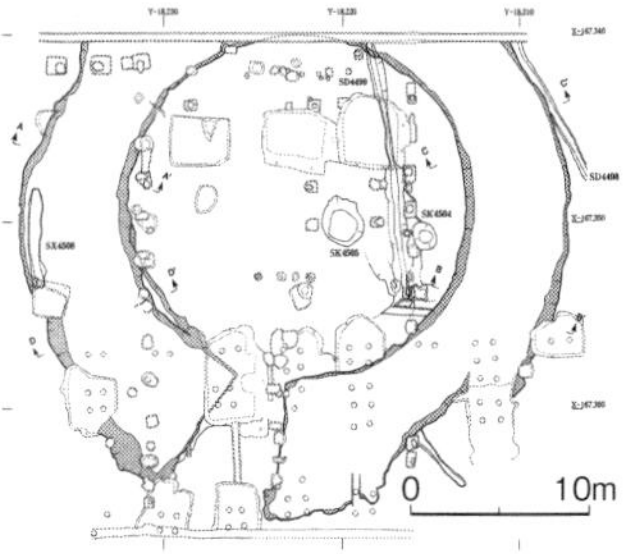

図 1-6　瀬田墳丘墓

　これに続く明治〜昭和前期（戦前）・中期には、前方後円墳の起源について、車や壺などの器物模倣説、前方部祭壇説、円墳・方墳結合説などさまざまな説が提起され、海外の墳墓模倣説まで飛びだした。しかし、いずれも仮説の域を出ず、多くは弥生墳丘墓の存在も、前方後円墳の最古の型式もわからない中での議論に終わった。

では、弥生前期以来、方形周溝墓やそれに由来する前方後方形周溝墓など方形原理の墳形を採用してきた畿内において、なぜ、円形周溝墓やそれに由来する前方後円形周溝墓など円形原理の墳形が採用され、さらには方形に対し優位な位置を占めるようになったのだろう。

円形原理の墳丘の優位性

実は、円形原理の一つである円形周溝墓は、弥生前期には瀬戸内中部で方形周溝墓とともに造りはじめられたが、方形周溝墓とは別の展開を示し、中期前葉以後、兵庫県の播磨灘北岸から大阪湾北岸・東岸へと徐々に分布を東に広げ、奈良盆地で造られだしたのは弥生後期後半以後のことだった。すなわち、畿内中心部ではなじみの薄い墳形だったのである。

ところが、畿内で造りはじめられると、円形原理の墳形は急速に優位性を高め、弥生終末期のうちに、同じ墓域で前方後円形を上位とし、方形を下位とするような主円従方の組合せが出現した。そして、この関係は古墳時代中期まで続き、後期には墳形は基本的に円形原理のもの(前方後円墳と円墳)に統一された。なぜ、円形優位を基本とする墳形の序列化が第三段階に始まったのであろう。それについては、いまだ十分な解答は得られていない。

考えられることの一つは、鐘方正樹《かねかたまさき》が指摘したように、当時の列島の政治や文化に大きな影響を与えた中国において、墓制の規範となった皇帝陵の墳形が方形から円形へと劇的に変化したことがあげられる。すなわち、秦(前二二一〜前二〇六年)や前漢(前二〇二〜後八年)では方形であった皇帝陵の墳形は、後漢（二五〜二二〇年）から南北朝の終わり（隋の統一は五八九年）までの期間においては基本的に円形に変わったのである。それはまさに列島において前方後円墳が造られていた期間であった。そして、隋（五八一〜六一九年）・唐（六一八〜九〇七年）になり、墳丘をもつ皇帝陵がすべて方形になると（七世紀中葉から墳丘をもたない山陵が加わる）、それに応じるかのように、列島の飛鳥時代初期の大王墳には方形（大阪府太子町春日向山古墳〈用明天皇陵古墳〉、六五など）が採用されるようになったのである。

したがって、中国の皇帝陵が方形から円形に変わったことが、弥生後期後半から終末期の畿内に広がりつつあった円形原理の周溝墓の優位性に大きな影響を与えた可能性は高い。

では、この時期には鏡をはじめとして中国製の遺物が多くもたらされてきていたが、葬制・墓制の面でも具体的に中国文化の影響を受けたような例はあるのだろうか。

中国的墓制の要素の広がり

そこで注目されるのが弥生後期後半の楯築墳丘墓である。双方中円形の台状墓で、列石がめぐる墳丘は長さ約八〇メートル。弥生時代最大級の墳丘墓の一つである。埋葬施設は中国に由来する列島最初期の本格的な組合式の木槨《もっかく》と箱形木棺（12頁図1-5b）で、埋葬施設の上に積まれた円礫堆《えんれきたい》からは弧帯文《こたいもん》のある石片や小型の鉄片、土製の勾玉《まがたま》や管玉《くだたま》とともに、後に述べる中国の明器《めいき》や俑《よう》に由来する家形《いえがた》土器や人形《ひとがた》土製品《せいひん》（図1-7a）が出土。第二埋葬施設にも当時では数少ない底部が弧状の割竹形《わりたけがた》と推定される刳抜式《くりぬきしき》

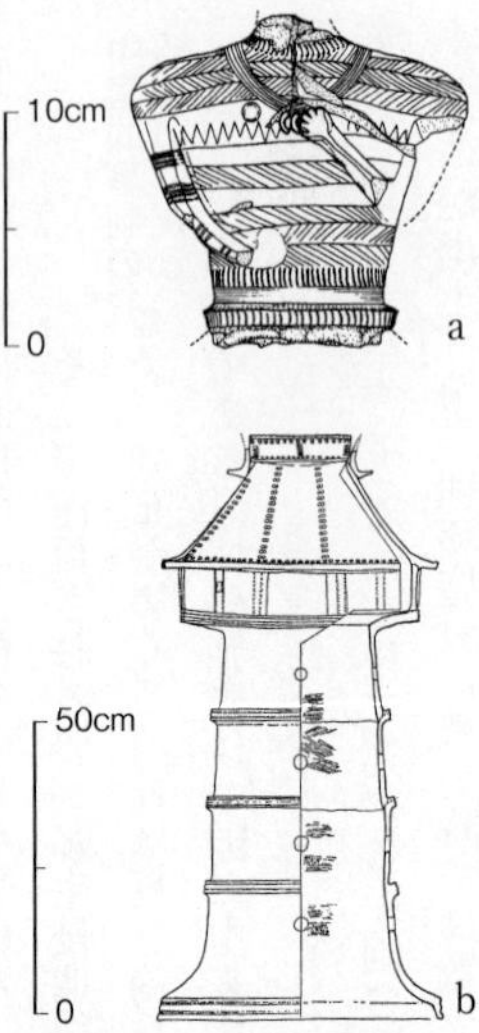

図1-7　人形土製品と台付家形土器(a楯築墳丘墓, b女男岩墳丘墓)

木棺(図1-5c)が直葬されていた。また、食物供献《きょうけん》に使われた一部の特殊に発達した器台《きだい》や壺は後の円《えん》筒《とう》埴輪や朝顔形《あさがおがた》埴輪の祖型になった(78頁図3-7)。

すなわち、この墳丘墓には円形原理の墳形、組合式木棺を入れた木槨、割竹形木棺、家形土器、人形土製品など中国の墓制の強い影響を見てとることができる。しかも、各要素は分散的に当時の列島の社会に広がっており、古墳時代の墓制に影響を与えたのである。

そこで、ここでは、畿内の前方後円形墳丘墓を造った集団では、中国の墓制の強い影響を受け、地元ではなじみの少ない円形原理優位の墳形を定めたものと考えておきたい。ただ、楯築墳丘墓の墓制自体は定型化することなく、一時的なものに終わった。

なお、奈良県桜井市の箸墓《はしはか》古墳が造られる直前、ないしは一部同時期には、同市纒向石塚《まきむくいしづか》(九九。以下、墳形を記さないものは前方後円形)、矢塚《やづか》(九三)、勝山《かつやま》(一一五)、東田大塚《ひがいだおおつか》(一二〇)、ホケノ山(八六)などの前方後円形墳丘墓が造られたが、いまだ定型化してはいなかった。ただ、墳長が一〇〇メートル前後と大型で、各地の前方後円形墳丘墓と一定の序列的秩序を形成しはじめていた可能性は高いため、古墳の秩序形成の萌芽期と位置づけている。

②古墳の出現とヤマト王権の誕生

前方後円墳の創出

古墳時代の最初(前期前葉、三世紀中葉)に位置づけられる箸墓古墳は以上のような前史を踏まえて誕生した。前方後円形の墳丘は後円部五段、前方部四段に築かれ、後円部最上段は円丘となっている。かつての宮内庁の調査の写真では、内部の盛土の有無は不明なものの、外観は板石や川原石を積んだ積石塚のように見えるという。墳長は二八〇メートル余り。後円部頂上には複数の特殊器台形埴輪と特殊壺形埴輪が、前方部の頂上には茶臼山《ちゃうすやま》型の壺形埴輪が置かれていた。

図1-8aは航空レーザー測量に基づく墳丘の復元模式図だが、高い後円部に、狭いくびれ部から大きくバチ形に開く前方部が付くのが特徴である。また、前方部の平坦面はくびれ部の上面が最も低く、前方部先端に向かって緩やかにせりあがっている。一方、後円部側は四段目の平坦面に向かって伸びる傾斜面(後円部前面斜道)が認められる。前方部側面の平坦面がくびれ部付近で終わり、後円部の平坦面と繋がっていないのも特徴である。

この古墳では、各地の弥生墳丘墓の諸要素に、前述のような中国的な墓制の諸要素(15頁)や、

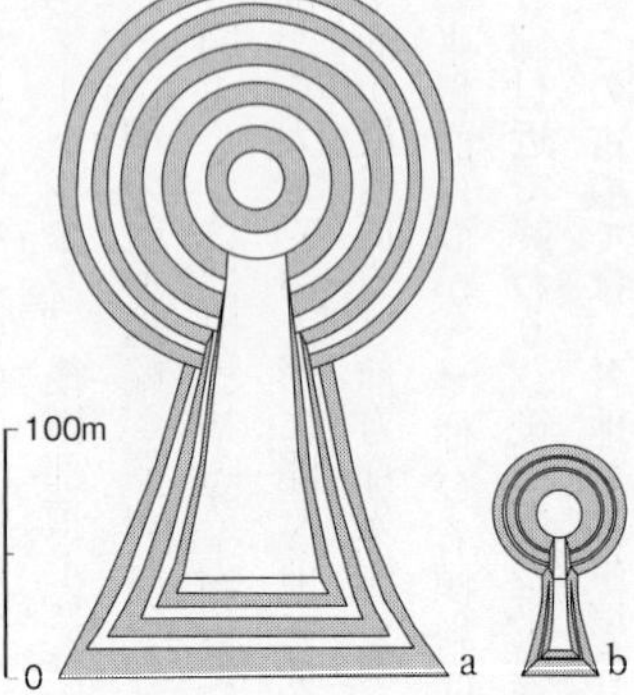

図 1-8　初期の前方後円墳の模式図（a 箸墓古墳，b 五塚原古墳）

古墳を巨大化・象徴化するための工夫も加え、すべての知見を統合・止揚するかたちで新たな墳墓様式が創出されたと考えられる。

言いなおせば、箸墓古墳は弥生時代の各地で育まれてきた首長の葬送儀礼に、新しく伝わった中国の葬制の思想や要素を加えて創設された「古墳の儀礼」の最初の産物だったのである。そして、その儀礼は京都府向日市五塚原《いつかはら》古墳（九一、図1-8b）や兵庫県赤穂市放亀山《ほうきやま》一号墳（三八）などのように、速やかに各地に広がっていった。一方、この動きの背後では、四隅突出墓のような地域色のある弥生墳丘墓は姿を消すことになった。各地の政治的まとまりは、新たに誕生した政治勢力に解体され吸収されていったのである。

箸墓古墳がこれまでにない大きさで最新の墳丘墓として創出された理由は、それが当時の最高権力者である最初の大王の古墳（大王墳）だったからである。以後三〇〇年余り、一時的な衰退期を除けば、大王墳は一貫して墳長二〇〇メートルを超える巨大前方後円墳として造りつづけられることになった。

その後、各地では首長墳としての古墳が数多く築かれたが、大王墳はその規範となった。基本四形式の古墳も大王墳と共通の様式のもとに、その墳丘の形と規模を基準に、一定の序列的で階層的な秩序を保ちつつ築かれた。古墳を古墳たらしめているのはこの古墳の秩序なのであり、その頂点に大王墳が位置していた(132頁参照)。

古墳の秩序とヤマト王権

考古学でいうヤマト王権とは、まさに、この古墳の秩序を成りたたせていた大和・河内を中心とした政治勢力にほかならない。そして、古墳の形と規模は王権内における被葬者の政治的地位に応じて決定されたと推定される。言いかえれば、古墳の秩序は王権の体制そのものを反映していたと言えるのである。

したがって、箸墓古墳は大王の出現と、大王を頂点としたヤマト王権の出現を端的に示すものであった。ここに「前方後円墳の時代」である古墳時代が始まった。

王権の政治体制と地域的基盤

この時期の王権の政治体制は、各地で地元を支配する首長たちが大王を頂点に政治的にまとまることで成立した首長連合体制であった(21頁)。

王権の地域的基盤の中心は、奈良盆地全域の水を集め大阪湾の河内潟《かわちがた》へと流れくだる大和川の流域で、大和川中流の奈良盆地東南部と下流の大阪平野東南部とは政治的には一体で、中流には王宮をはじめとする政治・宗教の中心があり、下流には港をはじめとする生産・流通の中心があったと考えられる。後述のように(23頁)、大王墳の墓域は時期により政

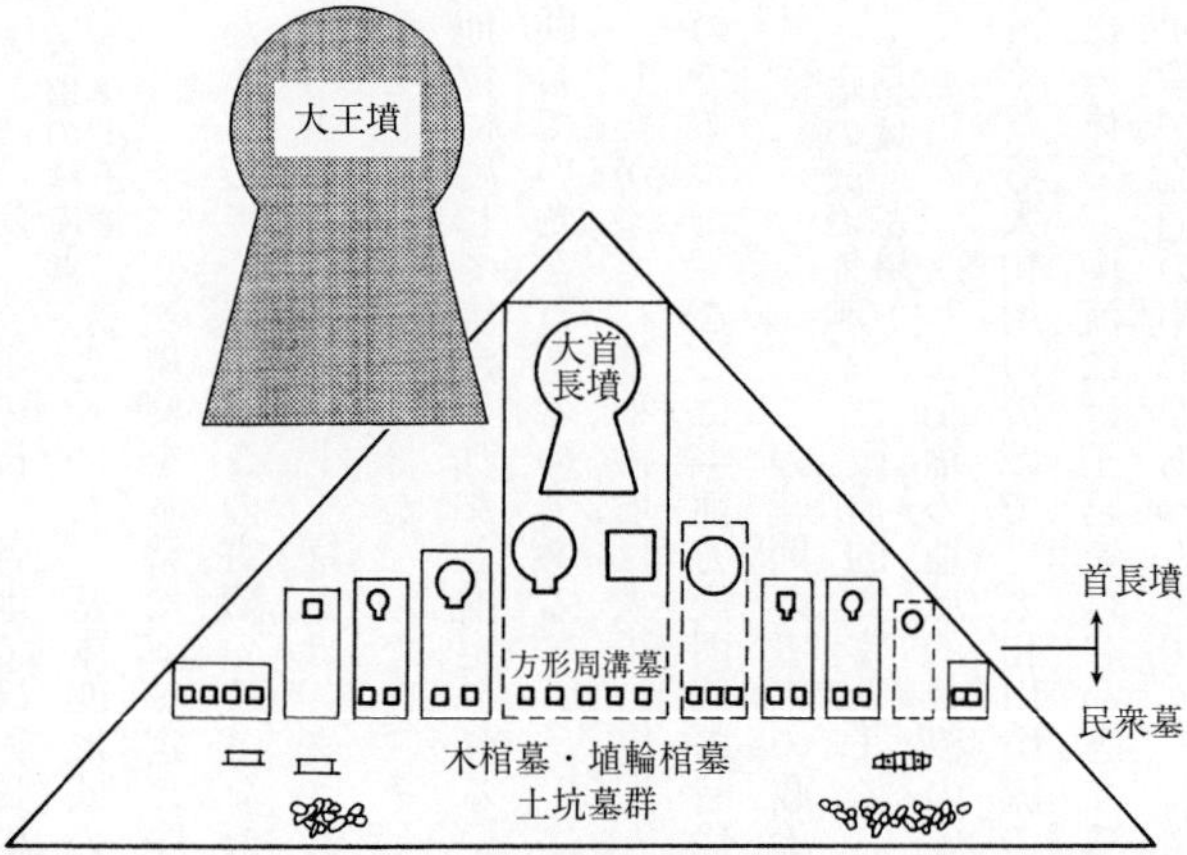

図1-9　古墳時代墳墓の階層構成(中期)

策的に移動するが、この基本構造は飛鳥・奈良時代まで変わらなかった。

墳墓の被葬者像

古墳には名前や経歴を記した墓誌《ぼし》などが副葬されていないため、基本的に被葬者の名前などは不明である。ただ、古墳時代の特徴として数多くの墳墓には被葬者の社会的・政治的身分が反映しているため、被葬者の一定の身分を類推することはできる。そこで、古墳時代中期のものではあるが、墳墓の階層構成を模式化すると図1-9のようになる。

一基の古墳には一人の首長と、首長が代表する一つの共同体（基本は血縁集団と推定）を想定できるが、それが当時の社会の基礎的な単位であり、首長と共同体の構成員は社会を二分する社会的階層差となっていた。図の上位に位置するのが首長の古墳で、墳長二〇メートル以上の古墳を想定している。古墳の形と規模に被葬者の王権内における政治的地位が反映していた点は先に述べた通りで、埋葬施設に棺を保護する竪穴式石槨や粘土槨を用いるのは基本的に首長の古墳のみに限られた。

一方、図の下位に位置するのは共同体の構成員（民衆）の墳墓で、三種類の社会的階層を区別できる。一つは周溝墓や台状墓に埋葬された階層で、埋葬施設は木棺や箱式石棺などの直葬である。その下は同じ墓域の周溝墓や台状墓の外側に葬られた階層で、埋葬施設は棺の直葬や、土坑のみのもの（土坑墓）である。最下層は前記二者とは異なる墓域の土坑墓群である。これについては粘土採掘坑との識別が難しく、その存否はいまだ未確定である（なお、この階層には遺構として埋葬の痕跡が残らなかった人びともいたものと思われる）。ここでは、以上三つの階層の墓を共同体における上層、下層、最下層の人びとの墓と推測する。

いずれにしても、古墳時代もまた、弥生時代同様、あるいはそれ以上に、人びとの社会的階層が墓制の差として表された。そして、そうした基盤の上に、首長の古墳には王権との政治的関係（身分）が形と規模で表現されたのである。

首長連合体制と首長の地元支配

墓制から見る限り、首長と共同体構成員との関係は、格差が大きくなったとはいえ、基本的には弥生時代と大きくは変わらなかった。そして、そこから推測できることは、王権は首長とは明確な上下関係のある政治的関係を結んだとはいえ、首長の地元での共同体支配については手をつけなかった、さらに言えば手をつけることができなかったものと思われる。首長は自らの在地支配を容認されたまま、王権と繋がっていたのである。

古墳前・中期の王権が首長連合体制という政治的体制をとっていた最大の理由はここにあった。そのため、ここでは、前・中期の周溝墓や台状墓などを、王権の秩序に組みこまれた古墳と区別するために、弥生時代と同様の遺跡名で周溝墓や台状墓と呼んでいる。王権が首長の在地支配を解体し、共同体の構成員である民衆を直接的に支配しはじめるのは、古墳時代後期になってからのことである(144–148頁参照)。

3 墳丘と埋葬施設の変遷

古墳の編年

成立した古墳は、少し極端な言い方をすれば、大王の代替わりごとに変化した。大王墳の様式が各地の主要な古墳を造る規範となっていたからである。

今、その変化の様相を古墳の編年として整理すると、24・25頁図1–10のようになる。本書で各古墳の築造年代を推しはかる物差しとしているものである。

古墳を構成している各要素の型式変化を追い、同一時期の組合せを検討した結果、古墳様式の変化を一一小期に区分することが妥当と判断した。そして、これを基準に、いつ、どこで

(墓域)、どのような形と規模の古墳が造られたかを検討し、墳形の基本四形式の消長、古墳群の成立・移動・消滅、小型墳墓群の変化などから社会の変化を読みとり、全体の変化を前期・中期・後期の三時期に区分し、五つの段階・六つの画期(前方後円墳の出現と消滅を加える)として捉えた(26頁表1-1)。

本書の第一〜四章で取りあつかっている、王権の政治体制が首長連合体制の段階は前・中期にあたり、第一段階・前期前半(一・二期)が生成期、第二段階・前期後半(三・四期)が発展期、第三段階・中期(五〜八期)が成熟期となる。そして、第五章で第四・五段階の後期(九〜一一期)を扱うが、この段階は王権が中央集権的な国家体制の初期段階へと移行する時期と評価している。

以下では、この編年観のもとに話を進めるが、古墳の諸変化は大王墳が造られた墓域の変化と深く係わっているため、その動向を前もって説明しておこう。

大王墳の移動

大王墳の墓域は、前期前・中葉には奈良盆地南東部の奈良県桜井市から天理市にまたがるオオヤマト古墳群(箸墓古墳を含む)にあった。しかし、前期後葉には盆地北部の奈良市佐紀(盾列《たたなみ》)古墳群の西群へと移り、中期には大阪平野南部の大阪府藤井寺市から羽曳野市にかけての古市《ふるいち》古墳群と大阪府堺市の百舌鳥《もず》古墳群へと移動した。そして、後期中葉には両古墳群を離れ、大阪府高槻市の今城塚古墳(一九〇)、後葉には奈良県橿原市の

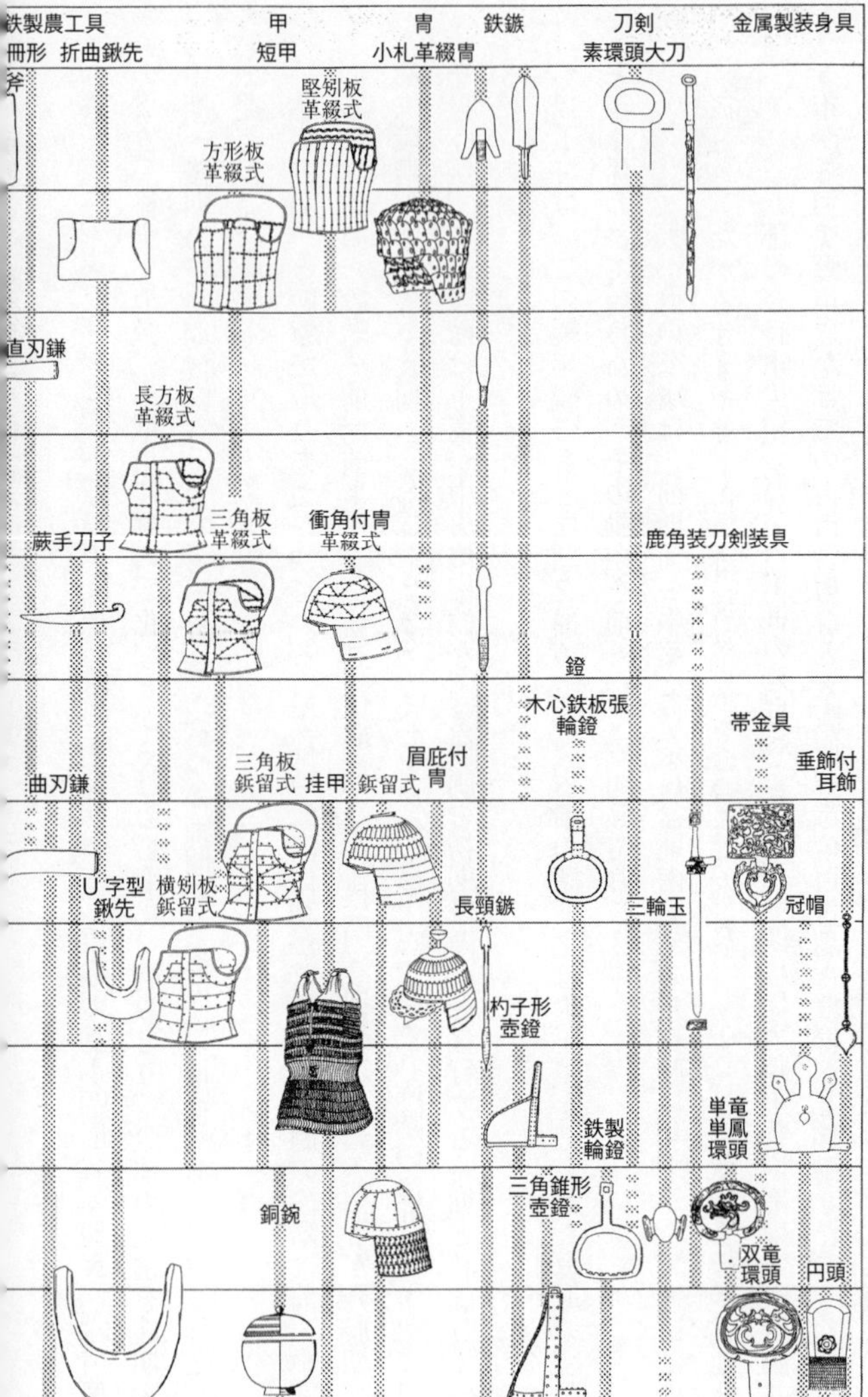

鉄製農工具
甲
冑
鉄鏃
刀剣
金属製装身具
冊形
折曲鍬先
短甲
小札革綴冑
素環頭大刀
斧
竪矧板
革綴式
方形板
革綴式
直刃鎌
長方板
革綴式
三角板
革綴式
衝角付冑
革綴式
蕨手刀子
鹿角装刀剣装具
鐙
木心鉄板張
輪鐙
帯金具
三角板
鋲留式
挂甲
眉庇付
冑
鋲留式
垂飾付
耳飾
曲刃鎌
U字型
鍬先
横矧板
鋲留式
長頸鏃
三輪玉
冠帽
杓子形
壺鐙
鉄製
輪鐙
単竜
単鳳
環頭
三角錐形
壺鐙
銅鋺
双竜
環頭
円頭

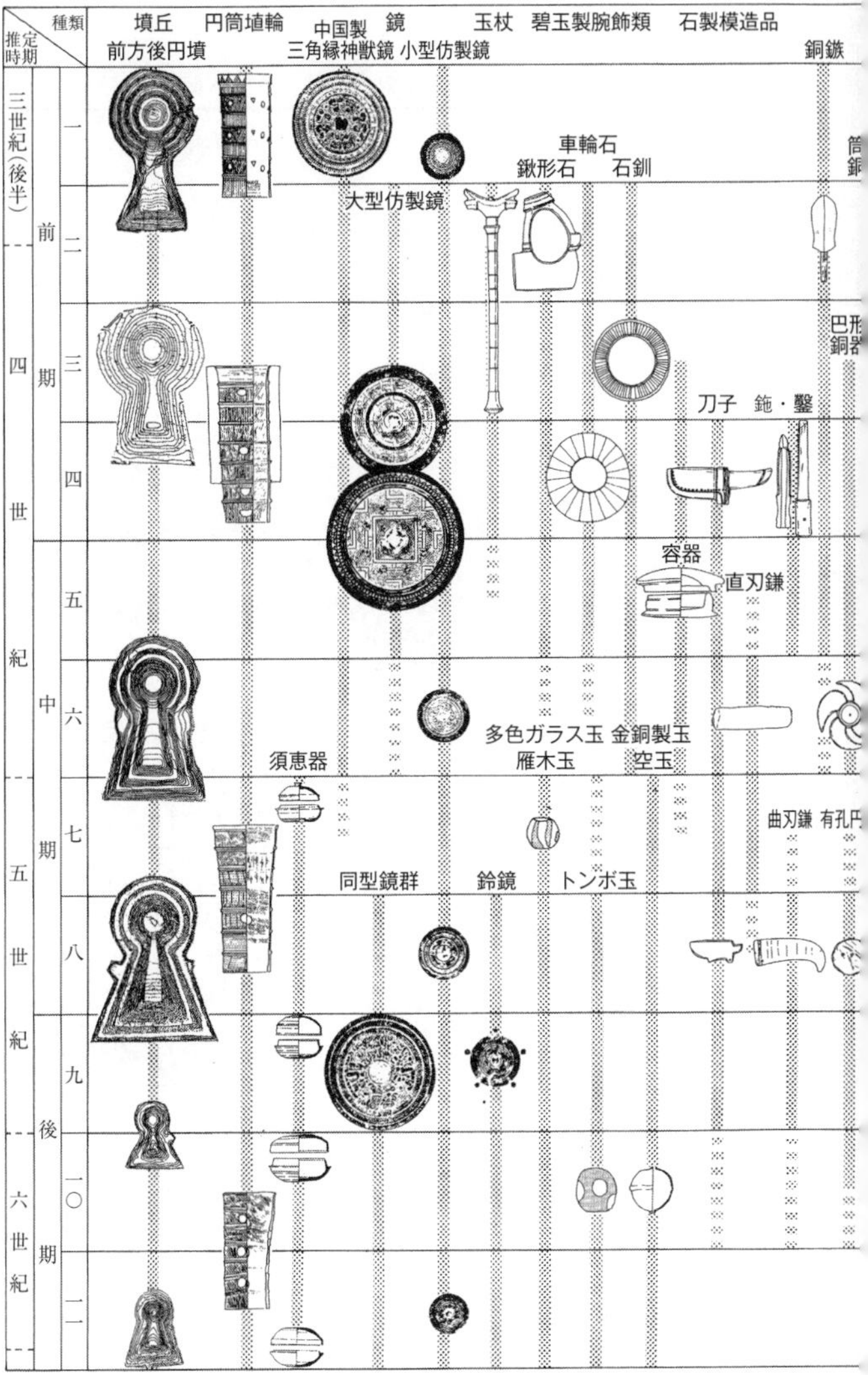

図 1-10　古墳時代編年図

表 1-1　古墳時代 5 つの段階と 6 つの画期

時代	時期	小期	段階	画期	主要な古墳の動向
弥生時代					
				第 1	前方後円(方)墳の出現
古墳時代	前期	1・2	第 1		
				第 2	前方後円(方)墳の急増
古墳時代	前期	3・4	第 2		
				第 3	前方後円墳の築造規制開始・前方後方墳の消滅
古墳時代	中期	5〜8	第 3		
				第 4	大型古墳群の衰退・中小前方後円墳の増加・方墳の消滅・古式群集墳の出現
古墳時代	後期	9・10	第 4		
				第 5	前方後円墳の段階的消滅開始・新式群集墳の激増
古墳時代	後期	11	第 5		
				第 6	前方後円墳の消滅・新式群集墳の衰退・終末式群集墳の出現
飛鳥時代					

見瀬丸山古墳(三一〇余り)などへと移動した。

　こうした大王墳の墓域の移動は、社会情勢の変化や対外関係などに応じた王権の政策と密接に係わっていたため、各地の古墳の築造状況に深く係わるとともに、古墳の葬制・墓制にも大きな影響を与えた。

①墳丘と付属施設

墳丘　では、大王墳を中心に、まずは墳丘の形の変化から見てみよう。

古墳の編年は戦前における前方後円墳の型式学的研究から始まった。宮内省(後の宮内庁)所蔵の陵墓図から前方後円墳の形が時とともに変化することに気づいたからである。そして、高い後円部の前に低くて細長い前方部が付くもの(前期、オオヤマト、佐紀西群)から、前方部が大きくなり、前方部幅が後円部径と同じぐらいになるもの（中期前・中葉、百舌鳥、古市）を経て、前方部幅が後円部径を凌ぎ、高さが後円部とほぼ等しくなるもの（中期後葉～後期、百舌鳥、古市その他）へと変化するとの見解が示された。今では箸墓古墳のような、さらに古い墳形もわかってきたが、基本的な見方は変わっていない。

また、段築《だんちく》はオオヤマト古墳群の箸墓古墳から始まるが、そこでは前方部四段・後円部五段で、後円部の最上段は円丘となる。以後、段数は徐々に減少し、最上段が円丘となるのはこの古墳群で終わり、前期後葉の佐紀古墳群西群では最上段も前方後円形となり、中期前葉の古市・百舌鳥古墳群で前方部三段・後円部三段の型式が完成した（図1－11）。

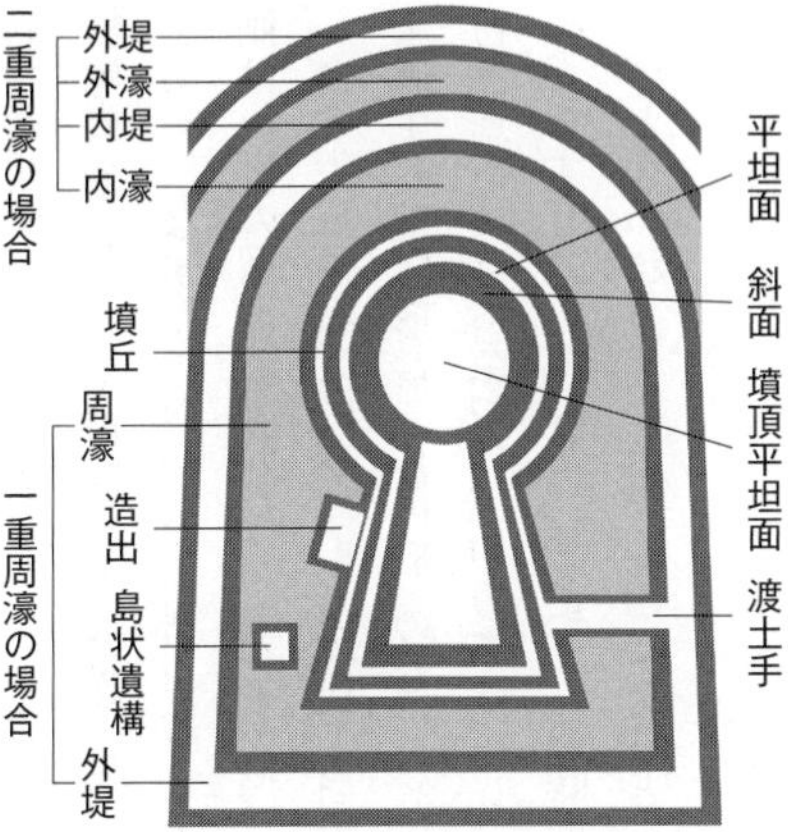

図1-11　前方後円墳の部分名称

周濠

墳丘をとりまく周濠《しゅうごう》は、オオヤマト古墳群では平地に造られた箸墓古墳に認められる。しかし、丘陵斜面に造られた、次の大王墳と想定される天理市西殿塚古墳（二一九、前期前葉）では墳丘を斜面から切りはなすための部分的な堀割《ほりわり》がある程度である。そして、これに続く天理市行燈山《あんどんやま》古墳（崇神天皇陵古墳、二四二、前期中葉）や渋谷向山古墳（景行天皇陵古墳、三〇〇、前期後葉）では、墳形に合わせて丘陵から墳丘を切りはなすための空濠（堀割）が渡土手によって区切られ階段状になっている。ともに前方部側は後世の溜池造成のため、本来の形は不明だが、全体として「階段状周濠」と呼ばれる。

次の佐紀古墳群西群でも階段状の周濠が残るが、平面が盾形になったものや、同一レベルで全周する鍵穴形（前方後円形）のものなど、過渡的な周濠が現れる。そして、中期前葉の古市・百舌鳥古墳群に至って、初めて同一レベルの盾形周濠（図1-11）が完成し、時には二重・三重にめぐらすものも現れた。また、この時期には周濠外側の外堤《がいてい》はもちろん、周辺の整備も進んだものと思われる。ただ、後期になると、大王墳を除き、大型前方後円墳は減少し、周濠も衰退した。

なお、周濠に水が溜まっていたかどうかも問題であるが、現在、水を満々と湛えるもののほとんどは近世などに灌漑用の溜池として改修されたものである。本来の周濠に導水施設が備わっていないことからすれば、周濠に溜まる水としては天水や湧き水が考えられる程度で、常時の湛水はなかったものと思われる。

造出・渡土手・島状遺構

墳丘に直接付加された施設としては、墳形を問わず有力な古墳を中心に見られる「造出」（図1-11）がある。方形の突出部で、前方後円墳や帆立貝墳では、ほとんどの場合、後円部と前方部が接する「くびれ部」近くの前方部側に付く。この施設は前期前葉の奈良県天理市東殿塚古墳（二三九）など一部の古墳で初現的なものが付くようになるが（86頁図3－9）、前方後円墳のくびれ部左右に対称的に付くようになるのは中期になってからのことである。古市古墳群の藤井寺市津堂城山古墳（二〇八、中期前葉）が最初と考えられるが、以後は有力な前方後円墳には不可欠な施設として後期まで存続した。

また、堀割や周濠のある例では、その内側（墳丘側）と外側を繋ぐ「渡土手」（陸橋、図1－11）が付く例がある。発掘例から推測すると、墳丘築造中はいくつもの工事用の渡土手があり、工事終了後にはほとんどが取り払われたようである。ただ、稀には儀礼用のものとして古墳の施設の一部になっている場合がある。前期後葉の佐紀古墳群西群中の佐紀陵山古墳（二〇七）や中期前葉の兵庫県朝来市池田古墳（一三五）などである。

さらに、類例は少ないが、前方部の横などに「島状遺構」（中島、図1－11）と呼ばれる施設がある場合がある。現状では、その役割は十分明らかではないが、造出や渡土手と関連する施設と考えられるため、後に三者をまとめて検討したい（85頁）。

墳丘様式の完成

古墳を代表する三段築成の前方後円墳で、左右のくびれ部に造出が付き盾形周濠がめぐる墳丘様式は、以上のように、中期前葉（四世紀後葉）の古市・百舌鳥古墳群において完成した。それはまさに王権の首長連合体制が成熟期を迎えた段階でのことである。社会の政治的な成熟が古墳の儀礼、およびそれに基づく墓制を完成させたのである。
では、埋葬施設はどのようなものだったのかを次に検討しよう。

②埋葬施設の種類と変遷

古墳時代は伸展葬《しんてんそう》による土葬が基本で実に多様な埋葬施設が発達した（図1―12）。そ

種類　れを機能差から大別すると次の三つに分類できる。

棺《かん》：遺体を入れ保護する容器、またはそれに準ずるもの。
槨《かく》：棺を入れ保護する施設、またはそれに準ずるもの。
室《しつ》：棺を入れ儀礼を行う施設（玄室《げんしつ》）。墳丘外に至る通路（羨道《せんどう》）が付く。

棺や槨で「準ずるもの」としたものは、棺では、底がないなど容器としては不完全な箱式石棺などを含むから。槨では、棺を粘土で包んだ、それ自体では構造的に自立しない粘土槨などを含むからである。また、棺や槨や室が入る墓穴を「坑《こう》（壙）」と呼ぶ。

棺　素材には木、石、土（焼物）がある。石棺には木棺を真似たものが多く、両者は共通した分類ができる。製法では、棺の身を一つの部材から刳りぬいたものを「刳抜式」、複数の部材を組みあわせたものを「組合式」と呼ぶ。組合式木棺には主に「木組み」のものと、鉄釘を用いた「釘付け」のもの（稀に木釘の例あり）がある。組合式石棺は底石の上に側

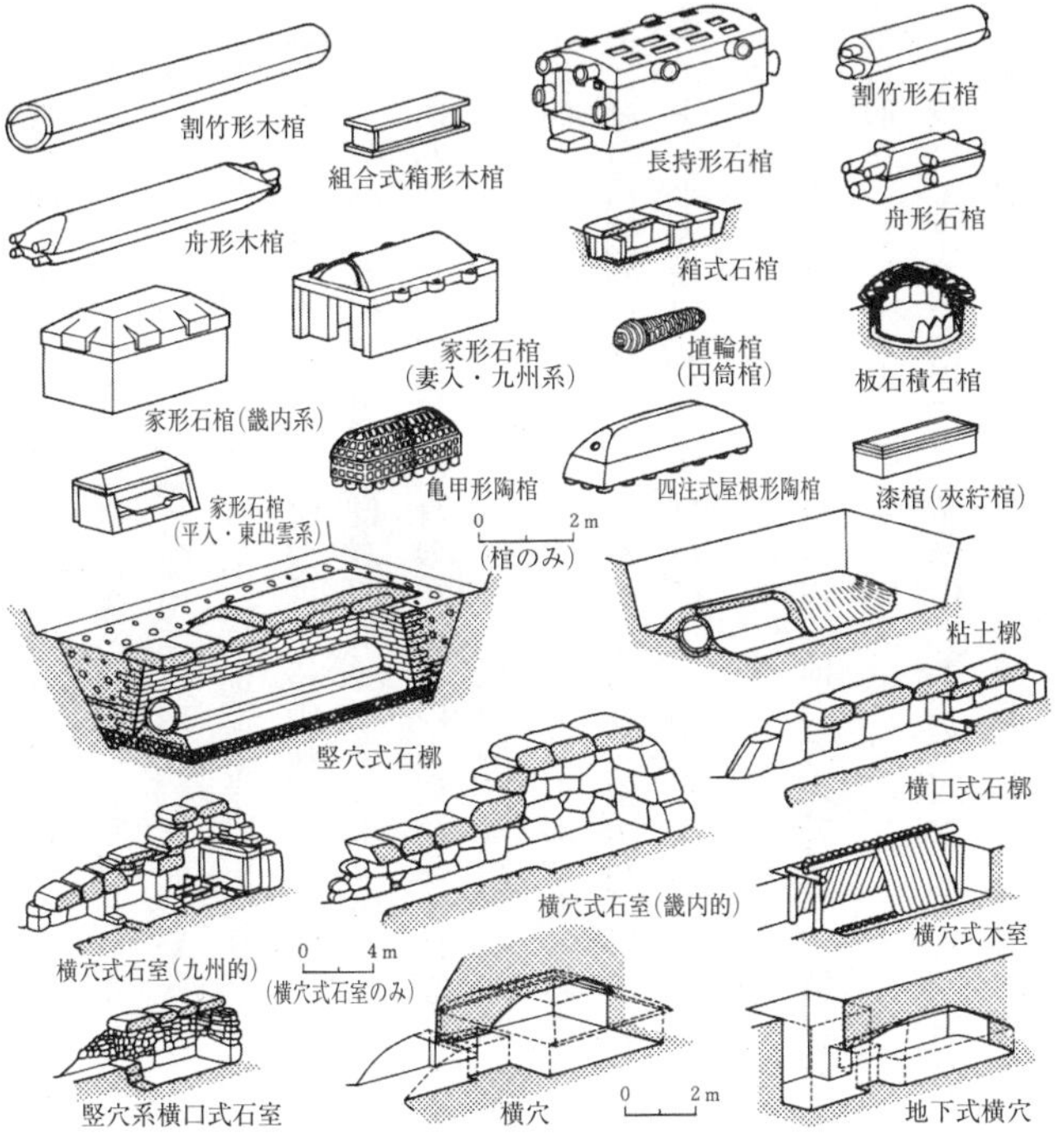

図 1-12　古墳時代の棺槨室(一部，飛鳥時代)

石が載る。同じ組合式の石棺でも、側石の中に底石を落としこんだものや、底石のないものなど、容器として不完全なものは「箱式石棺」と呼びわける。

形態では、刳抜式には「割竹形」、「舟形」、「家形」があり、組合式には「箱形」、「長持形」、「家形」がある。割竹形は太い丸太の両端を垂直に切りおとし、半裁し、内部を刳りぬいて身と蓋《ふた》にしたような形のもの。舟形は主に両端が細くなり湾曲して立ちあがる丸木舟《まるきぶね》を身と蓋にしたような形のもの。箱形は長方形箱形の身に板状の蓋が付くもの。長持形は蓋が蒲鉾《かまぼこ》形で、それにあわせて長方形箱形の身の短側石の上辺が弧状になるもの。家形は長方形箱形の身に屋根形の蓋が付くものである。家形の屋根の形には顕著な地域差があり、畿内的なものでは頂部に平坦面があるのに対し、九州的なものでは頂部は丸くおさまり平坦面がない。また、後者の一部には身の側面に横口をもつものがあり、短辺側に付くものを「妻入《つまいり》横口式」、長辺側に付くものを「平入《ひらいり》横口式」と呼びわける。九州的な家形石棺の身がいずれも組合式であるのも特徴である。

なお、本書では、割竹形は舟形の一種と考えており、棺の痕跡で底部が弧状のものは刳抜式の割竹形ないしは舟形とした(57・228頁参照)。

土を焼いて作った棺には「埴輪棺《はにわかん》」と「陶棺《とうかん》」がある。埴輪棺と総称するものは、円筒埴輪や朝顔形埴輪を棺として転用した「埴輪棺」と、棺専用に作った「円筒棺《えんとうかん》」とに呼びわけることが多い。稀に、組合式で長持形のものがある。陶棺は土師質《はじしつ》の「亀甲形陶棺《きっこうがた》」と須恵質《すえしつ》の「屋根形陶棺」が基本形で、屋根形には「寄棟式《よせむね》(四注式《しちゅう》)」と「切妻式《きりづま》」がある。いずれも底部に円筒形の脚が数多く付く。なお、土師器《はじき》の壺や甕《かめ》を利用した「土器棺」があり、「壺棺」や「甕棺」と呼びわける場合もある。

なお、かなり普遍的なものに、人一人を囲う程度の大きさの「竪穴小石槨」と呼んでいるものがある。しかし、この施設は内部に棺を入れた痕跡がないものがほとんどであるため、「竪穴式石棺」とでも呼んで、箱式石棺の仲間とすべきと考える。鹿児島県の南西部に分布する「板石積石棺《いたいしづみ》」(かつての「地下式板石積石室」)と同様である。

槨　槨には「竪穴式石槨」、「粘土槨」、「木炭槨」、「礫槨《れきかく》」などがある。竪穴式石槨は棺の四周に石積みの壁を造り天井石で蓋をするもので、本格的なものでは棺を置く粘土の床(粘土棺床《ねんどかんしょう》)を造り、壁を板石積みにする。数は極めて少ないが「(竪穴式)木槨」もある。

粘土槨、木炭槨、礫槨はいずれも、それぞれの素材で床を造り、棺を置いてこれを覆うもので、上部を覆っていない簡略なものは粘土床、木炭床、礫床と呼ぶ。

以上、地面の上から墓坑を掘り、その中に、棺を直葬するものや、棺を入れた槨を築くものを「竪穴系の埋葬施設」、槨のみでは「竪穴系の槨」と総称する。なお、飛鳥時代には「横穴系の槨」(横口式石槨)が出現する(275頁)。

室

室には「横穴式石室」、「横穴式木室」、「横穴」、「地下式横穴」などがある。いずれも玄室と羨道をもつ。羨道の前に墓道《ぼどう》や前庭《ぜんてい》が付く場合がある。石を組んだものを石室《せきしつ》、木を組み、時には粘土を貼りつけたものを木室《もくしつ》という。石室は数多いが、木室は少なく特定地域に偏在する。稀に室内が焼かれている場合があり、木室の場合は「カマド塚」と呼ばれたことがある。

横穴は丘陵の石や土の斜面に横穴式石室に似た空洞を穿《うが》ったもの、地下式横穴は深さ二メートルほどの竪坑の底から横に石室に似た空洞を掘ったものである。ともに古墳と同じ形（前方後円形、帆立貝形、円形など）の墳丘をもつことがある。

以上を総称して「横穴系の埋葬施設」とする。多くの場合、外部から玄室に通じる羨道をもつことにより、順次、遺体を埋納する追葬《ついそう》（異時合葬）が可能なことが大きな特徴である。

主要な組合せと変遷

古墳の墳丘を中心とする秩序だった外観とは異なり、埋葬施設は実に多様であった。分類に、木棺の木の種類の差（畿内を中心とした地域はコウヤマキ、他はヒノキやスギなど）や、石棺の石の種類の差（兵庫県の竜山石《たつやまいし》、香川県の鷲《わし》の山石《やまいし》・火山石《ひやまいし》、熊本県の阿蘇石《あそいし》、福井県の笏谷石《しゃくたにいし》など各種凝灰岩《ぎょうかいがん》類など）を加えればさらに多様になる。埋葬施設には時期差や階層差や地域差・集団差などが顕著に表れた。

ここでは、詳細は避け、畿内を中心とした地域の主な棺・槨・室の組合せとその変遷を概観

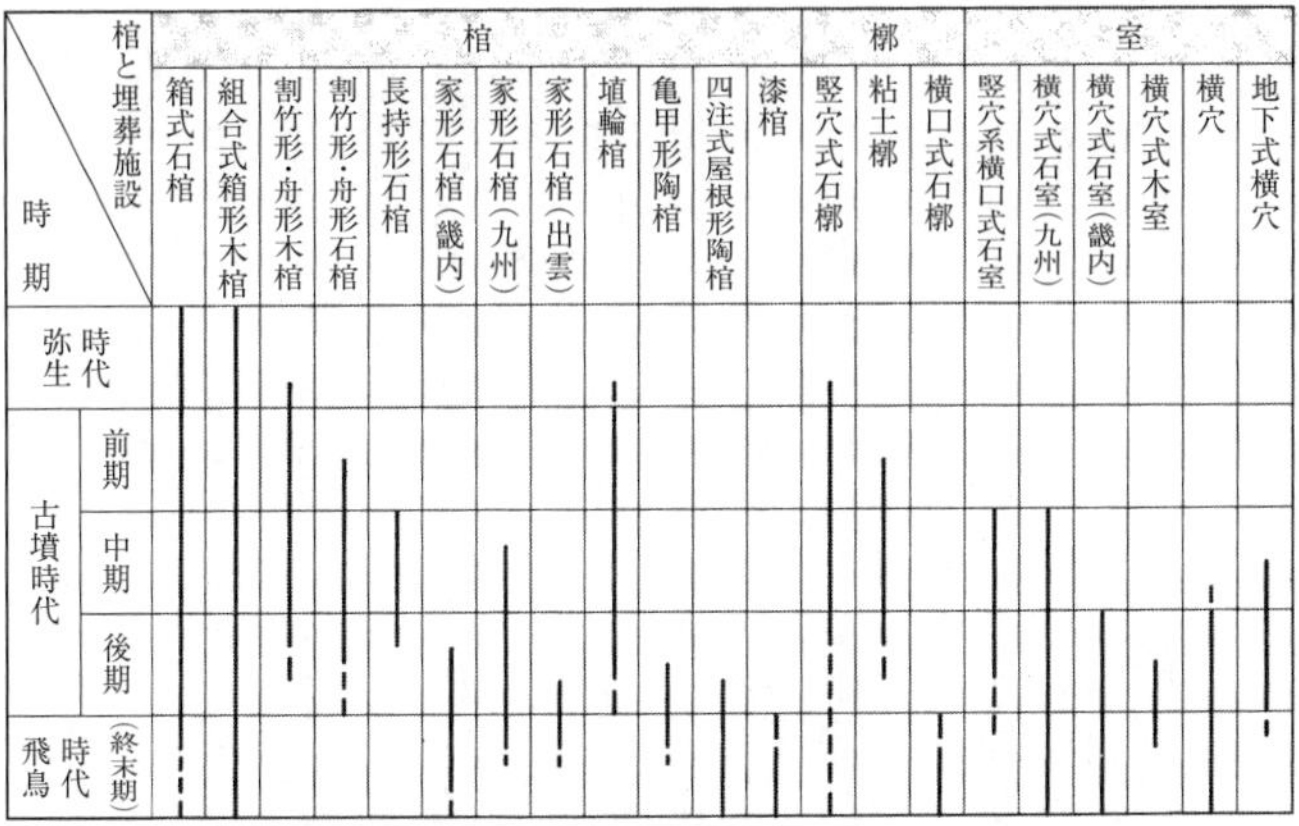

図 1-13　古墳時代の棺槨室の消長(一部，飛鳥時代)

しておこう(図1―13)。

　まず、前・中期の主要な古墳では竪穴系の槨が発達した。特に、長さが三〜七メートル、直径〇・八メートル前後の狭長な割竹形木棺や舟形木棺を板石積みの竪穴式石槨に納める組合せが主流をなした。前期後半になると、両木棺のほかに組合式木棺を納めた粘土槨が現れ、組合式箱形石棺も加わった。そして、中期になると大王はじめ畿内の有力首長の古墳を中心に長持形石棺が盛行し、丁寧なものは竪穴式石槨に、他は墓坑にそのまま直葬された。

　一方、畿内以外では、前期後半に香川県で割竹形石棺が、九州の熊本県や福井県などで舟形石棺が現れ、舟形石棺は中期から後期前半には日本海沿岸から関東、東北南部まで広がった。多くは直葬されたが、一部は竪穴式石槨に入れられた。

また、前・中期の共同体構成員の間では組合式木棺、箱式石棺、竪穴式石棺、埴輪棺、土器棺などの直葬が多かった。

ところで、横穴系では横穴式石室が、王権全域で竪穴系の埋葬施設が流行している中期前葉の九州北部に初めて出現し、あまり時をおかず九州南東部では地下式横穴が登場した。この九州的石室は中期のうちは主に九州内に留まっていたが、後期前葉には列島の各地に広がり、後期前葉に出現した横穴も後期中葉には東方へと広がった。九州的石室では棺は使われず遺体は屍床《ししょう》(遺体を置く床)の上に置くのが原則で、横口式家形石棺はその施設の一種として使われた。

それに比べ、畿内では一〇〇年近く遅れて、中期後葉〜後期前葉にかけて九州的石室や半島の百済《くだら》系の石室が出現した。そして、後期中葉には定型化し、急速に各地へと広がった。ここでは定型化した畿内型石室とその祖型、およびその変容形を畿内的石室と呼ぶ。この石室では刳抜式・組合式家形石棺や釘付《くぎづけ》組合式木棺が発達した。九州的石室と畿内的石室の違いなどについては第五章で詳述する。

以上、弥生・古墳時代の主要な埋葬施設を中心にまとめると、弥生時代は「棺の時代」、古墳時代前・中期は「竪穴系槨の時代」、後期は「横穴系室の時代」と言うことができる。以下は、これに沿い、第一〜四章は竪穴系槨の時代、第五章は横穴系室の時代の話となる。

4　古墳造りの手順——据えつける棺と閉ざされた棺

では、古墳はどのように造られたのか、その手順を具体的に考えてみよう。

想定するのは、古墳の様式が完成してくる前期後葉から中期前葉の大型前方後円墳で、後円部頂上の平坦面に墓坑を掘り、中に割竹形木棺を納めた竪穴式石槨を造る場合とする。

首長の死—殯［殯儀礼］—

選地—墳丘の築造—葺石・埴輪の施工——葺石・埴輪の完成

墓坑の掘削
粘土棺床と石槨下部の構築
棺の安置と遺体の納棺
副葬品の配置
石槨上部の完成
墓坑の埋めもどし

地鎮的儀礼——**埋納儀礼（納棺儀礼を含む）**——**埋納終了後の儀礼**

古代には人が死ぬと、『三国志』「魏書」東夷伝倭人条（以下、『魏志《ぎし》』倭人伝とする）に「始め死するや停喪《ていそう》まで十余日、当時肉を食わず、喪主は哭泣《こくきゅう》し他人は就《つ》きて歌舞・飲酒す」とあるように、埋葬までの一定期間、人の死を惜しみ蘇生を願い死を確認するための儀礼が行われた。これを殯《もがり》と呼ぶが、考古学的な検討は難しい。ここでは殯は居住地の近くで行われたと考え、手順の検討からははずした。

なお、古墳では作業の進行に合わせ、地鎮的儀礼、納棺儀礼を含む埋納儀礼、埋納終了後の儀礼（墳丘上食物供献儀礼）などが行われたと推定している。

①選地

古墳をどこに造るかは重要な問題であった。『日本書紀』（以下、『紀』とする）によると、仁徳《にんとく》天皇は石津原《いしつのはら》（大阪府堺市）に行幸《みゆき》し自らの陵地を定めたという。

一般に、前期には水陸の交通の要衝を見下ろす丘陵上や島の上にある場合が多く、中期には周濠をもつ大型古墳や古墳群は台地や段丘上の平坦面に、後期には丘陵の裾から斜面・尾根上にある場合が多い。どの古墳も水田の可耕地を避けているようだが、近くに大きい集落や広い耕作地もなく、立地の理由を説明するのに困る場合も少なくない。

さまざまな状況を勘案すると、主要な古墳は被葬者の支配領域内に造ることを基本としたのだろうが、古墳築造の可否、形と規模、立地などは、地元の事情というよりは、王権の地方支配にとっての地政学的意義を重視している場合が少なくないように思われる。時に中期の大型古墳などは同一墓域での古墳群の継続性に乏しい。後述のように、古墳を造る現場は、一時的とはいえ、人・もの・情報が集まる政治・経済・軍事・交通の拠点、ひいては地域支配の拠点となるからである。

丹後半島の先端近くに造られた京都府京丹後市の網野銚子山古墳（前期後葉、二〇〇）や神明山古墳（前期後葉、一九〇）、関東平野西端の丘陵上に造られた神奈川県逗子市・葉山町の長柄桜山《ながえさくらやま》一・二号墳（ともに前期、九〇）、中国山地の山間部に築かれた広島県安芸高田市の甲立《こうたち》古墳（前期後葉、七八）、天竜川が平野部に流れでる地点の丘陵上に築かれた静岡県浜松市の光明山《こうみょうさん》古墳（中期中～後葉、八三）などを見るとそう思わずにはいられない。

②墳丘先行型の古墳づくりと寿陵

墳丘先行型の古墳づくり

墳丘と墓坑を造る手順にはいくつかのパターンがあった。その中で竪穴式石槨を造る場合の基本は、墳丘を造ってから頂上に墓坑を掘り埋葬するという「墳丘先行型」のものだった。そこで、世界の墳丘墓と比較すると、中国の竪穴木槨墓や韓国の積石木槨墓などのように、木槨を地下や地上に造った後に墳丘を築く「墳丘後行型」が多いことから、この墳丘先行型の手順が古墳の特徴の一つであることがわかる。それは弥生時代の方形周溝墓を造る手順と同様で、その伝統を引いたものと考えられる。なお、竪穴系の埋葬施設では施設が造られる時に遺体の埋葬が行われるのが原則であるから、先行型では墳丘築造後に、後行型では墳丘築造以前に遺体の埋葬が行われたことになる。

三つの特徴

この手順は、他に三つの特徴を生みだした。一つは、墓坑を掘るための広い平坦面を必要としたことである。そのことが墳丘頂上部が平坦になる古墳独特の墳形を生みだした。外国に多い墳丘後行型の円墳では、頂上部が丸い土饅頭《どまんじゅう》形の墳丘が大半である。方墳などで平坦面がある時は、建物などを建てるための場合が多い。二つ目は、墳丘が高い場合は埋葬施設が地上より高い位置にくることであり、三つ目は、葬儀の折、遺体の納棺に立ちあう参列者は墳丘上に登ることになることである。いずれも古墳の特徴である。

寿陵

古墳に墳丘先行型の手順をとるものが多いとなると、古墳が寿陵《じゅりょう》であった可能性が高まる。寿陵とは、生前墓ともいい、被葬者が生きている間に造られた、あるいは造りはじめられた墓のことで、古墳が寿陵かどうかは長らく問題になってきた。

『紀』では、仁徳天皇は仁徳六七年冬一〇月五日に石津原に陵地を定め、一八日に初めて陵を築くと記されている(八七年春正月一六日に死亡、冬一〇月七日に埋葬)。また、中国では秦の始皇帝陵(紀元前二一〇年没)や北魏の孝文帝陵(四九九年没)などのように、皇帝陵は寿陵として造るのが慣例であった。大王や首長が自らの権力を誇示し、後述のように(137頁)自らの死後の世

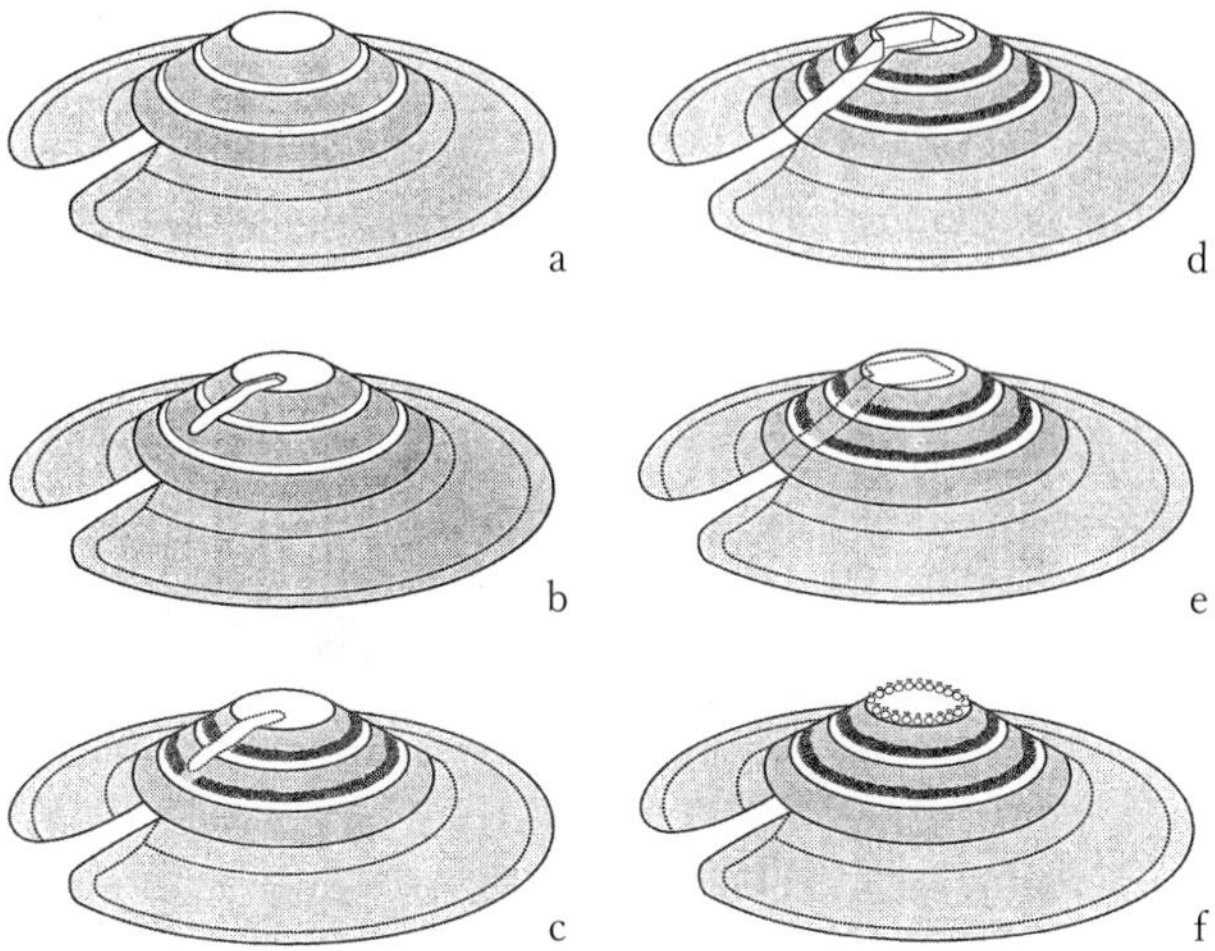

図1–14　大塚森古墳の築造手順

界をも保証するためには生前から墓を造りはじめる方が理にかなっている。しかし、寿陵についての考古学的な証拠はなかなか見いだしがたかった。

ところが、一九九五〜九九年に東北学院大学が行った宮城県加美町大塚森《おおつかもり》古墳（円墳、五〇、前期後葉）の発掘調査では、墳丘の築造を終え、ほとんどの葺石《ふきいし》を施した後に、墓坑を掘り遺体を埋葬し墓坑を埋めもどし、最後に墓坑の出入口（42頁）のあった部分の葺石を完成し、墳頂平坦面に壺形埴輪を立て並べたという手順が報告された（図1−14）。

類例は多くはないが、大阪府や京都府の古墳でもこの手順を支持する発掘例があり、寿陵を造る場合の手順として十分納得できるものである。埴輪も、埋葬施設の真上に立てられたもの以外は、埋葬より前から立てはじめられていた可能性がある。

③埋葬施設の構築手順——据えつける棺と閉ざされた棺

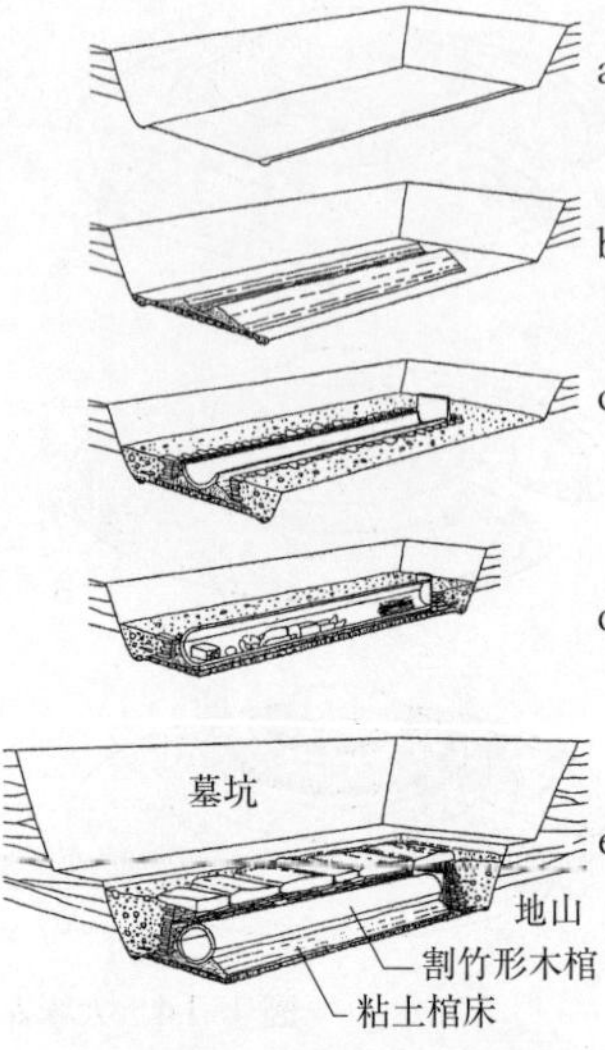

図1-15　竪穴式石槨の構築手順

竪穴式石槨の構築手順

次に、墓坑内に割竹形木棺を納めた竪穴式石槨を構築する手順を検討すると、図1-15のようになる。

a　墳丘頂上部の平坦面に二段に墓坑を掘る。本格的なものは深さが三、四メートルもあるため、上から掘るだけではなく、主に前方部側の墓坑の壁に、土の搬出や、棺や石槨石材の搬入のための作業用通路(「墓坑の出入口」)を設ける場合がある。

b　墓坑の底に排水施設を設け、棺を置く粘土の床(粘土棺床)を設ける。

c　粘土棺床の上に割竹形木棺の身を設置し、周囲に竪穴式石槨の下部を築く。

d　この作業が終わった段階で場が整い、埋納儀礼のクライマックスである遺体の納棺が行われ、副葬品が置かれ、棺に蓋がされる（納棺儀礼）。副葬品は棺の内外に一定の約束にしたがって配置される。多くの場合、遺体に朱《しゅ》が撒かれ、棺や石槨の内部に赤色顔料（ベンガラなど）が塗られる（顔料を付けた板石を積む場合もある）。

e　石槨の上部を築き、天井石を架け、粘土で全体を覆い（被覆粘土）、墓坑を埋めもどす。時には粘土棺床や石槨の控積《ひかえづ》みや被覆粘土などに鏡や鉄製の利器《りき》（刃のついた道具）などが埋めこまれる。

埋葬施設の構築は、棺の設置と石槨の構築と遺体や副葬品の納入が複雑に入りくんだかたちで一連のものとして行われたのが特徴である。

据えつける棺

手順が複雑になった理由の一つは棺の使い方にあった。現在では、棺というと遺体を納め通夜の祭壇に置き、その後、遺体を入れて火葬場へと持ちはこぶものである。しかし、このような「持ちはこぶ棺」は飛鳥時代に初めて出現したもので、それ以前の弥生・古墳時代の棺は、基本的に、墓坑の中に「据えつける棺」だったのである。したがって、遺体は別に運んできて現地で棺に入れたのである。割竹形木棺でも十分重いのに、古墳時代には割竹・舟形石棺、あるいは長持形石棺など重さが数トンもある石棺が発達した。そのため、それらが棺として本当に使われたかを怪しむ人もいるが、それは持ちはこぶ棺を想像したからで、据えつける棺として用いれば十分使うことができた。舟形石棺の底には枕を彫りだしたものも少なくない。

遺体をどのように運んだのかは十分明らかではない。しかし、後期後葉〜飛鳥時代の横穴や石槨に棺を使わずに納められた遺体に付着した繊維の例（茨城県土浦市武者塚古墳、千葉県八日市場市鷲ノ山横穴など）から判断すると、時期や階層によって異なるが、遺体は布や蓆《むしろ》に包み、船や輿《こし》（59頁参照）、あるいは戸板《といた》などに載せて運んだものと思われる。後期後葉の奈良県斑鳩《いかるが》町藤ノ木古墳の家形石棺に納められた北側の男性も布に巻かれていた。

いずれにしても、据えつける棺という棺の使い方は、墳丘先行型の古墳の造り方と相俟って、納棺儀礼という死者との最後の別れの場を墳丘頂上部の墓坑の中に設ける古墳独特の葬法を生みだすことになった。そして、この葬法の源流も、同じく据えつける棺で墳丘先行型であった弥生時代の方形周溝墓等の葬法にあったと考えられる。

閉ざされた棺——辟邪・密封の棺

手順が複雑になったもう一つの理由は、遺体を護るために完全に密封して、邪悪なものが寄りつくのを防ぐため、また寄りついて遺体が暴れだすのを防ぐためだった（辟邪《へきじゃ》）。遺体は隙間のない密封型の棺に納められ、その棺は棺を保護する施設である槨に入れられ、最上部は粘土で被覆された。そして、埋葬施設の各所には朱やベンガラなどの赤色顔料が塗られ、鉄製の利器や、時には鏡が埋めこまれた。棺と槨の隙間から鏡面《きょうめん》（姿を映す側）を外向きや内向きに揃えた鏡が多く出土する例や、舟形石棺の蓋の上に鏡面を内向きにして並ぶ鏡を浮き彫りした例、あるいは粘土槨の上に盾を被せた例なども同様な工夫の表れである。最近発見された奈良県奈良市富雄丸山古墳（造出付円墳、一一七、前期後葉～中期前葉）の造出に営まれた粘土槨（第二埋葬施設）の被覆粘土に埋めこまれた盾形鏡や長大な蛇行剣《だこうけん》はその最たるものである。

さらに言えば、棺は蓋が開かないように紐や帯などで縛られていた可能性がある。石棺によく見る縄掛突起《なわかけとっき》は重量物を運ぶ時の縄掛けと説明されることが多いが、主な役割は、すでに指摘があるように、棺を縛る装置であった可能性が高い。割竹・舟形石棺や長持形石棺の表面に浮き彫りされた突帯《とったい》や、亀甲形陶棺の粘土突帯なども縛った紐や帯の痕跡的な表現（考古学では「ルジメント」と言う）と推測される（178頁参照）。

以上のごとく、遺体は入念に密封されたのである。ここでは、このような密封型の棺を「閉ざされた棺」と呼ぶ。腐らない石で作った密封型の舟形石棺や長持形石棺はその典型であった。閉ざされた棺は、棺を保護する施設である槨に特有の棺と言える。

④墳丘表面の整備

さて、埋葬を終え墓坑を埋めもどした後に、古墳づくりではさらに重要な作業が待っていた。それは葺石を施し埴輪を配列し古墳の表面に「何らかの世界」を表現する作業を完成させることであった。それは古墳独特のものであった。

葺石の施工と埴輪の配置

墳丘上の施設といえば、外国では古代中国の河北省中山《ちゅうざん》王陵一号墓（戦国、前四世紀末）で出土した兆域図《ちょういきず》などから墳丘の上に建築物が建つ例が知られている。しかし、墳丘上から瓦などが出土し、建物があったことがわかる例は、半島北部（中国吉林省）にある高句麗《こうくり》の太王《たいおう》陵（広開《こうかい》土王《どおう》陵か）や将軍塚（ともに五世紀）まで留まっており、半島南部では知られていない。

この葺石や埴輪を使って墳丘表面に表現された「何らかの世界」の内容については、第二・三章で詳述する。

古墳の出入口と造出

その前に、古墳には、言いかえれば、この「何らかの世界」には出入口があり、それが遺構や埴輪などで表現されたことを紹介しておく必要がある。

最も端的なものは奈良県河合町ナガレ山古墳（一〇三、周濠なし、中期前葉）の例で、前方部から見て右側のくびれ部近くに前方部側面へと出入りするための二列の円筒埴輪列が設置されていた（図1-16。以下、前方後円墳の左右は前方部から見ての左右である）。しかも、後円部側の埴輪列には円筒埴輪一本分の隙間があり、そこを通りぬけた、くびれ部裾の平坦面からは儀礼に用いた滑石《かっせき》製模造品（斧）などが出土したのである。そして、この出入口に対応する前方部側面中段の埴輪列では通路分の隙間が空けられていて、前方部頂上の平坦面へと登れるようになっていた（墳頂部の埴輪列不詳）。

また、兵庫県朝来市池田古墳（一三五、周濠あり、中期前葉）は、くびれ部左右の渡土手と造出がほぼ全面調査された数少ない例だが、そこでは、左右ともに、ナガレ山古墳の通路状埴輪列の位置に渡土手があり、くびれ部の滑石製模造品が出土した場所には造出が設けられていた（83頁図3-8）。

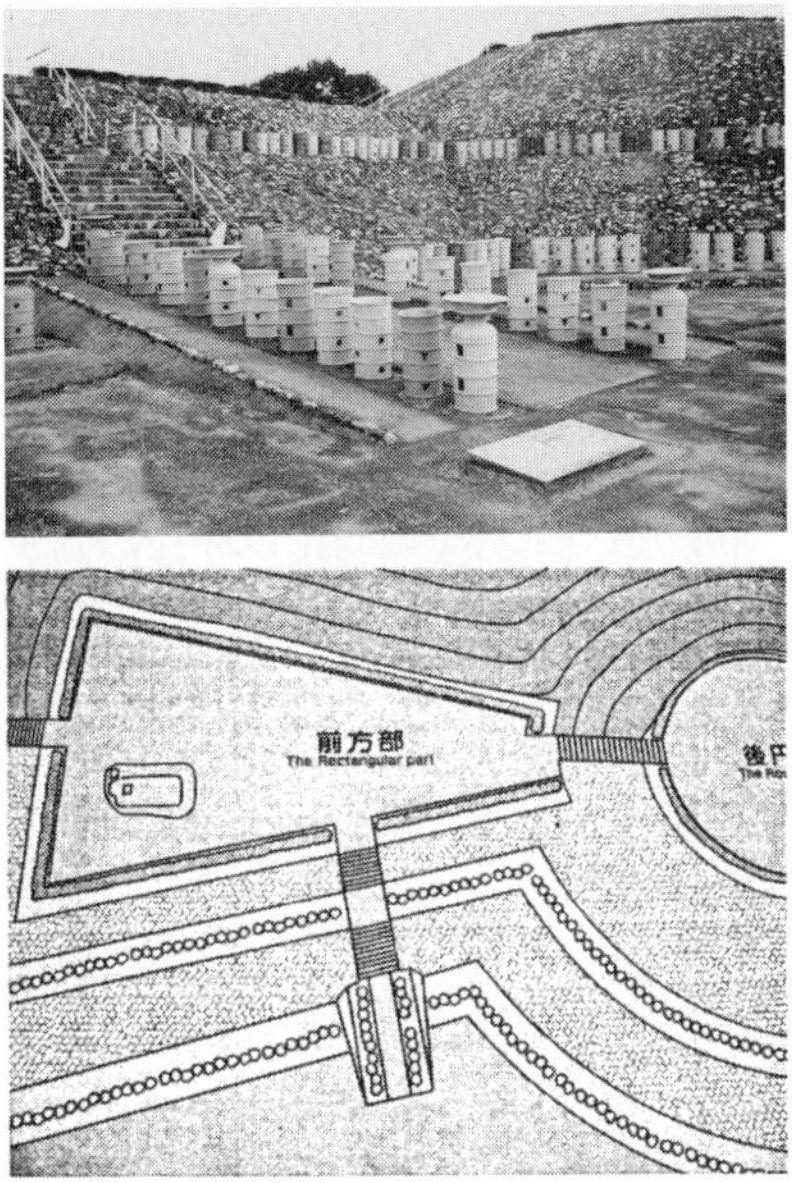

図1-16　ナガレ山古墳の出入口

古墳の出入口は、弥生墳丘墓の渡土手から発展した前方部の先端ではなく、くびれ部近くの前方部側面に移っていたのである。そして、その近くにあった儀礼の場が造出として整備されたものと考えられる。なお、渡土手や造出については82頁以降で改めて検討する。

いずれにしても出入口は墳丘上の「何らかの世界」と外側を結ぶ接点であり、古墳内部の動線の起点でもあった。墳丘内の動線はここから前方部平坦面へと上がり、さらには後円部前面斜道を登り、墳丘頂上部の平坦面へと続いていたものと推測される。

前方部の変質

なお、古墳の出入口が前方部側面へと移ったことで、前方部の役割は大きく変わった。箸墓古墳のように前方部が巨大化し外部と遮断されたことが一因かもしれない。

また、前方部平坦面での儀礼の痕跡も、ごく一部の例外を除けば、ほとんどない。そこで、箸墓古墳に続く西殿塚古墳を見ると、測量図でもわかるように、前方部の先端に方墳のような大きな方丘が築かれている。以後の例も含めて考えると、前方部は比較的早い段階から第二埋葬の場となった可能性が高い。

⑤埋葬終了後

墳丘上食物供献儀礼

埋葬が終わり、葺石や埴輪の整備も終わった後、古墳からは急速に人の気配がなくなる。これも古墳の大きな特徴である。

中国の皇帝陵などの場合は陵(墳丘墓)に接して祭祀建物が設けられ、日々、祭祀が行われ飲食物が供献された。類似の施設は高句麗の太王陵や将軍塚でも発見されているが、半島のより南の地域では未確認で、新羅《しらぎ》の墳丘墓の裾で魚介類が入った大甕の列などが見つかっている程度である。古墳でもかつては家形埴輪に首長の霊が宿る依代《よりしろ》としての機能を想定し、祭祀が行われたと考えられたこともあったが、人びとが一定期間、定期的に古墳へやってきて祭祀を行ったような痕跡はまったく見つかっていない。

ただ、埋納が終わり、古墳が完成した後、あまり時をおかずに、少なくとも一度は古墳に赴き、後円部の頂上や墳丘裾で飲食物の供献を中心とした儀礼が行われた痕跡が残っている。

事例は少ないが、後円部の頂上では、前期中葉の京都府向日市寺戸大塚古墳（九八）で埋葬施設直上の方形埴輪列の外側から片づけられた土師器（以下同様）の壺、高杯《たかつき》、甕などの破片（一部、小型精製土器類を含む）が出土している。また、前期後葉の京都府与謝野町作山《つくりやま》一号墳（造出付円墳、三六）では墳頂部の石棺を埋めた墓坑の横に敷きつめた砂利の上から壺、高杯、甕などの破片とともに各種の食物形や動物形の土製品が出土している。調査者の佐藤晃一は「土層観察の結果からは、石棺埋葬・埴輪列設置後にかかる祭祀が実施されたことが判明」したという。

中期では、中期前葉の三重県伊賀市石山古墳（一二〇）で寺戸大塚古墳と同じような位置から壺、高杯などが、岐阜県大垣市昼飯大塚古墳（一五〇）では、多量の高杯、壺などの小型土器とともに、笊形《ざるがた》土製品や各種の食物形土製品、玉類、石製模造品（少量）などが出土している。

また、墳丘の裾では、前期前葉の東殿塚古墳の前方部左側裾の突出部から、やや特殊な円筒・朝顔形埴輪群とともに壺、高杯、鉢、器台、甕などが出土しており(86頁図3-9)、中期になると、この突出部から発展したと考えられる造出が出現し、そこからは小型土器、笊形・食物形土製品がしばしば出土するようになる(図1-17)。

図1-17 行者塚古墳出土の高杯，笊形・食物形土製品

食物形土製品の正体を見極めることは難しいが、形態は円盤形(餅)、菱形(ヒシ?)、三日月形(アケビ?)、棒形、魚形(魚)などがあり、山の幸・海の幸を表現したものと考えられる。また、笊形土製品とは、土器の外面に笊(細長く削《そ》いだ竹や蔓《つる》を編んで作った底の浅い容器)を押しつけて編み目を付けた、笊の模造品である。

そこで、その変化の過程をたどると、それまでは儀礼において主に実用の土器や笊に山の幸や海の幸を載せて出していた一回限りの「お供え」が、前期後葉~中期前葉の段階で、腐らない土を焼いて作った小型土器(ミニチュア土器)や、笊や食物の模造品へと変化したことがわかる。それは、埋葬終了後の儀礼が一回限りのものではなく、永遠に続くことを期待したものと言うことができる。

本来は生き残った人びと(生者)が行うべき儀礼の品々も仮器《かき》化され、後述のような「他界のもの」として埴輪化していったのである。それは弥生墳丘墓の葬送儀礼に使われた特殊な壺や器台が埴輪化したのと同じであった。その結果、小型土器や笊形・食物形土製品は後円部の頂上や墳丘裾の造出などで家形埴輪と組みあい、その前に置かれるようになったのであろう。家形埴輪が後円部の頂上と墳丘裾の両方に配されるような大型古墳では小型土器や土製品も両方に置かれた可能性が高い。

なお、仮器そのものである埴輪の整備が急速に進行した前期後葉から中期前葉にかけての時期には、副葬品の仮器化も進行し、ミニチュア鉄器や滑石製模造品、あるいは焼入れされていない自然冷却の刀剣なども出現し、前二者は祭祀遺跡でも使われるようになったことに注意を払っておきたい。

祖霊を祀る場所

古墳はたいへんな努力をして造った墓であり、記念物であっただけに、生前にとどまらず、死後もしばらくは亡き大王や首長の威光を伝えるものとして、また近親者の追葬の場として機能したものと思われる。しかし、墳丘や埴輪の手入れがいつまで続いたかはわかっていない。

ただ、以上のような状況から、古墳そのものは亡き首長の霊や歴代の祖霊を祀る場所とはならなかったと推測される。中国の「廟《びょう》」のような祖先祭祀の場があったとすれば、王宮や首長居館など、他の場所、他の施設にそれを求めなければならないだろう。

『紀』崇神《すじん》五年に疫病がはやり、六年に百姓《おおみたから》(民衆)が流亡したのは皇室の祖神である天照《あまてらす》大神《おおみかみ》と倭大国魂《やまとのおおくにたま》の二神を天皇の居所の中に祀っていたのが良くなかったからとの記述がある。そこで、天照大神については、倭の笠縫邑《かさぬいのむら》に磯《し》堅城《かたき》の神籬《ひもろぎ》(神の依代。神を招き降ろす神聖な場所)を立て祀らせたという。

なお、前期後葉〜中期前葉の古墳の様式が完成してくる頃には、福岡県宗像市沖ノ島遺跡や奈良県天理市石上《いそのかみ》神社禁足地遺跡・桜井市三輪山の山ノ神遺跡など祭祀遺跡が明確になってくる。それ以前に関しては詳らかではないが、この時期には、祖霊神、自然神の取りあつかい方の整備も進んでいったものと考えられる。

第二章

他界としての古墳

1　槨の伝来とその死生観

では、古墳の表面に表現された「何らかの世界」とは何なのだろう。それを考えるためには、さらに、いくつかの前提的な検討が必要となる。

一つは、当時の人びとは死者の遺体をどう考え、どう取りあつかったかという問題である。なぜなら、遺体の扱い方は人びとの死後に対する考え方と深く結びついているからである。第一章第2節で取りあげた多様な埋葬施設はその考え方の反映なのである。

そこで、ここでは古墳前・中期に発達した、言うなれば本来の古墳の埋葬施設である竪穴系の槨（竪穴式石槨や粘土槨など）を取りあげ、その背景にある死生観、他界観を探ってみよう。

埋葬施設としての槨は、九州北部などでは弥生中期頃から擬似的なものが稀に見られるようになるが、より本来に近い木槨や石槨は弥生後期頃から瀬戸内中部を中心に造りはじめられた。その中で最も本来の木槨に近いものは弥生後期後半の岡山県倉敷市楯築墳丘墓の第一埋葬施設で、二段に掘りこんだ墓坑の底に二重底の木槨を組みたて組合式箱形木棺を納めていた（12頁図1-5b）。そして、それらが祖型となって古墳時代には狭長な板石積竪穴式石槨や粘土槨などが発達したのである。

では、「槨」の背後にある死生観、他界観とはどのようなものだったのだろうか。

そもそも槨と呼ばれるような棺を保護する施設は、中国においては新石器時代後期の前三〇〇〇〜前二〇〇〇年頃には出現し、秦・前漢頃までの長きにわたって発達したものである。基本は地中深く掘りこんだ墓坑の底に木槨を組みたて、組合式箱形木棺を上から納める竪穴木槨墓(190頁図6-1)であった。そして、この墓制の影響は中国の四周に拡散し、いまだ明確な経路は不明なものの、前一世紀〜後二世紀頃までには東アジアの遼寧《りょうねい》、朝鮮半島、日本列島へと及んだものと考えられている。

そこで、当時の中国における死生観、他界観を文献に尋ねると、代表的なものとしては周末から秦・漢代の儒者の古礼に関する説を集めたとされる前漢の『礼記《らいき》』郊特牲篇があり、そこでは「魂気《こんき》は天に帰り、形魄《けいはく》は地に帰る」と記されている。魂気(魂)とは精神的な要素であり、形魄(魄)とは肉体的な要素で、人が死ぬと両者は分離し天と地に分かれるというのである。

また、林巳奈夫によれば、前二世紀の哲学論集『淮南子《えなんじ》』や後漢の字書『説文解字《せつもんかいじ》』には「人間のたましいの中で体に活力を与えていた陽の性質のエッセンスが「魂《こん》」と呼ばれ、死後には天に戻り、陰の性質を持ち、肉体と不離なたましいは「魄《はく》」と呼ばれ、死後大地に戻る、と記される」という。

したがって、少なくとも弥生時代後期には確実に出現していた木槨や石槨にともなって、こうした魂魄観が列島に伝来し、古墳時代における槨の普及とともに各地に広がったものと推測することができる。弥生後期〜古墳前期にかけては、鏡を例にあげるまでもなく、中国由来の文物やその背景にある思想は、決して体系的ではなかったにしても、確実に日本列島にまで伝わり強い影響を与えていたのである。

以上のように考えてよければ、先の古墳の造り方で見たとおり、遺体とともにある形魄は墳丘内部の棺・槨のなかに厳重に密封されたことになる。古墳の遺体(形魄)を納めるという基本的な墓としての機能はこの段階で一応は達成された。

では、魂気はどう扱われたのであろうか。

2　古墳と船——天鳥船信仰

①船棺葬(舟葬)について

それを考える上で参考になるのは古墳と船(学術用語以外は「船」を用いる)との関係である。なぜなら、古墳からは船を描いたものや、船の形を象ったものが少なからず出土し、時には船そのものも見つかっているからである。そのため、古墳時代に死者を船ないしは船形の棺に入れて葬る「舟葬《しゅうそう》」(船棺葬)の習慣があったかどうかをめぐっては多くの議論が闘わされてきた。

いまだ竪穴式石槨や粘土槨の実態も十分明らかでなかった大正～昭和初期から始まったもので、間違った見解ではあったが、一時は粘土槨は「舟形の棺」とまで考えられたこともあった。しかし、その後は埋葬施設への理解が深まり、周辺部を中心に船首（舳先《へさき》）と船尾（艫《とも》）がはっきりわかる木棺の痕跡や、埋葬に使われた船そのものの発見例が徐々に増え、時期差や地域差を問わなければ船棺葬（舟葬）が古墳時代の葬制の中に一定の位置を占めていたことは確実となった。

ただ、前期の中心的な刳抜式木棺である割竹形木棺のなかには、蓋と身の両端までを完全に刳りぬき、両端の外側に板をあてがった例があるなど、とても船とは見なしがたい構造のものもあることや、民俗例で日本の丸木船に割竹形がないことなどから、筆者を含め、割竹形木棺のすべてを船と認めるには抵抗があった。そのため考古学では割竹形木棺を舟形の一種と断定することを避け、それ以外に舟形の棺を探す傾向が強かった。

しかし、後述のように（228頁参照）、刳抜式木棺の源流となったと考えられる中国江南の船棺には舟形も割竹形も、割竹形を両端まで刳りぬいた例もあること（230頁図6－22）などから、本書では刳抜式の割竹形や舟形の木棺・石棺はいずれも刳りぬき船（丸木船）に由来する形の棺と理解した。

さて、前期の棺の多くが船棺となると、死者と船との関係は船が使われる場面によって次のように整理することができる。

a　死者を入れ埋葬する容器としての船、または船形のもの（木棺・石棺）
b　死者を古墳へと運ぶ乗物としての船（葬列用の船）
c　死者の魂を他界へ運ぶ観念上の乗物としての船（埴輪・壁画に描かれた船、船形埴輪など）
d　死後の世界で死者が使う観念上の乗物としての船

船形の棺も、遺体を運ぶ船も、いずれも船が他界への乗物であるという観念の上に成りたっている。しかし、古墳の儀礼が完成していく過程で、遺体を運ぶ船や他界への乗物としての船が重視されるようになると、据えつける棺そのものは船である必要性がなくなっていった。それが古墳時代中期における長持形石棺の登場や舟形石棺の分布差と関連するかと思われるが、それらの点については古墳の儀礼そのものを検討した後に改めて述べることにしたい（250頁）。なお、古墳には死後の世界で死者が用いるといった発想の船はないようである。

②古墳の葬列

ところで、二〇〇五年、奈良県広陵町の巣山古墳（二〇四、中期前葉、四世紀後葉）において、周濠の底から直弧文《ちょっこもん》を浮き彫りし赤色顔料を塗布した実物大の準構造船（木造）の部材が発掘され、葬列で使われた船と推察された（図2-1a）。

かねてより、葬列と船との関係については、七世紀に編まれた『隋書』倭国伝の記事がよく知られていた。
「死者は斂《おさ》むるに棺槨を以てし、親賓、屍《しかばね》について歌舞し、妻子兄弟は白布を以て服を製す。貴人は三年外に殯し、庶人は日を卜《ぼく》してうずむ。葬に及んで屍を船上に置き、陸地これを牽《ひ》くに、あるいは小轝《しょうよ》を以てす」というものである。なお、「轝」には「くるま」、「こし」、「人やものを乗せてかつぐ乗物」といった意味があるが、この時期の列島には車はまだ伝わっていない。

しかし、物的証拠に乏しく、時期差もあって、信憑性が大きな問題とされてきた。ところが、古墳から実物大の特別に飾られた船が発見されたことによって、現実の葬列でも船は死者の遺

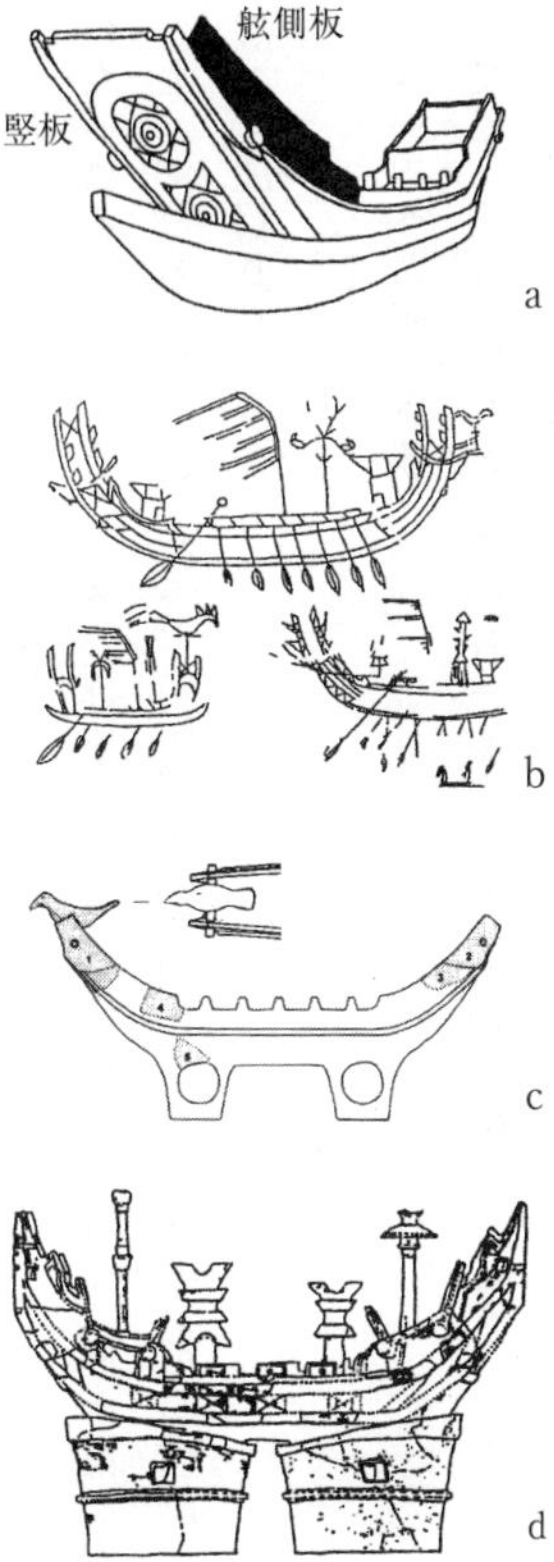

図 2-1　古墳と船
(a 巣山古墳の木造船復元図，b 東殿塚古墳のヘラ描きの船，c 林遺跡の船形埴輪，d 宝塚古墳の船形埴輪)

体を運ぶ乗物として利用されたことが明らかになったのである。『古事記』(以下、『記』)に記された「喪船《もふね》」とは、そのような性格の船だったと推測される。棺ではなく、「屍を船上に置き」となっているのは、「持ちはこぶ棺」出現以前の、いかにも古墳時代的な遺体の運び方であることも注目される。

③他界へと向かう船

では、円筒埴輪などに描かれた船の絵や、船形埴輪にはどういった意味があるのだろう。

奈良県天理市東殿塚古墳では、前方部左側の初現的な造出(86頁図3-9)に立てられた楕円筒埴輪の片面に二艘(下段・一号船、中段・二号船)、反対面に一艘(三号船)の準構造船が描かれていた(図2-1b)。いずれも複数の櫂《かい》と船尾に舵《かじ》(操舵用の櫂)をもつもので、一・二号船の船首には鳥が留まっている。どの船の吹流しも右から左へ勢いよくなびいていることから判断すれば、これらの船は鳥に導かれつつ左から右へ(他界に向かって)勢いよく天翔《あまがけ》ている状態だと推測することができる。船首が不明な三号船も同様だろう。

大阪府藤井寺市林遺跡から出土した船形埴輪(中期前葉)の船首にも鳥が留まっている(図2-1c)。興味深いのは、前期前葉の東殿塚古墳二号船の鳥が鳳凰の面影を残す鶏かと思われるのに対し、中期前葉の林遺跡の鳥は尻尾が水平に付く水鳥と推測できることである。後述のように中期前葉に出現する船形埴輪は同時期に出現する水鳥形埴輪と密接な関係にあるものと考えられるが、中期前葉頃には、死者の魂を他界へ誘う鳥は、長距離を飛行し季節的に現れる冬の渡り鳥かと思われる水鳥に代わった可能性が高い。

一方、船形埴輪は全国で五十数例の発見があり、多くは近くに古墳への出入口がある造出の上や周辺から出土する。特に丁寧な作りのものは三重県松阪市宝塚古墳（宝塚一号墳、一一一、中期前葉）の例で（図２－１d）、東殿塚古墳の絵と酷似する飾られた船である。出島状の造出（造出が前方部側面と細い渡土手で繋がったもの）の、造出と前方部側面との間の奥まった場所からの出土で、あたかも港（波止場）に停泊しているかのように見える。それから考えれば、造出の上から出土する場合は港で陸揚げされた船とも理解ができる。埴輪に描かれた絵の中には二本の碇綱《いかりづな》らしきものを下ろして停泊しているような状態のものもある。

いずれにしても、これらの船は、他界へと死者の魂を乗せて行った船で、その途中の天翔る様子や、他界に到着し入口の港に停泊したり陸揚げされたりした様子を表現したものと理解することができる。

なお、東殿塚古墳の絵は古墳と鳥が留まる船との関係が少なくとも古墳時代前期前葉まではさかのぼることを示している。また、宝塚一号墳の船形埴輪は一際優れたもので、この頃に古墳の儀礼が一定の完成を見せたことを暗示している点に注目しておきたい。

④天鳥船信仰

以上により、古墳時代前・中期の人びとはそれなりの魂魄観・他界観をもって古墳を造り、墳丘の内部に遺体（形魄）を密封するとともに、死者の魂（魂気）は鳥に誘われた船に乗って他界へと赴き、そこで安寧な暮らしを送るという信仰にしたがって葬送儀礼を執りおこなっていたものと考えられるようになった。そこで、この信仰を「天鳥船信仰《あまのとりふね》」と名づけることにする。「鳥船」と言うと海上他界を連想する場合が多いが、古墳の他界は天上にあり、その点を考慮して「天鳥船信仰」と言うことにした。この時期の古墳の儀礼の筋書きや物の表現はこの信仰の上に成りたっていたのである。なお、天鳥船については244頁で再度触れることにする。

3　他界へと向かう葬列

では、古墳の儀礼の中で葬列はどのように位置づけされたのであろう。遺体の安置場所（殯の場所）と古墳とを結ぶ葬列で何が表現されたかによって古墳に表現されたものの意味がわかってくる。

そこで、先の検討を踏まえ推測すると、葬列では亡き首長の魂が他界へと赴く様子を模擬的に再現し、遺体を実物大の飾られた船に乗せて古墳へと牽引していったものと考えられる。そして、その葬列の先には墳丘の表面に葺石や埴輪や木製品を使って「何らかの世界」、すなわち「他界」(あの世)が表現されていた。これが葬送儀礼の筋書きだったのである。

残された人びとにとっては、死者の魂を船に乗せて無事他界へと送り届け、そこで死者が安寧に永遠の命を生きるようにすることが、死者の冥福を祈る古墳時代的な形だったのである。そして、このような筋書きのもとに執りおこなわれた葬送儀礼において、古墳は墓であるとともに、その表面に他界を表現した「他界の擬えもの」(模造品)として、儀礼の重要な舞台装置の役割を果たしたものと考えられる。

口絵図1bは、このような考えのもとに、収穫の終わった晩秋の畦道を行く葬列のイメージを描いたものである。各種の幡や木製品をもつ先導者の一群、新しい首長夫妻や親族や有力者、遺体を乗せた船とそれを引く人びと、太鼓などで調子を整える人、および各種の副葬品を捧げもつ人びとなどを中心に葬列の前半部分を想像してみた。船首には鳥の形象が付いていたかもしれない。船を引く綱を力強く必死に引っぱっている人もいれば、持っているだけの人もいる。実際はもっと多くの人が葬列に参加し、さらに多くの人がその様子を見守ったのであろう。たぶん、身分などによって、参加する人の数や服装や持ちものなどに差があったのだろう。

4 天鳥船信仰の残影

図2-2 天鳥船信仰が表現された装飾付須恵器(a 一ノ瀬2号墳, b 中垣内古墳群)

興味深いことに、船に乗った死者が鳥に誘われながら他界へと赴く様子を表現し、口縁部には龍を配した装飾付須恵器の器台が発見されている。大分県国東市(旧安芸町)の一ノ瀬二号墳(円墳、二三)の横穴式石室から出土した六世紀末〜七世紀前半のものである(図2-2a)。古墳時代の最後になって作られた、古墳時代の他界観を最も端的に表現した逸品と言うことができるだろう。また、兵庫県たつの市中垣内《なかがいち》古墳群では鳥と船の装飾のある脚付子持壺(須恵器・後期後葉、図2-2b)が出土している。

前方後円墳とともに出現した天鳥船信仰は、前方後円墳の消滅とともに姿を消していったようである。

第三章　埴輪の意味するもの

1　埴輪の種類と変遷――人物・動物出現以前

では、墳丘表面の他界はどのように表現されたのだろう。それを考えるために、他界を表現する上で中心的役割を果たした埴輪について検討しよう。

①埴輪の種類

「埴輪」とは、古墳の墳丘や堤の表面に立てられた、高さ五〇～一五〇センチほどの、土で作った素焼きで中空《ちゅうくう》のものである。同じ土の素焼きでも、大きさが一〇センチ前後の主に中実《ちゅうじつ》のものは「土製品《どせいひん》」と呼んで区別している。ともに実用品を真似た仮器、模造品である。

通常は円筒埴輪・朝顔形埴輪と形象《けいしょう》埴輪に二分され、形象埴輪は器財形埴輪と人物形埴輪、動物形埴輪（以下、人物埴輪、動物埴輪とする）に分けられる。しかし、円筒埴輪は容器を載せる台（器台）、朝顔形埴輪は壺を載せた器台を一体的に表現したものであるから、埴輪はすべて形象埴輪であると言える。そこで、埴輪を再分類すると表3-1のようになる（以下、第三章では「○○形埴輪」の「形埴輪」を省略）。ここでは主に前期～中期前葉に作られた埴輪を概説し（図3-1）、遅れて出現する人物・動物は89頁以降で説明する。

表 3-1　埴輪分類表

- 埴輪＝形象
  - 器財
    - 食器
      - 特殊壺・特殊器台
      - 器台(円筒)
      - 壺＋器台(朝顔)
      - 壺(二種あり)
      - 高杯など
    - 建物――家(入母屋，寄棟，切妻，片流れ)，囲，柵，門など
    - 家具――蓋，翳(衝立)，玉杖飾板(石見型)，椅子など
    - 武器――靫，弓・鞆，大刀，矛など
    - 武具――盾，甲，冑，甲冑など
    - 乗物――船
  - 特殊動物
    - 鶏
    - 水鳥
  - 人物
    - 男性
      - 盾持人
      - 盛装(被葬者＝首長)
      - 正装(王宮や屋敷での役割に応じた服装．高位～下位まで)
        (いわゆる文人，楽人，奉公人，鵜飼，鷹飼，馬曳きなど)
      - 武装(軍隊での役割に応じた服装．重装・軽装)
      - 褌姿(力士)
      - 平装(農民など)
    - 女性
      - 盛装(被葬者の妻や被葬者＝首長)
      - 正装(王宮や屋敷での役割に応じた服装．高位～下位まで)
        (高位の女性，袈裟状衣の女性など)
      - 平装(子守など)
  - 動物
    - (乗物)馬，牛
    - (狩猟など)犬，鵜，鷹，猿，鹿，猪，魚，ムササビなど

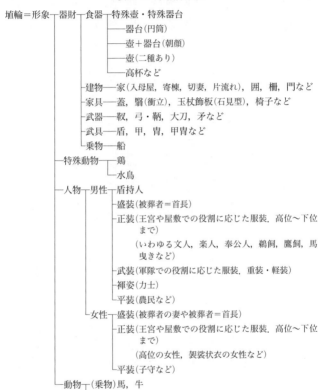

特殊壺・特殊器台　両者は弥生時代の特殊に発達した壺と器台が埴輪化したもの(78頁図3―7)。墳頂部や墳丘側面から裾部に立てられた。稀に前方部平坦面の特定場所にまとめて置かれた例もある。

朝顔・円筒　朝顔は壺を載せた器台、円筒は器台を表現したもの。突帯や透穴《すかしあな》が付く。円筒は、埴輪の中で最も数多く作られたものである。後円部の埋葬施設直上にある方形壇を囲う方形埴輪列や、墳丘各平坦面の埴輪列として配された。朝顔も円筒とともに埴輪列を構成したが、円筒に比べ数は少ない。ともに胴部側面に縦長板状の鰭《ひれ》が付くものがあり、近接して立てると屏《へい》のようになる。稀に兆域《ちょういき》(墓所)を限るために丘陵の尾根を遮るように並べられたものもある。円筒・朝顔の機能の一つに遮蔽や結界《けっかい》の機能があったことを示している。

壺・高杯　壺には二種がある。一つは二重口縁壺の底に焼く前から孔《あな》をあけたもの。他は筒状の台の上に二重口縁壺の上半分部を作りだしたもので、接合部に鍔《つば》状の突帯が付く。前者は壺だけが並べられたが、後者は円筒上に置かれた場合が多い。高杯もあり、円筒上に置かれた。

家　屋根の形から入母屋《いりもや》、寄棟《よせむね》、切妻《きりづま》、片流《かたなが》れに区分され、さらに高床式や平地式に分けられる。屋根の上に千木《ちぎ》(棟先に付くV字形の板状の装飾)や鰹木《かつおぎ》(堅魚木。棟に直交して付く丸太状の装飾)や鰭状の装飾が付くものがある。いずれも、入口や窓の差などとともに、用途(楼閣、住居、作業場、厨《くりや》、倉庫など)や格式の差を示し、複数、ないしは単独で王宮や屋敷を表した。柵や門

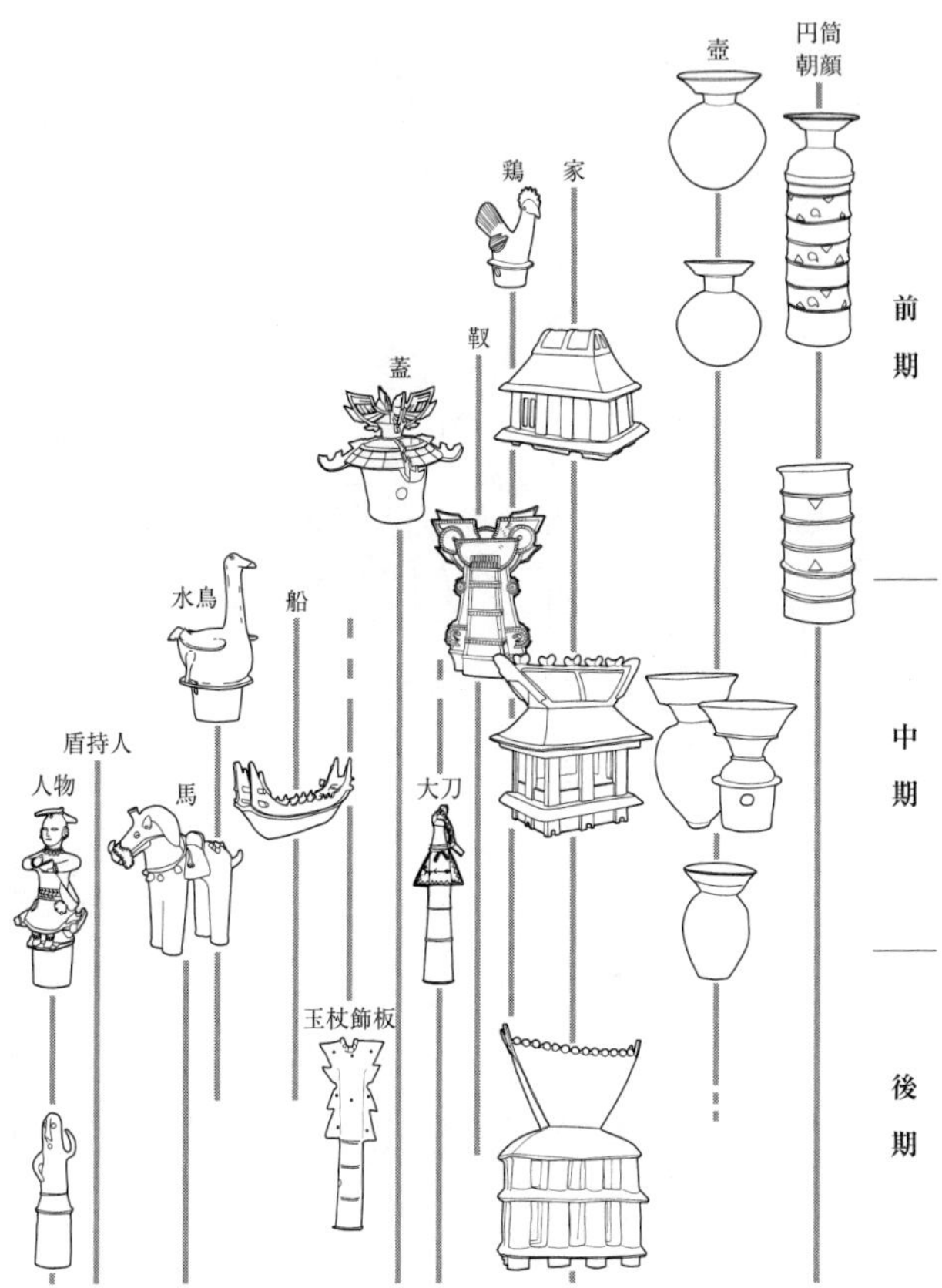

円筒
朝顔
壺
鶏
家
靫
蓋
水鳥
船
盾持人
人物
馬
大刀
玉杖飾板
前期
中期
後期

図 3-1　埴輪編年図

の埴輪も屋敷を構成する付属施設である。

なお、家形土器は少なくとも弥生後期には出現するが、神奈川県厚木市子ノ神《ねのかみ》遺跡例（弥生後期）では屋根の棟いっぱいに船を表現していて、作られた信仰上の背景を暗示している。

家は埴輪群の中心的存在で、埋葬施設の真上の方形壇上や墳丘裾の造出などに配置された。複数の場所に家々があるのは、家々の機能の差による使いわけと考えられる（81頁）。

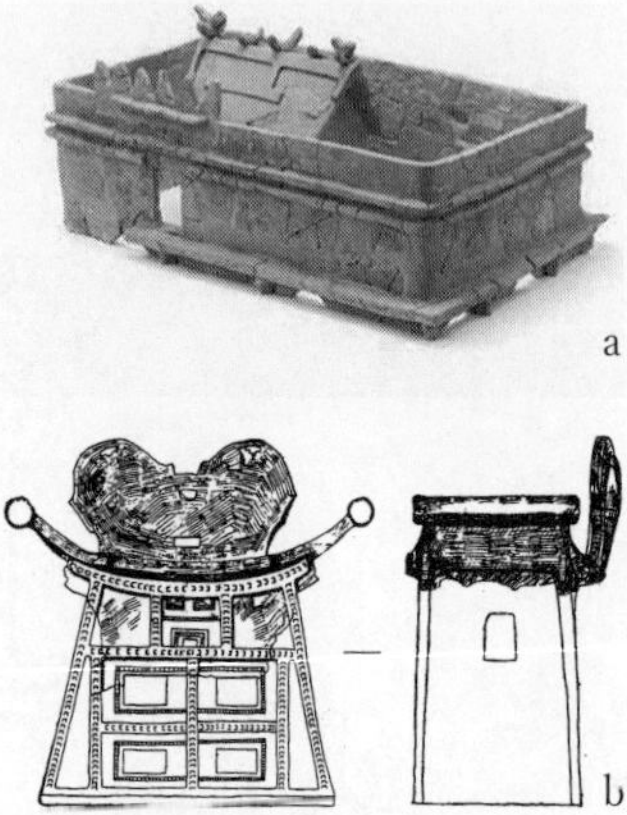

図3–2　囲形埴輪と椅子形埴輪（a 行者塚古墳，b 赤堀茶臼山古墳）

囲《かこい》　塀で囲った施設（図3–2a）。四隅の一つが鉤《かぎ》の手《て》状になり、出入口がある場合が多い。内部に水を流す樋《ひ（とい）》を象った樋形（導水形）土製品や井戸形土製品がある場合が多く、時にはそれを覆う小型の家がある。浄水の存在を示す。後円部と造出の間の凹みに置かれたものが目立つが、造出の上や後円部頂上などで家とともに屋敷を構成する施設（井戸）としても使われた。

蓋《きぬがさ》　長い柄をもつ大きな傘。軸部の上端に立飾《たちかざ》りが付く。本来は人に差しかけ雨や日射しを遮る道具だが、差しかけた人や建物などの格式の高さを示す役割も果たした。笠の先端が下方に折れ、面をもつものもある。後述の笠《かさ》形木製品に類似する。家の周辺などに配された。時には蓋や立飾りが円筒の上に置かれる場合もある。

翳《さしば》　長い柄の付く大きな団扇《うちわ》。本来は快い風を送るとともに、人の視線などを遮る道具だが、時には格式の高い人などの存在を示した。大阪府藤井寺市津堂城山古墳から出土したようなハート形のものを「衝立《ついたて》」とする意見があるが、楕円形の翳を二枚交差させて衝立や椅子の背板（群馬県伊勢崎市赤堀茶臼山古墳、図3－2b）にする場合があるので、ここではそれらも翳の仲間とした。

玉杖飾板《ぎょくじょうかざりいた》（石見型《いわみがた》）　形態が権力者の持つ玉杖頭部の石製品（琴柱《ことじ》形石製品の一種）に類似することから威儀を正す玉杖（形）飾板とした。類品が奈良県三宅町石見遺跡にあり「石見型盾形埴輪」と呼ばれた（図3－3a）。同形の木製品もある。もとは鹿角《ろっかく》に由来する形象かと思われ、最初は木製品として作られた可能性がある。盛期には墳丘を取りまくように樹立された。

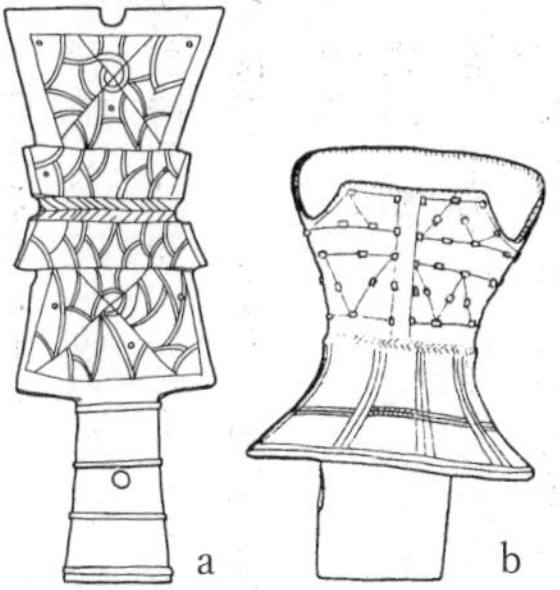

図3–3　玉杖飾板形埴輪と甲形埴輪（a 石見遺跡，b 白石稲荷山古墳）

靫《ゆき》・鞆《とも》・弓　靫は弓矢の矢を入れる細長い箱形の容器。鏃《やじり》を上向きに入れ、背板に付けて担いだ。背板に豪華な鰭状の飾りの付くものがある。後円部墳頂部や造出の家の周辺に置かれた。新しいものは左右に張り出しのある奴凧《やっこ》形の背板に円筒状の容器が付く。鞆は弓で矢を射る時に弓を持つ左手首の内側に着けて、矢を放ったあと弦が腕に当たるのを防ぐ道具。弓の単独例はほとんどなく、稀に人物が持つ。他に矢を入れる容器に胡籙《ころく》がある。箱形の容器で鏃を下向きに入れ革紐で腰に吊して使った。しかし、中期に新しく伝わってきたためか、和歌山県の一部以外ではほとんど単独例がない。

大刀《たち》　鞘《さや》に入った大刀を、柄《つか》を上にして表現したもの。多くは柄を握る手の甲を護る帯(勾金《まがりがね》・勾革《まがりがわ》)に三輪玉《みわだま》や鈴などの装飾が付く。柄頭には板状・楔《くさび》形や円筒形のものがあり、当時の木装《もくそう》や鹿角装《ろっかくそう》の大刀を真似る。一時は「消火器形」とも呼ばれた。家の周辺に、時には列状に配された。なお、遅れて伝わった装飾付環頭大刀《かんとうたち》などは埴輪にはされなかった。

盾　刃物や矢などから身を守る板や革で作った防具。革盾を真似たものが多い。墳頂部や造出の家の周辺に配されたが、埴輪列の内側や外側に立てられた場合もある。

甲《よろい》・冑《かぶと》・甲冑《かっちゅう》　甲は胸から腹を保護する短甲《たんこう》と腰から下を保護するスカート状の草摺《くさずり》を表現したもの(両者併せて短甲とも呼ぶ、図3-3b)。冑は衝角付冑《しょうかくつき》や眉庇付冑《まびさしつき》を真似たもので、衝角付が多い。数は多くはないが、冑から草摺までの甲冑一式を一体的に表現した甲冑がある。また、人物出現期には、手足はないが甲冑に目鼻のない顔が付く「顔付甲冑」と呼ばれるものがあるが、数は少ない。

船　船は丸木舟に舷側板《げんそくばん》などを付け加えた準構造船で、二種類ある。一つは舷側板の前に竪《たて》板《いた》を立てたもの（横から見て二股型、59頁図2－1a）で、他は舷側板がそのまま前後に高く突きだすもの（一体型、図2－1c・d）。造出の上や周辺で出土することが多い。なお、熊本市宮地遺跡では弥生後期の船形土器が発見されている。

鶏・鳥形土製品　鶏を象ったもの（図3－4a）。尾羽が縦に付く。鶏冠《とさか》の大小などで雌雄に区分できる。墳頂部などの家の近くに置かれた。なお、奈良県田原本町唐古・鍵遺跡では弥生中期後葉の土製品、福岡県小郡市津古生掛《つこしょうがけ》墳丘墓では弥生終末期の土器（図3－4b）、奈良県桜井市纒向石塚墳丘墓では板状の木製品などが出土している。また、墳丘からは五～一〇センチ余りの主に鶏形の鳥形土製品が出土するが、それらは家、壺、円筒などに装飾的に付けられた埴輪の一部である場合が多い（二羽の鳥が屋根に留まる家については252頁で詳述）。

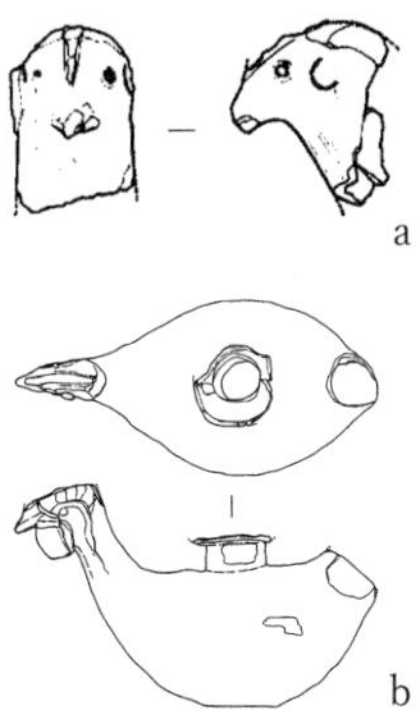

図3-4　鶏形埴輪と鶏形土器（a平尾城山古墳，b津古生掛墳丘墓）

水鳥　鶏以外の鳥は水鳥と総称している（87頁図3－10）。数多い鳥の中で埴輪とされたのはほとんどがハクチョウやカモなどの雁鴨《がんかも》類で、平たい嘴《くちばし》、ふっくらした胴体、水平に付く尾羽、水かきのある脚などが特徴である。弥生時代の土器や銅鐸に多く描かれた尖った嘴、長い頸《くび》、細身の胴体、長い脚をもつツルやサギなど鶴鷺《つるさぎ》類は非常に少ない。両者の意味づけが異なり系譜的に繋がらないことを示唆する。畿内では前者の多くが夏に消え冬に姿を現す渡り鳥で、飛行距離が長く、異なる世界を往き来する鳥であることに意味があった可能性がある。また、後者が水辺を歩いて魚などを捕食する渉禽《しょうきん》であることを思えば、前者が水面に浮く草や木の実や虫などを捕食する游禽《ゆうきん》であることが他界へ赴く船のイメージに近かったのだろう。鳥形木製品には飛ぶ姿のものが多いが、埴輪はほとんどが羽を休めた姿である。島状遺構や造出、渡土手、時には墳頂部に配された。

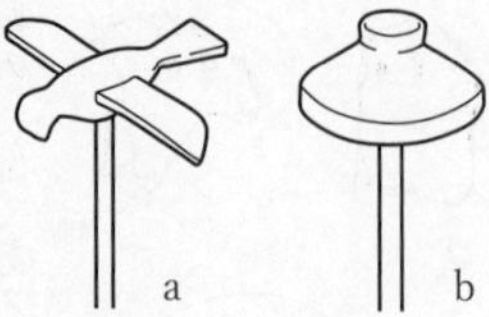

図3–5　木の埴輪(a 鳥, b 笠)

木の埴輪　古墳からは、埴輪（粘土で作ったもの）のほかに、木や石で作った類似のものが出土し、矛盾した用語だが、わかりやすいため、「木の埴輪」や「石の埴輪」とも呼ばれる。畿内を中心に各地で見られる木の埴輪の一つは、柱の先端に飛ぶ鳥や笠を付けたもの（図3–5）で、墳丘の埴輪列の中やその周辺、周濠の中、外堤などに立てられた。他は玉杖飾板、靫、盾、蓋など埴輪と同形態のものである。これらはコウヤマキ製のものが多いが、周濠からは他にヒノキやスギなどで作った威儀具（翳、杖状など）、武器（刀、剣、矛《ほこ》など）、調度（机など）、箱形容器、曲物《まげもの》、鋤《すき》・鍬《くわ》類、建築部材など、実用、非実用を問わず、多様な木製品が出土する。その中には墳丘上に置かれ他界の表現に使われたものや、食物供献の場にそえられたもの、あるいは、その他の未知の用途に使われたものが含まれている。なかには墳丘の築造に使ったかと思われるような使用痕のある鋤・鍬などもある。なお、墳丘上は幡《ばん》、旗《はた》、吹流し、天幕などの布製品を使って華やかに飾りたてられていた可能性もある。

土の仮器である埴輪に先だって、すでに弥生後期～終末期の墳丘墓にはさまざまな木の仮器が出現していて、埴輪が出現し発達するための基礎を作りだしていたのであろう。

石の埴輪　石人《せきじん》・石馬《せきば》として知られる石の埴輪（「石製表飾《せきせいひょうしょく》」ともいう）。出現は遅く、初期の甲（大分県臼杵市臼塚古墳、八七、中期中葉、図3-6）に始まり、後に各種器財や人物・動物が加わった。鳥取県の一例（米子市石馬谷古墳、六一、角閃石安山岩《かくせんせきあんざんがん》）を除けば、いずれも阿蘇溶結凝灰岩《あそようけつぎょうかいがん》（阿蘇石）製で、有明海沿岸を中心とした九州に分布する。種類には家、壺、靫、刀、盾、甲、甲冑、椅子、船のほか、鶏、水鳥、人物、馬、猪、あるいは柱に笠を載せたものや玉杖飾板などがある。埴輪とともに用いられたが、石の埴輪には円筒や朝顔はない。阿蘇石を利用して石棺などを加工していた地域で、器財、人物、動物や、時には木の埴輪を真似て作ったものと考えられている。ただ、多種のものを用いる例は福岡県八女市岩戸《いわと》山《やま》古墳（一三五、後期中葉）などに限られ、一古墳に一例ない

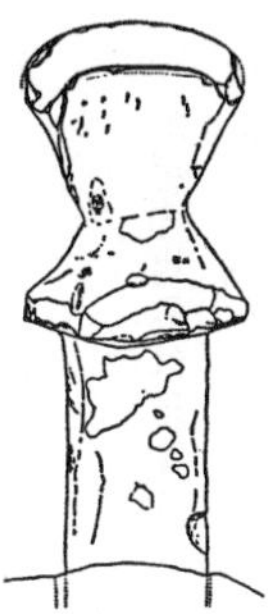

図3-6　石の甲形埴輪（臼塚古墳）

しは数例のものが多い。

②埴輪の世界は現実的

以上、埴輪を一覧して気づいた点をあげると以下のようである。

まず埴輪は、素材が何であれ、ほぼすべてが当時実在したものを象っていて、いずれも日々の生活に欠かせない実用品であったことである。このことは埴輪が中心となって表現された他界は、決して神秘的で空想的な世界なのではなく、現実の延長上にあり、そこでの生活は現世での日常生活とほぼ同様のものであると観念されていたことを示している。

とは言っても、他界は現実そのものではないのであって、決して多くはないが、鳥(鶏)形土製品が付いた家・壺・円筒などはその世界が決してこの世ではないことを暗示している。『記』に常世《とこよ》の長鳴鳥《ながなきどり》の伝承を持つ鶏や、『記紀』で魂を運ぶ鳥とされた白鳥(水鳥)が他の動物よりは早く埴輪に加えられたのもそのせいであろう。

しかし、埴輪には、生産用具がないなど、他界での生活に必要なもののすべてが揃っていたわけではない。その点については後に埴輪と副葬品との比較から考えてみたい(105頁)。

その上、器財形埴輪は基本的に古墳前期〜中期前葉の畿内で用いられたものを真似て作られている点も注目される。胡簶や装飾付環頭大刀などのように、機能は同じでも後に伝わったものは独立した埴輪としてはほとんど作られなかった。このことは埴輪を作った集団の保守的で排他的な性格と関連しているものと思われる。畿内では中期中葉に須恵器を焼く窖窯《あながま》の技術が伝わり、埴輪の焼成にもその技術が取りいれられたが、伊勢湾沿岸など他地域のように同じ窯で両者を一緒に焼くことはあまりなかった。ここからは埴輪と須恵器の製作集団がそれぞれ独占的に物品を作り貢納することで王権に奉仕していた姿が見てとれる。その意味では、中期中葉において古墳の儀礼の執行に窖窯の技術を導入し、人物・動物を加えた背景には王権の強い意思があったものと考えられる。

③埴輪の出現と展開

埴輪は、古墳の表面に他界を表現するために作られた実用品の模造品である。ここでは、この模造品化(仮器化)を現世のものが他界のものになるという意味で「埴輪化」と呼ぶ。

その意味で、最初に埴輪化したのは特殊壺・特殊器台(図３‐７ｂ)および壺の一種(図３‐７ｃ)であった。前者は円筒や朝顔の祖型となったもので、吉備《きび》地方(岡山県)の弥生墳丘墓での埋葬儀礼で用いられていた実用の特殊壺形土器と特殊器台形土器に由来する(図３‐７ａ)。また、後者は同時期の大和地方(奈良県)の実用の二重口縁壺形土器に由来する壺(茶臼山型)で、ともに最古の前方後円墳である箸墓古墳に配置された。

特殊器台の土器と埴輪の違いは、端的に言えば、土器では墳丘上に置くため器台の基部が一回り大きく台状に作られているのに対し、埴輪では墳丘に埋め立てるため真っ直ぐな円筒状に作られているところにある。また、壺では仮器化のため、壺の底に焼いた後から孔をあけていたものが、徐々に焼く前から孔をあけるようになり、埴輪ではそれが常態化したことにある。

なお、弥生終末期には、各地域の墳丘墓それぞれで葬送儀礼用の土器

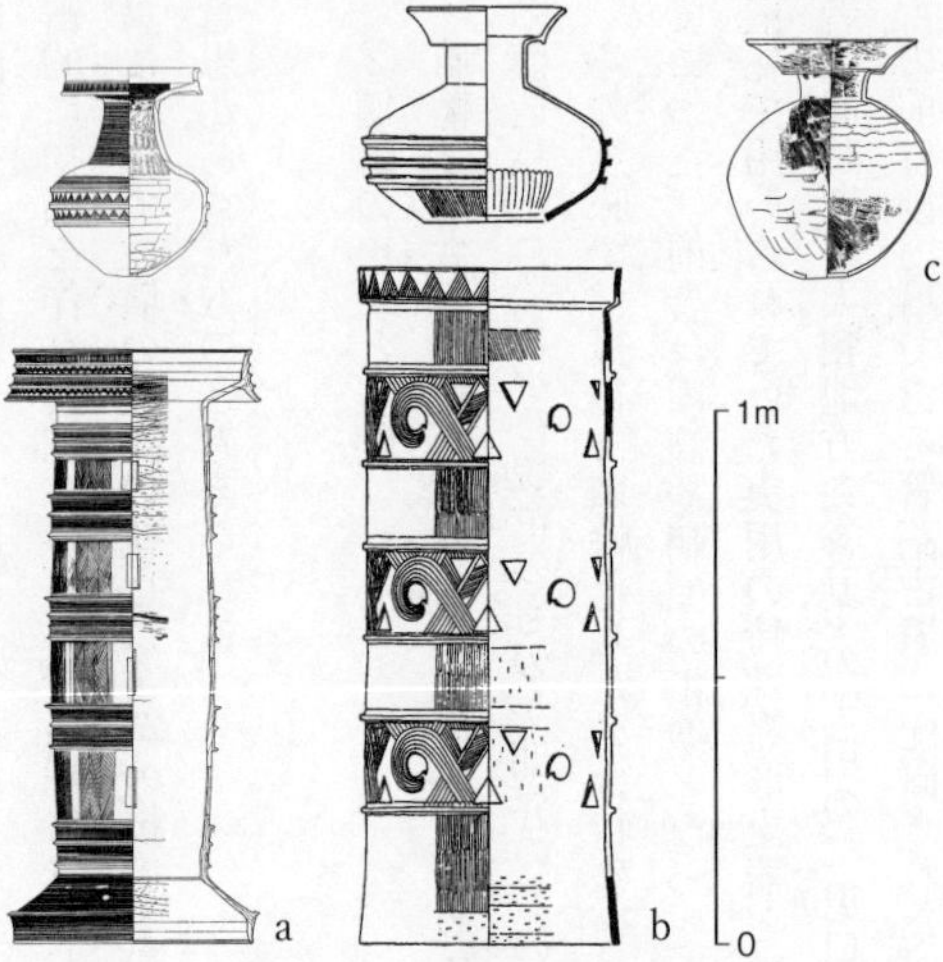

図 3‒7　土器から埴輪へ
（a 特殊壺・特殊器台形土器（楯築墳丘墓），b 特殊壺・特殊器台形埴輪，c 壺（茶臼山型）形埴輪（箸墓古墳））

が大きく装飾的になっていったが、先の二例以外は古墳時代にはほぼ消滅した。

一方、円筒・朝顔以外の埴輪に関しては、弥生後期～終末期頃には少数だが家形土器（16頁図1‒7b）、船形土器、鶏・鳥形の土器・土製品・木製品、あるいは人形土製品（図1‒7a）な

どが見られたが、すぐには埴輪にはならなかった(木の埴輪があった可能性はある)。

家や鶏あるいは頬当《ほおあて》がついた冠帽《かんぼう》状の冑が出現してくるのは古墳前期中葉(四世紀前葉)頃からである。以後、段階的に種類が増え、前期後葉になると武器(靫など)や武具(盾、甲など)、威儀の道具(蓋など)などが現れ、中期前葉(四世紀後葉)には船、囲、水鳥などが加わった。中期前葉の宝塚古墳の船(図2-1d)に玉杖飾板や大刀(勾金なし)が立てられていることを考慮すると、両者もこの頃には出現していたものと思われる。

先述のように、前期後葉〜中期前葉の時期は古墳の儀礼の様式全体が整備され一つの完成期を迎えた。その中で墳丘上に他界を表現するアイテムとしての埴輪も主要な種類が出揃い、意匠も充実した時期を迎えたのである。言いかえれば、埴輪としてよく知られている人物・動物が出現する以前に、古墳の儀礼は一定の完成を見せていたのである。

④器財・鶏・水鳥をめぐる諸見解

なお、この時期までの埴輪の意味についての議論は人物・動物出現以降ほどは盛んではなかった。しかし、個々の種類の性格、役割などについては議論が進んだ。埴輪研究の初期においては土留《つちどめ》説や玉垣《たまがき》説などが唱えられた円筒・朝顔については、それが食器であることに注目し兆域(墓地)の内外を区別する結界としての役割が考えられた。境界で寄りくる邪悪なものを飲食物でもてなし、お引き取り願うというのである。また、家については死者の住居説や死者の魂の依代説などが提起され、鶏には闇夜と夜明けの境で鳴いて朝を告げる(太陽を呼ぶ)ことから魂の再生を願う鳥、水鳥については『記紀』の白鳥伝説などから死者の魂を運ぶ鳥、船についても死者が他界へ行くのに乗る船などといった評価が与えられた。その中には妥当な意見も少なくなかったが、古墳の儀礼全体の中で検討されたり、埴輪群として議論されたりすることは少なかった。また、古墳全体を蓬莱山《ほうらいさん》や崑崙山《こんろんさん》に擬える他界説も提出されたが、根拠が弱く実証性に乏しかった。

2 埴輪の配列とその筋書き

それでは、各種が組みあった埴輪群として他界はどのように表現されたのであろう。主要な埴輪を中心に、置かれた場所を検討すると口絵1aのようである。

①埴輪配置の基本形

まず、後円部頂上の埋葬施設の真上には低い方形壇が築かれ、その上に家々が置かれた。家々は機能の異なる建物から構成された屋敷(王宮)で、位置からしても埴輪群全体の中心であった。次に屋敷を取り囲む柵のように方形に円筒・朝顔が並べられた（方形埴輪列）。柵の入口を示すため前方部側中央に円筒を置かない隙間を設ける場合もあった。そして、その内外に武器（靫など）や武具（盾、甲など）、威儀の道具（蓋・翳など）などが配された。さらに、墳頂部平坦面の縁辺や、各段の平坦面、時には墳丘裾に円筒・朝顔が列状に立て並べられた。列の内外に盾を、列の中に木の埴輪を混じえる場合などもあった。

また、造出の上にも円筒・朝顔を方形に並べ、その中に家、靫、盾、蓋、水鳥などが置かれ、その内外、特に造出とくびれ部との境などに船や囲が配された。

②埴輪配置の筋書き

当時はこの配置を説明する筋書き（物語）があったに違いないが、今となってはその語られ方は不明である。しかし、その骨子は以下のようであったと推測する（（　）内は埴輪）。

他界への長い船旅を終えた死者の魂は、他界の入口で船を降り（船、水鳥）、浄水で禊《みそぎ》をし（囲）、造出で他界に入るための儀礼を行った後、葺石で覆われた墳丘（岩山を想定）を登り、頂上にある防御堅固（武器・武具）で威儀を正した（蓋・翳）屋敷（家々）に住むことになるが、屋敷には日々、海の幸・山の幸が供えられた（小型土器・食物形土製品）。埴輪列は主に飲食物を入れた壺とそれを載せる器台（円筒・朝顔）から構成されていて、他界と現世を分かつ結界としての役割を果たすとともに、他界は飲食物に充ち満ちていることも表していた。

他界である墳丘の頂上と裾部に家々がある場合は、墳頂部の山の家が主たる屋敷で、造出など墳丘裾部の麓の家が入口の建物など従たる施設と使いわけられたものと思われる。

なお、他界の入口に船や水鳥を表現したことは、そこが他界の港(波止場)で、水鳥が先導する船に乗って死者(魂)が無事他界に到着したことを明示するためだったのだろう。類似の表現方法は古代の中国でも見てとることができる(251頁参照)。

3 他界表現の完成

①造出の再検討——表と裏の出入口

このように埴輪の配置とその意味を考えると、先に触れた兵庫県朝来市池田古墳の発掘成果はさらに意義深いものになる。そこで、池田古墳における渡土手と造出の遺構と埴輪、小型土器・土製品の関係を検討してみよう(図3-8。ただし、後円部頂上の埴輪については不明)。

まず、前方部から見て左(南側)の造出は平面が長方形で、上面は礫敷き、斜面は葺石で、前方部側面の墳丘との間には幅一メートル余りの小溝がある。造出上面の縁辺四周には円筒(一部に壺が載る)・朝顔がめぐるが、墳丘側(北側)の渡土手寄り(東より)の五メートル余りは円筒がなく開口部となっている。内部には開口部を中心に十数棟の家、柵、蓋、船、囲(内部の樋形土製品や小型家を含む)などがある。また、墳丘側を除く三方の斜面には水鳥が並び、前方部側面を経て、渡土手の造出側斜面へと続いている。水鳥は三〇例以上あったと考えられているが、置かれた位置が推測できるのは二〇例余り。ただし、頭の向きはわからない。

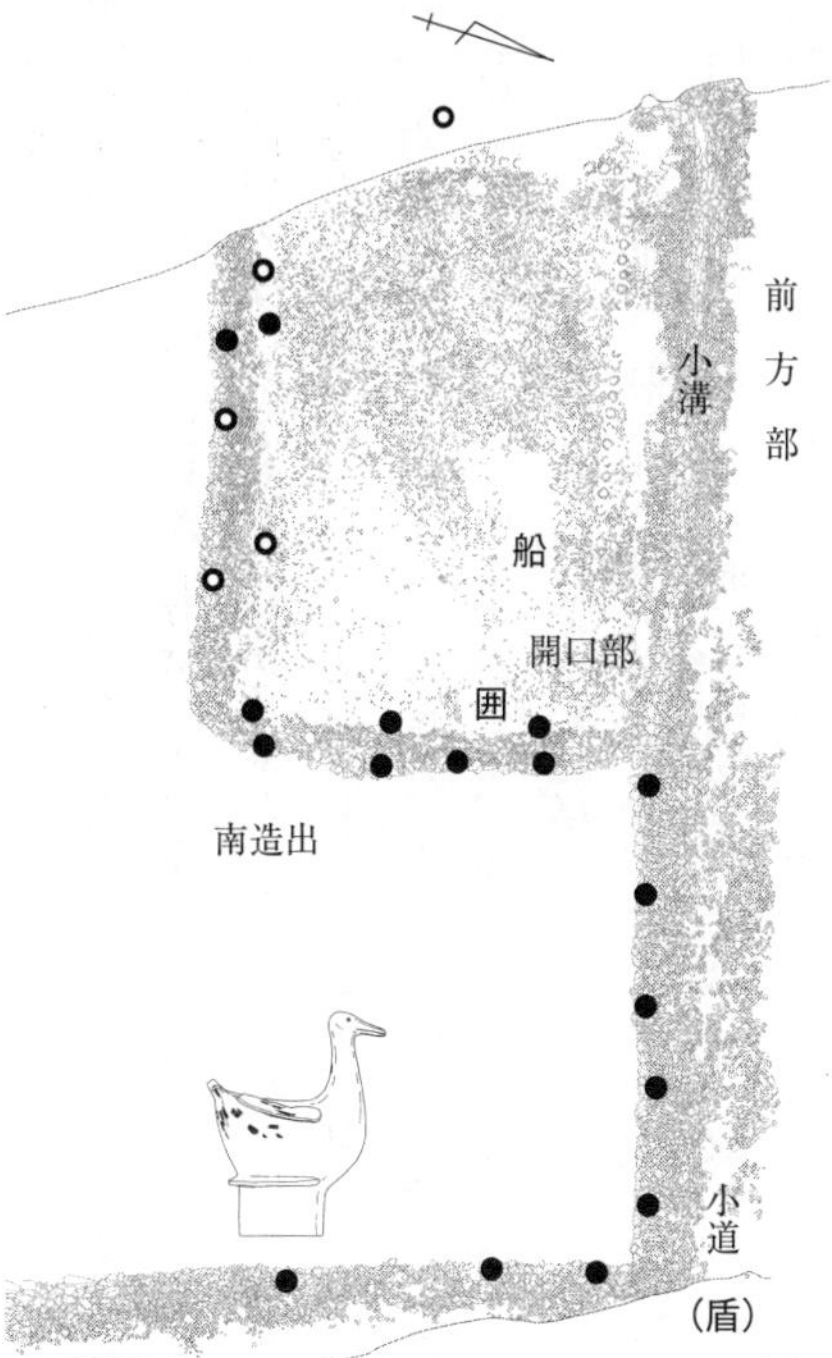

図3-8　池田古墳の渡土手・造出と水鳥・船形埴輪

そこで、水鳥の位置にしたがって外から渡土手を入っていくと、正面には前方部第一段平坦面の円筒列があり(付近から盾)、そこを左に曲がると、墳丘第一段側面を加工した幅五〇センチほどの犬走り状の石敷き小道があり、後円部方向へ進むと、その先の左側に小溝を挟んで造出の円筒列の開口部があり、周辺に家などとともに船や囲が置かれている。この部分の溝には木の橋などが架けられていたものと思われる。墳丘の外から渡土手を通って造出まで、まるで水鳥に導かれて進んでいくような配列になっているのである。そして、死者は左造出付近の船着き場で船を降り、囲の中で禊をして、造出の上で他界に入るための儀礼を行ったものと推測される。ここでは船は造出の上へと陸揚げされているのだろう。

一方、右(北側)造出も平面が長方形で、上面は礫敷き、斜面は葺石であるが、こちらは前方部側面と繋がっている。上面には円筒、壺、家、柵、靫があるが数は少ない。代わって食物供献を示す壺・鉢・高杯などの小型土器や、棒状・円形状(餅)などの食物形土製品が多い。この造出は幅八〇センチほどの石敷き道で北側の渡土手に繋がっているが、こちら側の渡土手には水鳥はまったくない。詳細は省くが、右側の渡土手の端は最終的には外部と遮断されたと思われる痕跡が残る。

以上から、左側の造出と渡土手の状況を他界の表の出入口、右側の造出と渡土手の状況を他界の裏の出入口と評価したい。

造出を発掘した例は多くないが、池田古墳を発掘した山田清朝《きよとも》による集成を踏まえると、くびれ部の両側に造出が付く場合は、基本的に、表の出入口を示すのが死者の乗物である船や、船を先導し、時には自らも乗物となった水鳥の両方、あるいはどちらか一方がある造出で、裏の出入口を示すのが食物供献を示す小型土器と食物形土製品がある造出であると言うことができる。そして、造出が一つの場合は表の場合と、表裏が重なる場合がほとんどである。

浄水の存在を示す囲は、禊にも飲料水にも使われることから、表の出入口に固有のものではない。三重県伊賀市石山古墳では墳丘裾の「東方外区」からだけではなく、後円部頂上の方形埴輪列内からも、家々とともに出土している。

なお、渡土手は最終的には取りはずされる場合が多く、残っている例は少ない。

②造出・島状遺構の変遷と出入口表現の完成

では、船・水鳥(乗物)や小型土器・食物形土製品(食物供献)はどのような経過を経て表裏の造出と組みあうようになったのだろう。結論的に述べると以下のようである。

造出と言えるような遺構が最初に出現したのは、前期前葉の東殿塚古墳においてである。前方部左側面の中程に少し高まりのある半円形の突出部が造りだされ、初期の円筒や朝顔とともに多くの実用の土師器(壺・高杯など)が置かれていた(図3-9)。そして、そこに置かれた楕円

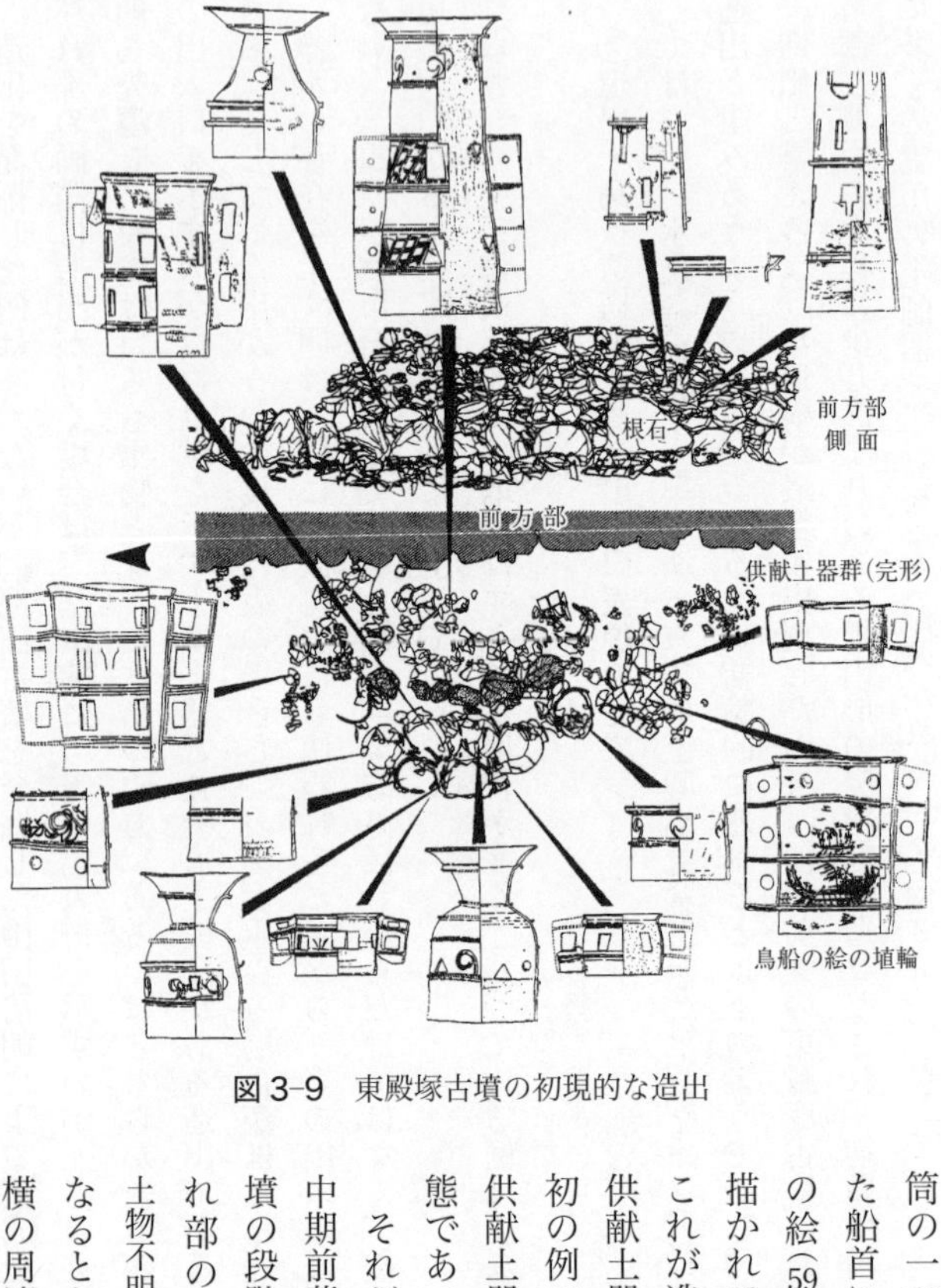

図3-9　東殿塚古墳の初現的な造出

筒の一つに先に紹介した船首に鳥が留まる船の絵(59頁図2-1b)が描かれていたのである。これが造出と船・鳥と供献土器が共存した最初の例で、舟・水鳥と供献土器は未分離の状態であった。

それが分離したのは中期前葉の津堂城山古墳の段階からで、くびれ部の左右に造出(出土物不明)が付くようになるとともに、前方部横の周濠内に新たに島状遺構が造りだされ、そこに現状では最古の水鳥(乗物)が三羽置かれた(図3−10)。次の奈良県広陵町巣山古墳(二〇四)では、造出(出土物不明)とは別に、前方部側面に渡土手で出島状に繋がる島状遺構があり、そこには水鳥(乗物)とともに家、柵、蓋、盾、囲が置かれるようになった。そして、宝塚古墳では出島状に繋がる島状遺構が造出の役割も果たすようになり、そこでは船(乗物)とともに家、靫、盾、甲冑、蓋、囲などが配置された。

造出と島状遺構の両方の出土物が判明している例がないことや、乗物が水鳥か船か定まっていないことから若干説得力に欠けるが、以上から、中期前葉の段階で乗物としての水鳥のいる島状遺構は徐々に造出状になり、最終的には船と水鳥、あるいは船か水鳥(乗物)が家、靫、囲などとともに置かれ、表の出入口としての造出ができあがったと考えられる。

図3-10　津堂城山古墳の島状遺構と水鳥形埴輪

一方、食物供献は墳頂部で実用の土器を用いて実物の食べ物を供えていた墳丘上食物供献儀礼に始まるが、土器は小型・模造品化し、食物は土製品となり、ともに埴輪化した。このような儀礼は前・中期の間はずっと後円部の墳頂部で行われていたが、東殿塚古墳の例でもわかるように、早い時期から墳丘裾部の初現的な造出でも行われるようになった。供献物が土製品化しだすのは前期後葉頃からである。

そして中期前葉に造出がくびれ部の両側に付くようになると、池田古墳などのように、船・水鳥が示す表の出入口と、小型土器・食物形土製品が示す裏の出入口として使いわけるかたちで整理され定型化したものと推測する。

③天鳥船信仰に基づく他界表現の完成

すなわち、他界の出入口である造出周辺の表現方法が確定したことによって、水鳥に誘われた船に乗って他界へと赴くという天鳥船信仰に裏付けられた墳丘表面の古墳的な他界の表現様式が完成したのである。

当時の人びとにとって他界は永遠の命を生きる理想の世界だったに違いない。そして、埴輪はその世界を表現するために、ある種の物語性をもって配置されたものだったと思われる。そこは埴輪からみると、決して未知の神秘的な世界ではなく、現実世界の延長上にあり、そこでの生活は日常と同様のものと観念されていたと考えられる。ここではその世界を、後の「仏教的他界」に対し、「古墳的他界」と呼ぶことにする。

したがって、古墳には被葬者(首長)の他界での生活に必要なものが埴輪として配置された。

しばしば言われるように、埴輪は後世の人に何らかの儀礼を見せるため、残すために作られたのでは決してなく、埴輪はすべて被葬者のためのものだったのである。この点については、次に人物・動物埴輪や副葬品を検討することによってさらに明確になるものと考えられる。

ただ、注意しておきたいことは、この理想の世界である他界の表現様式は王権によって管理されたもので、誰でも自由に埴輪の種類や意匠などを変えることができたわけではない。それが崩れてくるのは、中央を離れ、時代が新しくなってからの一部の地域においてであった。

4　人物・動物埴輪の登場

人物・動物埴輪は、以上のように、器財・鶏・水鳥を中心に墳丘上に他界を表現する様式が完成した直後の段階に出現した。

①人物の種類

人物は多様であるが、後述(102頁)のように、基本的には男女を問わず王宮や屋敷(首長居館)、あるいは各種の狩猟の場などでの被葬者、および被葬者に奉仕する人びとを象ったものである。したがって、被葬者を除けば、人物の表現はいわゆる「宮仕え」の正装の姿が基本で、性差を踏まえた地位の差や奉仕する役割の違いが顕著に表れた。

まず、服装には武装と非武装のものがある。非武装のものは格式の高いものから、そうでないものまで差は大きいが、ここでは、それぞれの役割に応じた正式な服装をしていると考え、基本はすべて正装とした。ただし、正装の中で被葬者本人と判断した場合のみは盛装とした。また、後期に現れる普段着風のものは平装とした。

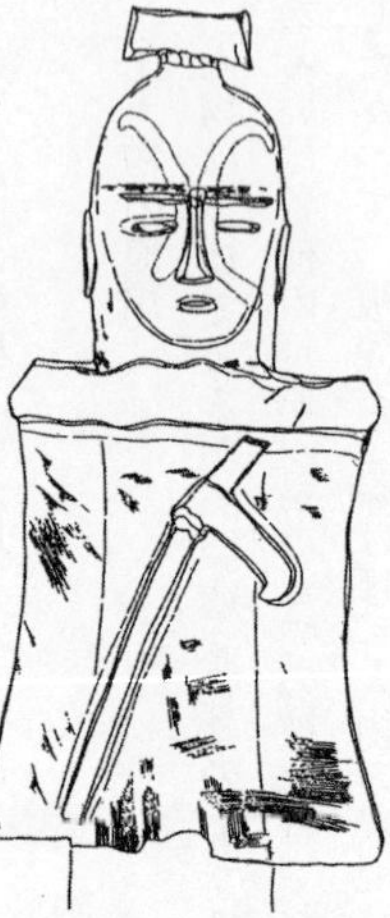

図3-11　盾持人
（権現塚遺跡）

役割の違いは姿勢にも表れていて、椅子や敷物（脚台の上にあるが、床に敷かれたものか）に座る座像（全身）、立像（全身〜半身）、跪《ひざまず》く跪像《きぞう》（全身）などがある。全身を象るか、上半身のみを象るかにも差があり、姿勢との関係では（　）内に示したようになる。

それぞれの役割を明確に理解することは難しいが、ここでは、男女を区分した上で、姿勢と服装を中心に大別した。後期になると原則が崩れ、一部の地域では表現される人物の幅が広がったようである。

盾持人《たてもちびと》　盾持人とは人の顔が付いた埴輪の中では最初のものとされる（図3-11）。その名の通り円筒の側面に盾を付け、その上に頭を載せたもので手足はない。顔が大きく、両耳が外側に張りだしたり、さまざまな被り物をし、あご髭《ひげ》や入れ墨があったり、笑ったり怒ったり、異形のものが多い。盾の正面に矛と戈《か》を組みあわせた「戟《げき》」と呼ばれる武器（あるいは類品）を線刻《せんこく》しているものが数例ある。ただ、古墳からは戟やその類品の出土例は極めて少ない。盾持人の系譜を考える上で示唆的である（221・260頁参照）。

設置場所は墳丘周辺に限られ、一部の盾の配置に似て前方部や後円部の端に単独で、あるいは墳丘裾や外堤で墳丘を囲うように配された。人物・動物と組みあう場合はその端に置かれた。盾持人は人物出現間近に登場したこともあって器財である盾と人物の両方の性質を持ち、当時の人は「盾的なもの」として扱ったように思われる。しかし、墳丘中心部に置かれないのは人物同様であるため、ここでは人物の先駆けとして重視し、人物の一種とする。各地に広がり、後期まで存続した。

図 3-12　胡座をかく盛装男性と盛装女性（綿貫観音山古墳）

盛装男性　一際飾りたてた服装の座像の男性。被葬者である首長の可能性が高い。これまで人物群の中に被葬者が表現されているかどうかは長く議論されてきた。その中で群馬

図3-13　腕に鷹を留まらせた男性（今城塚古墳）

県高崎市綿貫《わたぬき》観音山古墳（九七、後期後葉）出土の、人物群の中心で脚台付の円座《えんざ》（敷物）の上で胡座《あぐら》をかき、高位の女性から挨拶を受けている、帽子を被り鈴付きの大帯をした盛装男性座像を被葬者とする見解などは妥当なものと思われる（図3-12・151頁図5-2参照）。出土品に類似の鈴付き大帯が含まれていたからでもある。冠や帽子を被る盛装男性座像や、挨拶を受けたり食器を捧げられたりする人物は基本的に被葬者であると推測する。ただ、人物群の中にいつも被葬者が表現されていたとは限らず、個別に検討する必要がある。

正装男性　非軍事的な役割に応じた服装の男性。立像が基本だが、稀に座像がある。地位の差、役割の違いが大きい。高位の者は「文人《ぶんじん》」と呼ばれることが多い。ほぼ同形の者が複数いる場合もある。役割が不明の者もいるが、料理人や雑用係もいる可能性がある。携えているもので役割がわかるものには、琴を奏で太鼓を打つ「楽人」がいる（座像、立像）。ただし、椅子に座る（椅座）像で琴を弾く盛装男性などは被葬者本人である可能性が高い。

また、後期の関東では、ごく稀に鳥形や鹿の角を付けた被り物をした者（立像・跪像）がいる。特殊な儀礼や踊りをする男性かと思われる。やはり数は少ないが肩に鍬を担いだ農夫姿の平装の男性なども登場した。

その他、動物との組合せでは腕に鷹《たか》を留まらせた男性立像（鷹飼《たかがい》・鷹匠《たかじょう》とも言う。図3-13）、腕に鵜《う》を留まらせた男性立像（鵜飼・鵜匠）、左手を挙げて馬を曳《ひ》く男性立像（馬曳き・馬飼・馬子《まご》、96頁図3-17a）などがいる。いずれも特定の職掌（役割）の男性と評価されることが多いが、腕に鷹や鵜を留まらせた男性、あるいは狩猟の男性は、奉公人ではなく、被葬者本人である場合があると思われる。狩猟は支配者の特権だったからである。なお、「踊る埴輪」として周知のものは馬を曳く男性の省略形である。

図3-14　重装備の男性と褌姿の男性
（a・b 今城塚古墳）

武装男性　武装した男性立像。甲冑を着た重装の者（図3-14a）や靫を背負い弓を持つ軽装の者など軍隊での役割が装備や服装に反映している。比較的地位が高く、「武人《ぶじん》」とも呼ばれる。

褌姿の男性　裸で褌《ふんどし》を締め鉢巻きをする立像の男性。「力士《りきし》」と呼ぶことが多い（図3-14b）。

盛装女性　一際飾りたてた服装の女性

座像。座像の盛装男性（被葬者と推定）の前に座る盛装女性は被葬者の妻など高位の者と思われる。先に触れた綿貫観音山古墳や、群馬県太田市塚廻り三号墳（帆立貝墳、二四、後期中葉）の冠帽

図3-15　腰に六鈴鏡を付けた盛装女性（塚廻り三号墳）

を被った座像の盛装男性（被葬者と推定）と対座する女性などで、後者は右肩から左下へ幅の広い帯状の襷《たすき》を垂らし、腰に六つの鈴の付いた鏡（六鈴鏡《ろくれいきょう》）を付け手に杯を持っている（図3-15）。巫女的性格も合わせもっているのであろう。

栃木県下野市甲塚古墳（帆立貝墳、八〇、後期後葉）からは正装男性七、珍しい機《はた》を織る座像の女性二、正装女性七、馬を曳く男性四、馬四（横座り用足置き板二）の計二四例が出土したが、最も飾られた馬の鞍に女性用の横座り用足置き板が付いていることなどから被葬者を女性とする意見がある。機台《はただい》をもつ地機《じばた》を使う女性が被葬者であった可能性が高い。

正装女性　役割に応じた服装の女性。立像が基本。格式の高い服を着た高位の女性が想定される。群馬県高崎市上芝《かみしば》古墳（帆立貝墳、一七、後期中葉）の左肩から幅広の帯を襷がけし左手（で杯）を差しだす女性などがそれである。中には右手に頭椎《かぶつち》大刀を持つ女性もいる。

袈裟《けさ》状衣の正装女性　女性の服装は地域差があると言われているが、近畿地方で最も多い正

装の女性は袈裟状の衣を着た者である。基本となる全身立像は、頭に髪を折りまげて紐で結んだ髷《まげ》(いわゆる古墳島田)を結い、上半身は上衣の上に襷をかけ、右肩から袈裟状の衣を垂らし腰紐を前で結び、下半身はスカート状の下衣(裳《も》)をまとい素足で立つもので、両手を前方にさしだし壺や杯などを捧げる姿を象っている(図3-16a)。両足まで表現したものは極めて少なく、多くは下衣までの立像や、上衣までの半身像で、円筒状の脚台の上に表現されている(図3-16b)。同じ古墳に複数あり、食器類以外に他の器物を持つ場合もある。

これまでは袈裟状の衣を祭衣の一種である意須比《おすひ》と考え女性を巫女《みこ》としてきたが、衣は一種の割烹着であり、女性は食事など被葬者の身の回りの世話をする者と考えられるようになった(100頁)。

この他、後期には頭に壺を載せ子どもを背負う女性(「子守」)など庶民の日常の生活を示す平装の女性が加わる。他界には現世同様あらゆる階層の男女がいるのである。

図3-16　袈裟状衣の女性
(a今城塚古墳(頭部等復元)，b蕃上山古墳)

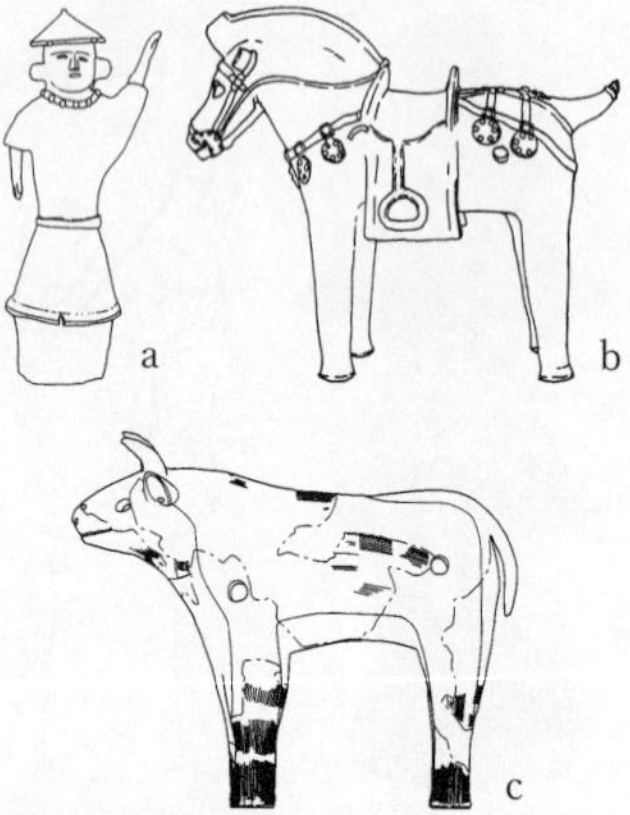

図3–17　馬を曳く男性・馬形埴輪・牛形埴輪
（a 姫塚古墳，b 石見遺跡，c 今城塚古墳）

②動物の種類
鶏・水鳥を除く動物のほとんどは人物とともに登場した。

馬・牛　馬は動物全体の過半数を占める。飾り馬（図3–17b）、鞍馬、裸馬など馬装に差があり、飾り馬が複数いる場合は飾り馬の装具にも差があることがある。多くは乗物用の飾り馬で、馬を曳く男性と組みあう場合が多い。稀に人が馬に乗ったものや、女性用と考えられる横座り用足置き板が付くものがある。馬の数に階層的な差があり、有力な古墳では列をなした。

牛（図3–17c）も馬などとともに置かれたが出土例は少ない。しかし、後述の今城塚古墳の例のように、多数の馬に少数でも牛が伴っていることには意味があると思われる（259頁）。鼻輪が付くものがあるが、基本的に体部には何も付かない。

犬・鹿・猪　組みあって一群をなす場合が多い。被葬者が犬を使って鹿や猪を狩る場面を表現した。鹿と猪の数はほぼ同数で、ともに矢が刺さった様子を表現したものがある（図3–18c）。

鵜・鷹　鳥の中には頸に紐や鈴などが付き、時には魚をくわえるものがいて、鵜飼いに使う鵜とみられる。単独のものがよく知られているが、人物の腕に留まる鳥にも鵜がいることがある。人物の腕に留まる鳥は通常は鷹と考えられていて、鳥の尾羽のつけ根に居場所を知らせる鈴が付く。頸紐が付く場合もある。鷹単独のものはない。

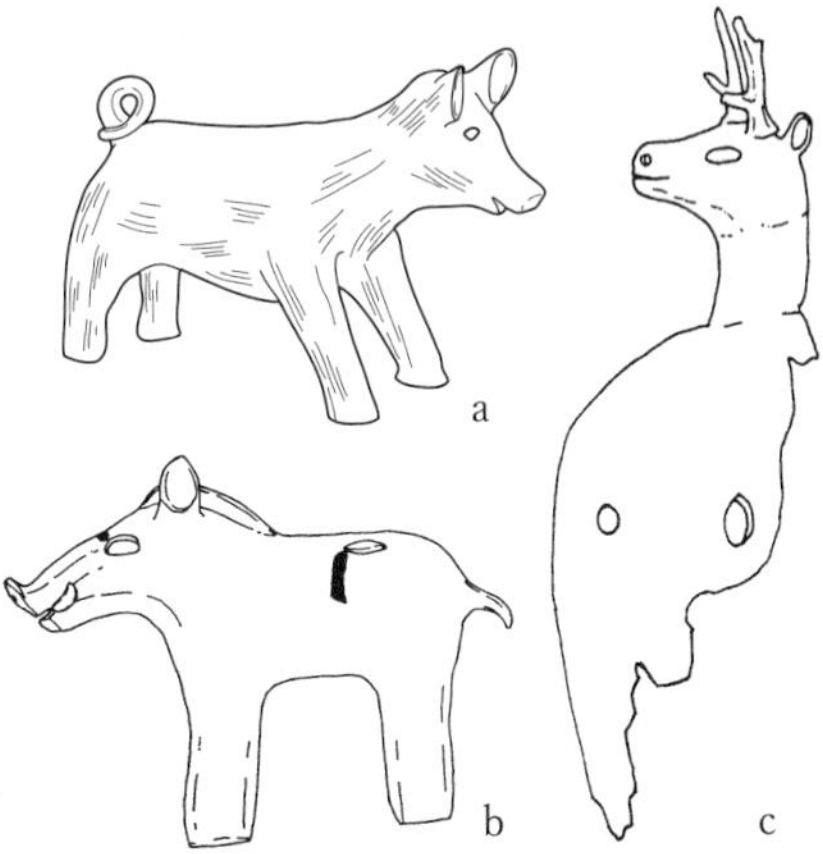

図3-18　犬・鹿・猪形埴輪
(a 天王壇古墳, b 保渡田Ⅶ遺跡, c 平所遺跡)

猿・魚など　他に後期になると猿、魚、ムササビなどがあるが、僅かである。猿には子どもを背中に乗せた例があり、今城塚古墳では王宮の宴会の場(三区)に置かれていた。

③人物・動物の出現と展開

出現　人物・動物は、前期以来の古墳の様式が中期前葉に一つの完成期を迎え、墳丘および外堤における器財・鶏・水鳥を中心とした他界の表現方法が確定した直後の、中期中葉頃(五世紀前葉)に出現した。ちょうど、古市古墳群で誉田《こんだ》御廟山《ごびょうやま》古墳(応《おう》神《じん》天皇陵古墳、四二五）が築かれた頃である。

中期は大阪府の古市・百舌鳥古墳群に当時の最高権力者である大王一族の古墳が造られた時期である。しかし、現在では、巨大前方後円墳の多くは陵墓や陵墓参考地になり調査が及ばず、人物・動物に関しても、有名な堺市大山《だいせん》古墳（仁徳天皇陵古墳、五二五余り、中期中〜後葉）の女性や馬などの他には、中小古墳を中心に断片的な資料が知られるに過ぎなかった。

そんな状況下、近年、誉田御廟山古墳の外堤周辺の調査が進み、円筒などから誉田御廟山古墳と同時期と推定される羽曳野市栗塚古墳（方墳、四三）において多くの円筒とともに家、囲、蓋、冠帽、盾、鶏の他に、人物、馬（飾り馬）、犬などが検出された。また、隣接する同時期の、古墳が壊された跡かと考えられる茶山遺跡からも家、椅子、大刀などの器財や水鳥とともに、人物の指先まで表現した女性ないしは男性の素足や、馬、腕に留まる小型の鳥（鷹か鵜）などが発見されたのである。

その結果、これらの古墳の示す中期中葉には人物・動物が出現したことが判明したばかりではなく、それらが、狩猟を意味する犬や鷹ないしは鵜をも含めて、組合せとして突然出現したことをも示すことになった。誉田御廟山古墳とほぼ同時の大阪府茨木市太田茶臼山古墳（継体《けいたい》天皇陵古墳、二二六）からは、現状では最古の頸に紐がついた鵜も出土している。

誉田御廟山古墳といえば、埴輪製作の上で最大の技術的革新である、埴輪を焼くのに窯を用いた最初の古墳として知られている。この頃、朝鮮半島南部から伝わった、須恵器を焼くのに使われた窖窯（一〇〇〇度を超す高熱で土器を焼きあげる）の技術が埴輪づくりに導入されたと推測されるが、ちょうどその頃に人物・動物が作りはじめられたことになる。しかも、この時期は中国や、高句麗・新羅・百済・伽耶《かや》など朝鮮半島諸国との交流が活発になり、多くの人・もの・情報が列島の社会に伝来し定着した時期で、実物の馬や牛の伝来もその中に含まれていた。人物・動物出現の背景は東アジア的な視野の中で考えなければならないのである。

その後、人物・動物は徐々に王権全域に広がり各地で作られるようになったが、特に関東では後期を通じて著しく発達し、個々の人物・動物の表現の仕方には多くの地域色を生みだした。今日よく知られている人物・動物の多くは関東の古墳からの出土品である。

配置　人物・動物が配置された場所は、初期の頃は原則として一重目周濠の外側である内堤や外堤であったと考えられる。造出を含む墳丘本体の他界表現は直前の段階に器財・鶏・水鳥を中心に完成していたからである。したがって、新しく追加された人物・動物はその外側に置かれることになった。

ただ、後期になるとその原則は中央の主要な古墳以外では崩れだした。横穴式石室の採用なども大きな要因になったが、その変容については第五章で検討する（149頁）。しかし、いずれの時期も人物・動物は後円部墳頂など他界の中心部には配置されることはなかった。

人物・動物の意味に着いては戦前から盛んに議論されてきた。その初期に提出された、女性が身に着ける袈裟状の衣を意須比という祭衣と見て、女性を巫女と考え、形象埴輪は女性が葬祭を司る葬列であるとした見解（葬列説）が大きな影響を与えた。

意味をめぐって

しかし、人物には動くに不向きな姿勢のものがあり、配列にも列状をなさず群状をなすものもあるためか、同じ葬送儀礼の中でも殯儀礼を表現したとの意見（殯説）が有力になった。被葬者の生前の業績を顕彰したものとする意見（顕彰碑説）も提出された。

最近では、人物・動物は複数の場面から構成されているとの考えから、首長と巫女を中心とした神まつりの場面、首長の犬を使った鹿や猪の狩り・鷹狩り・鵜飼いの場面、人や馬が列をなす権威と財力を示す場面などを指摘し、人物・動物は首長が生前に行った特別な儀礼・催事と、保有した財物群を誇示したものとの理解も示された。

一方、それらとは別に、人物・動物は首長をはじめ氏族を構成したすべての職能集団が集まり執行された王位継承の儀礼を表現したものとする説（首長権継承儀礼説）が提出され、一時期一世を風靡した。

いずれにしても、以上の諸説の基本には、人物・動物埴輪は被葬者の葬送儀礼にまつわる特定の行為や儀礼を、あるいは被葬者の生前の生活や事績を、腐らない土で表現し、残された人びとに見せるためのものであるという暗黙の了解があった。人物・動物が墳丘本体の外側に置かれたのも人に見えやすくするためだと考えられた。

ところが、すでに一部では、人物・動物は被葬者のためのものであるとの見解が出てきていた。初めて人物を総合的に型式分類し、配置や身分関係を検討した塚田良道は、多様に見える人物、およびその配置や身分関係には一貫した基本形があることや、女性が着る袈裟状の衣は祭衣ではなく割烹着というべきものであることを明らかにし、人物埴輪は「ある特定の人物に服属して奉仕にあたる近侍集団をそれぞれの階層や職掌を示す服装や所作で製作し、さらにそれぞれの相対的な場の関係を古墳という空間上に反映させた姿であると理解されるのである」と説いた。見事な分析と解釈であった。ただ、中国の俑との関係では、特定の人物に奉仕するという共通性は認めつつ、具体的内容の差が大きいことから、人物の構造の成立に俑が影響を与えた可能性はほとんどなかったと理解した。

今城塚古墳の埴輪群の意義

では、このような人物の構成ができた背景には何があったのだろう。その手がかりとなるのが、大阪府高槻市今城塚古墳(一九〇、継体大王陵説有力。『紀』五三一年没)で発見された埴輪群である。

この古墳では、二〇〇一年の調査で、二重周濠の墳丘左側の内堤にある突出部から二〇〇例を超える埴輪群がほぼ原位置を保ったままの状態で検出された。時期的には少し遅い後期中葉の古墳ではあるが、中期古墳の墓制の伝統を色濃く受け継いだもので、この例を参考に人物・

動物の本来のあり方を検討することができるものと考える(図3-19)。

現在までに公表されたところによると、埴輪群は柵や門で四区画に仕切られている。後円部側の一区からは家四(片流れ屋根の家一を含む)、鶏一、二区からは家四、女性五(正装)、鶏一、三区からは家九、女性一一(正装)、男性七(正装一・軽武装一・楽人五)、鶏一、猿二、前方部側の四区からは家一、男性一二(力士四・重武装四・鷹飼四)、馬(飾り馬一〇・裸馬二)、牛二、鶏一などが出土している。

この埴輪群をめぐってはさまざまな意見が出されたが、私は建物群を大王の王宮と理解し、力士・重武装・鷹飼などの男性や馬・牛の列が並ぶ四区を王宮前の広場、袈裟状衣の女性(陰部を示す例あり)が多く、正装・軽武装・楽人の男性、猿がいる三区を政治や儀式、宴会の場、袈裟状衣の女性のみで男性がいない二区を大王の私生活の場、人物がいない一区を大王の寝所と厠《かわや》と考えた。

人物・動物が表現する権力者の姿

すなわち、これらの埴輪群が表現しているのは大王の王宮そのものであって、一・二区は大王の私的な空間、三・四区は大王の公的な空間で、すべての人物や動物は王宮でさまざまな役割を担って大王に奉仕しているのである。まさに現実世界において支配者となった大王の生活そのものが表現されている。

人物・動物が出現した中期中・後葉には、東アジアとの活発な交流の中で、副葬品からは呪

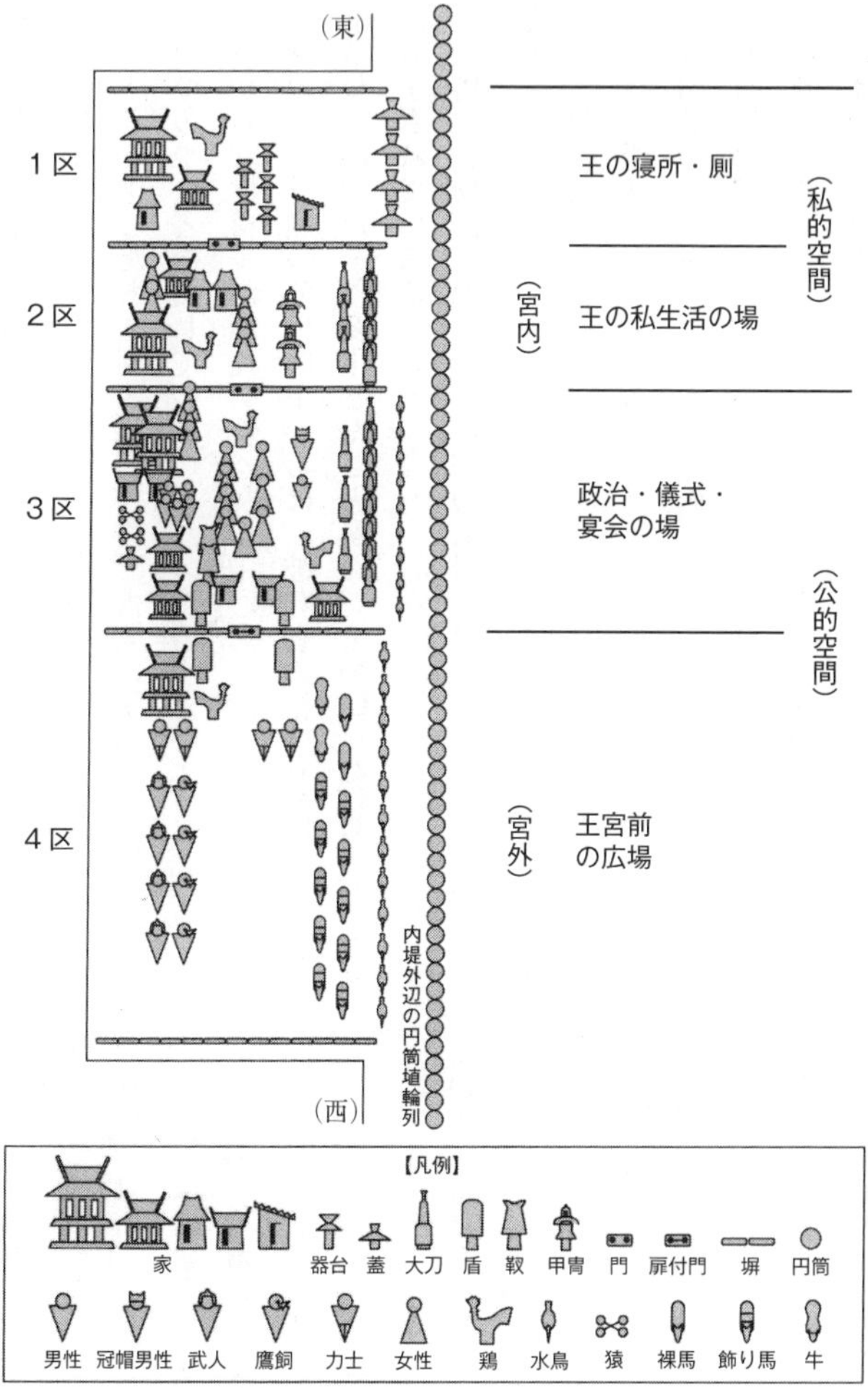

図3-19　今城塚古墳の埴輪配列とその理解

術的・祭祀的なものが減り、軍事的・実務的なものが増加した(106頁参照)。それをもって、首長の性格が共同体の指導者・司祭者的性格の強いものから、急速に世俗的支配者の性格の強いものへと変化したと推測されてきた。古墳の築造状況からは共同体の構成員は首長の私民となりつつあったと推測している。また、古墳出土の人骨の調査より、この時期より大型古墳の被葬者から女性首長が消え男性首長が中心となったとの指摘もある。同じ古墳に複数埋葬された人骨の歯冠《しかん》計測の分析結果からは、被葬者の組合せが家長である第一世代の成人男性と家長を継承しなかった子に変化したことから、この頃に強い父系イデオロギーの流入があったとの見解も示されている(153頁参照)。

人物・動物に表現された埴輪の情景とは、そのような支配者としての男性首長が王宮や首長居館(屋敷)でさまざまな役割の人びとや動物から奉仕を受けて暮らしている姿にほかならない。人物・動物とともに、権力者とそれに仕える人びととの主従関係のあり方までが列島に伝わってきた可能性も考えられる。

後期前葉の群馬県高崎市保渡田八幡塚古墳(一〇二)などでよく知られている関東の人物・動物の内容は、王宮という枠がはずれ、今城塚古墳の三・四区のような内容が基本となって展開したのである。そして、人物・動物の中心は関東に移り、後期中・後葉には最盛期を迎え、新しい種類をも生みだすことになった。

では、人物が出現した頃に列島では埴輪群が示すような王宮が存在していたのだろうか。

当時におけるこのような王宮の存否はいまだ不明であるが、この公的空間（四・三区）と私的空間（二・一区）の配置関係は律令期の王宮を思わせるものがあるだけに注目される。中国の塼《せん》室墓《しつぼ》の構造や、後漢を中心とした時期の画像石（石室用材、212頁）に線刻された屋敷、あるいは明器の家を組みあわせた屋敷などに類似の構造が見られるのは興味深い。

いずれにしても、古墳時代中期中葉に至って、古墳の様式を大きく変えることなく、他界で暮らす大王や首長に奉仕するものとして新たに人物・動物埴輪が加えられたのである。

5　埴輪と副葬品

①埴輪と副葬品の使いわけ

以上の検討の結果、すべての埴輪は亡き首長（大王）が他界で何不自由なく暮らしていくのに必要なもので、それが他界を表現する小道具にもなっていたことがわかる。

ところで、他界の首長とともにあるものといえば、他に棺や槨の内部に遺体とともに納められた副葬品がある。それらもまた首長の魂とともに他界へと送り届けられると観念されていた可能性が高い。

その内容を見てみると、古墳時代前期〜中期前葉の人物・動物出現以前では、各種の鏡、玉類、石製品(腕輪類、玉杖、農工具など)、武器(刀剣、槍、矢など)、武具(甲、冑、盾など)、農具(鎌、鋤、鍬など)、工具(斧、刀子《とうす》、鉇《やりがんな》など)、漁具(釣針、ヤスなど)を基本とした。すなわち、副葬品のほとんどは政治・宗教と関連する鏡・玉類・腕輪や玉杖の石製品、軍事と関連する武器・武具、生産と関連する農工漁具で占められていたのである。その内容は基本的に王権下全域において斉一的で、存否や質の良し悪し、および量の多寡は首長の政治的地位や生前の活躍に応じて決まったものと思われる。

言いかえれば、副葬品は生前の首長が掌握していた政治・宗教、軍事、生産に関する社会的役割(後に権益となる)を象徴する品物で構成されていたのである。その理由は、死後の他界においても首長は首長でありつづけるのに必要不可欠なものだったからであろう。

したがって、その内容は時期とともに、首長の性格の変質とともに変化した。中期中〜後葉の人物・動物出現以後、中国や特に半島諸国との交流が盛んになると、新しい器財が出現し、旧来のものの多くも変化をとげた(24・25頁図1-10)。そして、政治・宗教、軍事、生産を象徴するという基本は変わらなかったものの、副葬品からは呪術的・祭祀的なものが減り、軍事的・実用的なものが増加した。そこに、首長の性格が共同体の指導者・司祭者的性格の強いものから、急速に世俗的支配者の性格の強いものへと変化したことを読みとることができる。そ

表3-2　埴輪と副葬品の比較

埴　輪	種類	副 葬 品
円筒, 朝顔, 壺, 高杯	食器	なし
家, 囲	建物	なし
蓋, 玉杖飾板, 椅子	家具	なし
靫, 盾, 甲, 冑など	武器・武具	靫, 刀剣, 盾, 甲, 冑など
なし	鏡・装身具	鏡, 玉類, 石製品(腕輪など)
なし	農工漁具	鋤, 鍬, 鎌, 斧, 釣針など(滑石製品, 鉄製ミニチュア)
船・水鳥	乗物	なし
鶏	他界の鳥	なし

して、その支配者としての姿が人物・動物の埴輪群に映しだされたのである。

したがって、前・中期の他界には、棺・槨内に納められて首長の魂とともに届けられた副葬品と、魂が行きついた先に備えつけられた埴輪の二種類があったものと推測される。

そこで、前期〜中期前葉までの埴輪と副葬品の種類を比較すると表3-2のようである。埴輪に特徴的な器財の食器、建物、家具は副葬品にはなく、副葬品の鏡、玉類、石製品(腕輪、玉杖など)など政治・宗教に関係するものや、農工漁具など生産と関係するものは埴輪にはない。共通するのは武器・武具類のみである。

言いかえれば、副葬品は首長の社会的役割(権益)を象徴する品々、埴輪は主に他界での生活に必要な食器、施設(家、囲など)、家具(蓋、椅子など)などである。共通する武器・武具は、棺・槨内のそれは軍事権の象徴であるとともに遺体を護る役割を担ったもの、埴輪のそれは首長の住む屋敷や他界そのものを護るためのものだったのであろう。小道具類は棺・槨に副葬品として納め、大道具類は他界に埴輪として備えつけたとも言える。

残る埴輪の船、水鳥は他界への乗物、鶏は家と密接な関係があり、他の器財にも付いているところをみると、鳳凰のような他界の生きものと考えられていたのかもしれない。

なお、殉葬《じゅんそう》の風習がなかった古墳時代の社会では、埋葬施設に殉死《じゅんし》した人や馬、あるいは人物や動物の埴輪も入れることはなかった(馬の伝来後、一部の古墳周辺で馬の殉葬あり)。

②副葬品に土器がない理由

ところで、前・中期の古墳では、中国や韓国の墳丘墓とは異なり、原則的に埋葬施設に土器類を副葬しない。朱などを入れる特別な壺や、石製の小型の祭祀用容器などは稀に見られるが、通常の飲食用の土器類はまったくと言っていいほどない。この点については日韓の研究者の間でも長らく話題になってきた。しかし、副葬品と埴輪を合わせて考えれば、埴輪がない他国の墳丘墓とは異なり、古墳に表現された他界には円筒・朝顔など多くの食器が備わっていたのであり、墳丘上の食物供献儀礼を埴輪化した小型土器や食物形土製品まであった。したがって、埋葬施設に改めて土器類を副葬する必要はなかったのである。

6　可視化された他界――埴輪は他界を表現するアイテム

では、なぜ古墳では他界で用いるものに副葬品と埴輪という使いわけがされたのだろう。それは、後述するような(189頁)、古代中国から伝わった前漢以前に普及していた「槨墓的要素」と、秦漢以後に広がった「室墓的要素」が、列島の古墳の儀礼の中で混じりあい融合した結果と考えられる。

棺・槨内の副葬品は魂とともに他界へと送り届けられるという考え方は槨墓的な思考に基づくもので、そこには他界を可視化するという考えはまだなかった。しかし、埋葬施設が槨から室へと変わると、室内に他界が可視的に表現されるようになり、祭祀具や装身具、武器・武具、食器類などといった副葬品とともに、他界の生活に必要な他の器財や人物・動物の模造品(明器・俑)を置いたり、生活の様子を壁に描いたりするようになった。

ところが、古墳では竪穴系の槨が普及していた前・中期の段階に室墓的な明器である器財埴輪が出現し、他界を可視的に表現するという考えも伝わってきた。そのため、死者の魂は鳥に誘われた船に乗って他界へと赴くという天鳥船信仰の内容を葬列で模擬的に表現したこととも相俟って、葬列の行きつく先の古墳には可視的に表現された他界が必要とされることになった。

墳丘の目に見えるところに他界が表現された理由はここにある。

そこで、他界を可視的に表現するのに用いられたのが埴輪で、埴輪は他界を表現する小道具(アイテム)だったのである。そして、その内容は亡き首長が他界へ赴くための乗物、他界で現世と同様に首長として何不自由なく生きていくのに必要な器財、後には奉仕する人物・動物、そして生活の様子の表現などだったのである。弥生時代以来の食器類を除けば、明器と俑の内容が時間差を持ちつつ、埴輪に置きかわったと言うことができる。

したがって、古墳は日本の長い歴史の中で死後の世界を可視化したものとしては、仏教的他界である浄土世界の表現に先行する、最初のものだったのである。古墳の文化史的・精神史的意義の第一はここにある。

古墳の儀礼とは、祖先崇拝《そせんすうはい》が重んじられた時代の古墳的他界観のもとで育まれた天鳥船信仰に基づいて執行された、亡き首長の冥福を祈る葬送儀礼であった。この共通した様式の儀礼は王権の管理のもとに全域に広がり、古墳は、墓であるとともに、墳丘表面はこの儀礼の重要な舞台装置である「他界の擬えもの」(模造品)として機能し、数多く造られた。その結果、造られた古墳は、この信仰や儀礼を象徴する物的表象となり、拠り所となっていった。

第四章

古墳の儀礼と社会の統合

古墳時代には天鳥船信仰に基づく古墳の儀礼が王権全域に広がった。そのことが何よりも社会を統合する信仰(思想)上の基盤となった。古墳はその物的証拠であり、儀礼が秩序だって執行されたことで、実際の具体的な作業を通じても社会は結束・統合されていった。

古墳の儀礼は当時の社会にあっては最大の宗教・政治・経済的イベントであったが、その中心は古墳づくりであり、膨大な経費、資材、労力、技術、時間などが費やされた。そして、「古墳づくりは国づくり」と言えるほどの強いインパクトを社会に与えることになった。

では、その実態はどうだったのか。前・中期の前方後円墳を想定しつつ検討してみよう。

1　古墳づくりの実態

①素朴な道具と人海戦術

古墳づくりで最も労働力を必要としたのは巨大な墳丘を築くことで、それは自然地形である地山を削り掘り盛ることで造られた。たとえば、中期の盾形周濠をもつ三段築成の大型前方後円墳では、墳丘の第一段平坦面と外堤上面の高さがほぼ当時の地表面で、その面から周濠が掘られ、墳丘の二・三段目は土を盛って造られることが多かった。そして、墳丘が完成すると、表面には葺石が施され、埴輪が配置された。

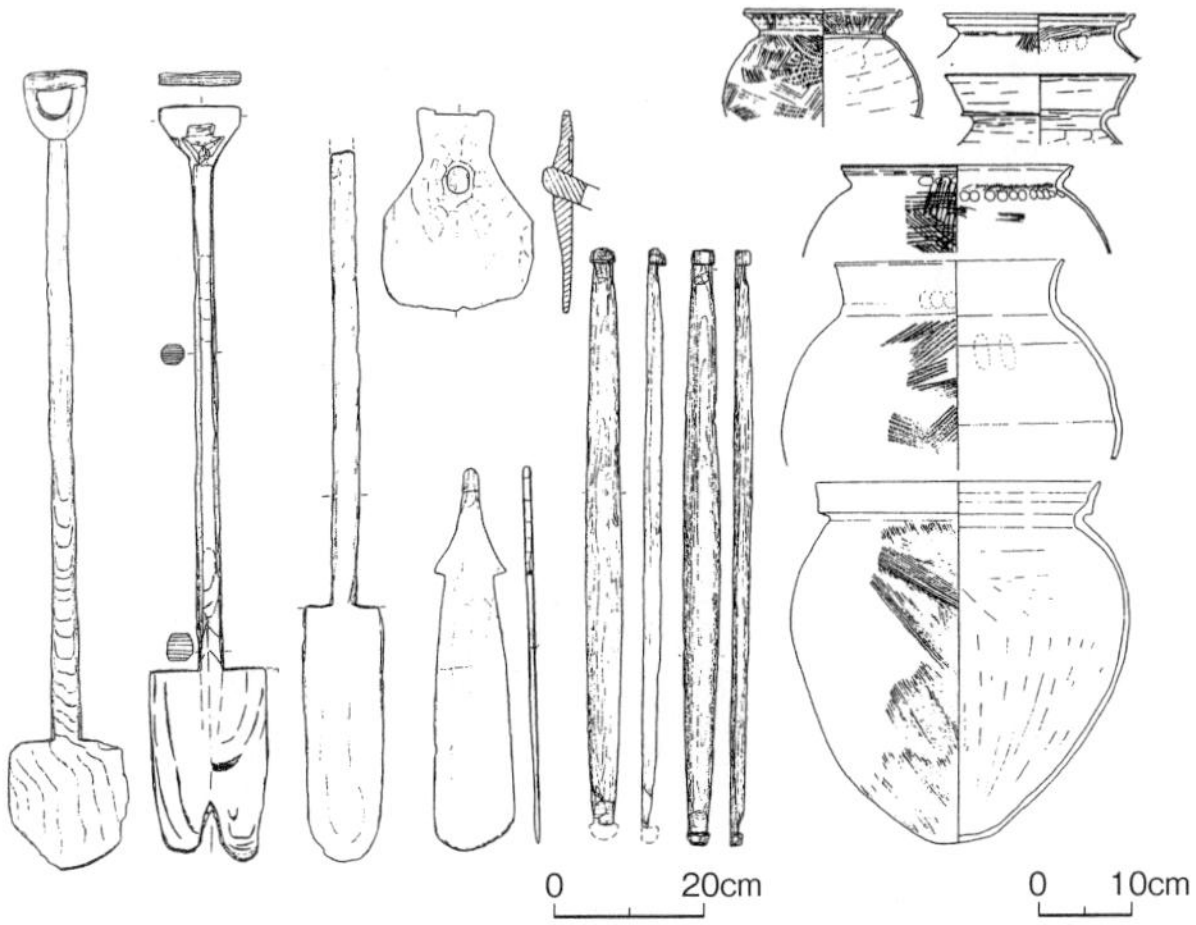

図4–1　土木具と土師器の大型甕（城島遺跡）

この過程では土を掘削するのには木で作った鋤や鍬（鉄製の刃先が付くことがある）が、土を運ぶのにはモッコ（藁《わら》などで作った土を入れる用具）とそれを担ぐ天秤棒など素朴な道具が使われ、多くの人を動員した人海戦術で行われた。たまに周濠内から古墳づくりに使われたかと考えられる使用痕のある鋤・鍬類が出土することがあるが、その実態は必ずしも明らかではなかった。そのような状況の中で、作業現場の状況を推測させる良好な資料が奈良県桜井市城島遺跡で発見された（図4–1）。桜井茶臼山古墳（二〇七、前期前葉）近くの遺跡である。

そこでは比較的狭い範囲から木製の鋤約四〇点、各種の鍬約二二点、梯子《はしご》一点、天秤棒九点など、角の摩滅した使い古しの鋤・鍬を中心に数多くの土木具が出土した。その上、それらには多量の土師器類(前期前葉)が伴っていて、中には容量が通常の数倍はある、口径が二五〜三〇センチほどの大型甕が含まれていた。調査を担当した清水眞一は、遺跡を「土木現場の飯場的様相」と評価し、土器の系統から「飯場に従事した人々の半数以上が東海系の人々、残りが大和・近江・山陰の人々ではなかったか」と推定した。

これらの道具が実際の古墳づくりに使われたかどうかは即断できないが、古墳時代の土木工事の現場で使われた道具や、煮炊きに使われた容器を彷彿とさせる。清水が指摘するように人びとが列島の各地から動員されていたのであれば、彼らは事あるごとに共同体の構成員の中から選抜され、首長やその代行者とともに現場へと赴いた可能性が高い。

では、古墳づくりでは、どれだけの人がどれほどの期間働いていたのだろうか。それに関しては、大林組のプロジェクトチームによる大阪府堺市大山古墳についての試算がある。

チームは、当時のデータだが、墳長を四七五メートル、後円部の直径を二四五メートル・高さを三〇メートルで計算し、墳丘の土量を約一四〇万立方メートルとした場合、墳丘の築造と、二重の周濠の掘削、葺石の施工、埴輪の樹立(製作は含まず)を完遂するためには、牛馬を使わない古代工法で、ピーク時に二〇〇〇人が働いて(一日八時間・月二五日)、一五年八カ月(一八八カ月)を要すると算出した。実際の墳丘は、最近の航空レーダー測量などによる調査で周濠の水面下まで測って、長さが五二五メートル余りもあることがわかり、周濠も三重(中・外濠には完周説と非完周説がある)とすると数値はさらに増えることになるが、いずれにしても、たいへんな労働力が必要だったことがわかる。

石川昇の試算では、古市古墳群の誉田御廟山古墳(四一五)が約一四三万四〇〇〇立方メートル、墓山古墳(二二五)が二四万六〇〇〇立方メートル、大鳥塚古墳(一一〇)が二万一〇〇〇立方メートル、蕃上山古墳(五三)が四〇〇〇立方メートルなどとされている(( )内の数字は石川による)。大林組の試算と比較すると、極めて大雑把だが、同じ様式の古墳とすれば、墳長二〇〇メートル・墳丘体積二四万立方メートルの古墳では一〇〇〇人なら五・四年、一〇〇〇メートル・二万立方メートルでは一〇〇〇人なら〇・四五年、一〇〇〇人ならば四・五年ほどかかることになる。いずれも農繁期にも休んでいない計算である。

②高度な土木技術と労務管理能力

ところが、完成した墳丘をみると、素朴な道具と人海戦術にもかかわらず、前方後円墳形の墳丘の左右線対称で精美な形と仕上がりの良さには驚かされる。たとえば、墳長二〇〇メートルをはるかに超える巨大な前方後円墳でも、高さ二〇メートル余りの後円部の平面形はほぼ正円で、各段の平坦面がきれいに同心円を描き、土を盛った墳丘二段目の平坦面はみごとなまでに水平に近い。高さの異なる立体的な円丘と方丘を滑らかに接合することはさらに難しい。

そこには土木技術の高さとともに、多くの人を動員し効率よく作業にあたらせた労務管理能力の高さをはっきり見てとることができる。大山古墳の試算を再検証した大手ゼネコン出身者はその労務管理能力の高さに驚嘆している。

③造墓キャンプと造墓組織

造墓キャンプ　では、古墳づくりに集まった人びとの宿舎、食堂、倉庫、管理棟などからなる造墓キャンプはどこにあったのだろう。先の試算通り大山古墳の築造時に二〇〇〇人近い労働者が一五年以上も作業していたとなると、当時としては最も多くの人が集まっていた場所の一つとなる。これに労働者の衣食住を支える人や、資材や道具を調達・運搬する人や、測量・管理・守衛などにあたる人を加えるとその数はさらに大きくなる。しかし、百舌鳥古墳群でも古市古墳群でも、これまで数多くの発掘調査がなされてきたにもかかわらず、複数の埴輪窯跡以外は、造営キャンプの内実を示すような遺構はいまだ見つかっていない。
ただ、堀田啓一の研究では、百舌鳥古墳群の周辺では「五世紀」(「 」内は堀田)には大王墳に隣接して集落が増加する傾向があること。他から持ちこまれた土器については、割合はさほど高くはないものの、「五世紀中葉頃」までは瀬戸内東部から東海地方までの土器が出土し、

「五世紀後半頃」になると瀬戸内西部から関東地方まで土器の地域が拡大することなど興味深い指摘がなされている。大阪府茨木市太田茶臼山古墳や高槻市今城塚古墳の埴輪を作った高槻市新池遺跡でも、時期は少し新しいものの、後期中葉の一八号窯の灰原から南関東系の土師器（鬼高式《おにたか》土器）の出土が報告されている。

巨大な前方後円墳の造営には非常に広い範囲から人や物資が徴発され、造営キャンプとは言っても、決して簡易なものではなく、多くの人の長期間にわたる活動を支えるだけの多様な施設群から構成されていたものと思われる。最近、大阪府藤井寺市で発見された大型掘立柱建物群のある津堂遺跡（中期前葉）などもこうした視点からも検討する必要がある。

造墓組織――分業と協業による集団の結束

では、造墓組織はどのようなものだったのだろう。多人数による長期間にわたる古墳づくりのためには、その仕事ぶりから見て、後の律令期の「造宮職（後に造宮省）」や「造寺司」ほどではないにしても強固な造墓組織が編成されたものと推測される。古墳づくりの場は多くの人・もの・情報が結集する場であったが、古墳の規模が大きくなればなるほどその量が増え質が高まり、それらを供出する地域はより広がり、期間もより長期に及んだ。造墓組織はそれらを適切に整理・管理・運用する必要があり、そこでは多様な分業に基づく大規模な協業が行われたものと推測される。特に、大王墳などの場合は、その儀礼の執行にあたっては王権全域から何らかの形で人やものが供出され、造墓作業に徴発された人びとは、基本的に、共同体ごとに首長やその代行者に引率され食料や道具を持参で集まった可能性が高い。

天鳥船信仰の共有が人びとの精神面での統合を進めたのに対し、王権全域における古墳の儀礼の執行では、その信仰の物証である古墳を造るという明確な目標のもとに、多くの人・もの・情報が集められ、多くの人が長期にわたり分業と協業を行うことにより、具体的な実践面で人びとの結束を促したと言うことができる。

④埋葬施設づくりと石棺の運搬

ここで、ものの運搬の具体的な例として、大山古墳の埋葬施設を造る場合を取りあげると、そこでもたいへんな作業が必要とされた。

遠方からの資材の調達

大山古墳の場合は、一八七二年(明治五)に前方部から埋葬施設が発見され、残された絵図から施設は人頭大の石積みの竪穴式石槨で内部に長持形石棺があったことや、江戸時代の文書から後円部にも「石の唐櫃《からびつ》」と記された埋葬施設があったことがわかっている。

そこで、畿内の同時期の他の主要古墳の例から類推すると、後円部の施設は当時としては最も格式が高い結晶片岩の板石積みによる竪穴式石槨で、内部に竜山石製の長持形石棺を入れ、やはり竜山石製の天井石で覆ったものと推測される(図4-2)。もしそうなら、竜山石は兵庫県

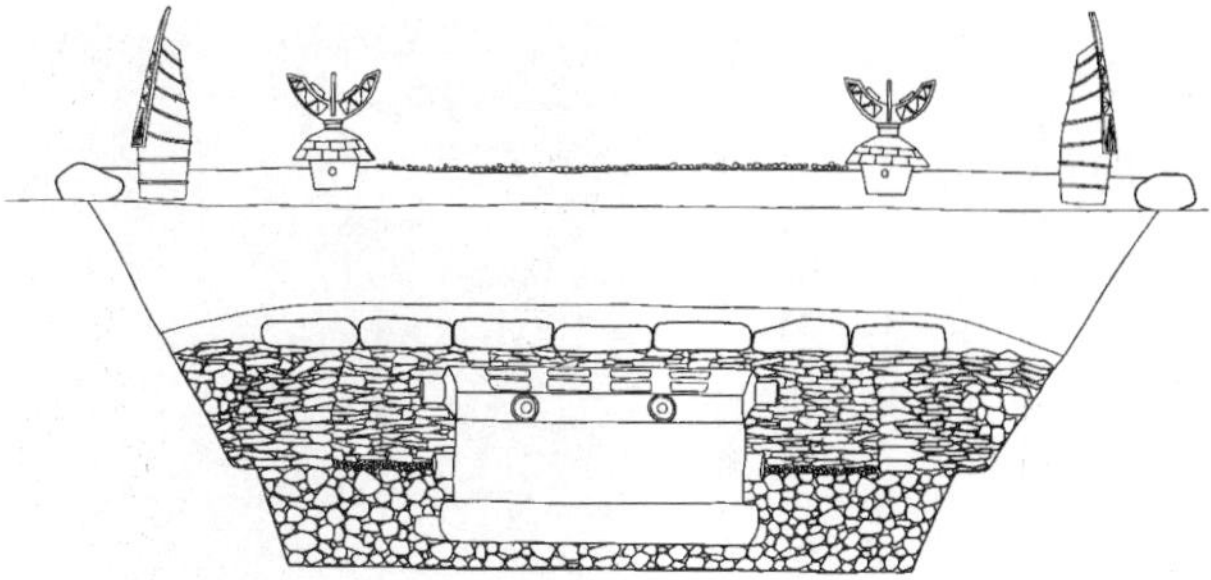

図 4-2　長持形石棺を納めた竪穴式石槨推定図

加古川下流右岸で採れる溶結凝灰岩類であるから、重さ数トンもある石棺や石槨天井石を直線距離で七〇キロ余りも離れたところから運んできたことになる（前方部石棺も竜山石製と推測）。また、石槨側壁の結晶片岩の板石は一〇〇キロ余りも離れた徳島県吉野川上流右岸のものと推測され、それらも小分けにして多人数で運んできたものと思われる。

石槨や石棺に使われた素材は近くにある適当なもので良かったわけではなく、集団により、あるいは政治的地位により決められたものがあったのである。そして、ほんとうに遠い場合は、九州の有明海沿岸で採れる阿蘇石（阿蘇溶結凝灰岩）で作った舟形石棺（前・中期）や家形石棺（後期）が畿内やその周辺まで運ばれてきていたのである。

石棺の運搬にみる集団の結束

ほんとうに、重い石棺をそんなに遠く離れた所まで運ぶことができたのだろうか。もう二〇年近く前になるが、こうした疑問を持った九州の研究者たちが高木恭二らを中心に石棺を運ぶ実

図4-3　石棺を運ぶ実験航海

験航海を試みた（図4-3）。

　時は二〇〇五年（平成一七）の夏。石棺は熊本県宇土《うと》市に産出するピンク色をした阿蘇石（地元名は馬門石《まかどいし》）で作った実験用の刳抜式家形石棺で身の重さ約四トン、蓋の重さ約二・八トン。これを筏《いかだ》がわりの台船に乗せ、やはり実験用に作った一体型の準構造船（船名は「海王」）で海上を牽引した。船には左右に各九本のオールが付き、一八人の漕ぎ手と一人の操舵手が乗る。七月二四日に宇土市口之津港を出航し、福岡県志賀島港・門司港、広島県鞆《とも》の浦《うら》港、兵庫県室津港など二一カ所の港に寄りつつ、八月二六日に大阪府南港に到着した。有明海を出て玄界灘を通り瀬戸内海を横断したのである。途中の外海は一部動力船が牽引したとはいえ、実に総距離約九〇〇キロ近く、三四日間にわたる大航海であった。途中の悪天候による五日の休み、お盆の三日の休みを除けば実動は二六日となる。

　この間、航海以前の石材の採りだし、石棺の製作、船と台船の製作のみならず、航海中の漕ぎ手の確保、寄港先の手配、水や食料の補給、宿舎の準備など、地元自治体はじめ、漕艇《そうてい》部の

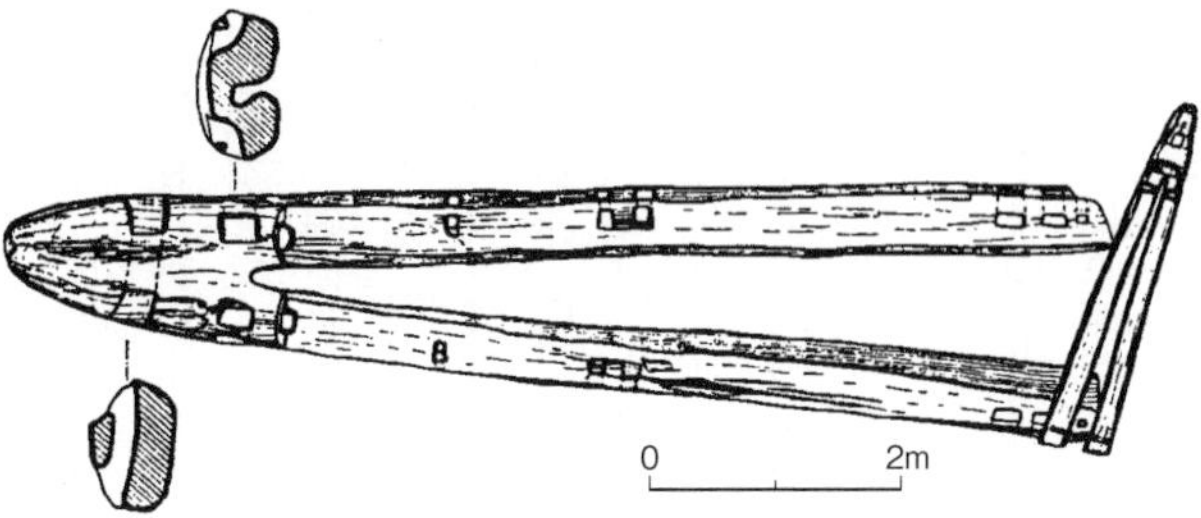

図4-4　修羅(古市古墳群出土)

ある大学・高校、寄港先のある地方自治体、研究者など実に多くの人びとの協力があった。そして、何よりも航海中は、高度な航海技術はもちろん、安定した自然条件、平和な政情と社会、交通インフラの整備などがその成功を支えた。それは今も昔も変わらない。

その後、石棺は南港で陸揚げされ、今城塚古墳に運ばれ、陸上での石棺運搬実験が行われた。身に蓋をした石棺を載せた約九トンの修羅《しゅら》(重量物を載せて運ぶための木橇《そり》、図4-4)が総勢四五〇人余りで地曳《じび》きされた。ここでの成功の秘訣は木遣《きや》り(重量物の上に乗り、かけ声を掛ける人)の音頭に合わせ「エイシャー」と声を合わせて曳くことにあったと鐘ヶ江一朗は述懐している。江戸時代の築城図屏風の修羅曳きを見るようなものである。

棺は古墳に埋めれば誰も見ることはできないが、修羅で曳いている時には、人びとは棺の素材や形式や規模を見て、納められる被葬者の政治的地位や血筋などを知ったのである。

ところで、重量物を曳くと言えば長野県諏訪市の御柱祭が名高い。六年に一度、諏訪大社の上社本宮・前宮、下社秋宮・春宮に立てるモミの大木一六本を切りだし牽引する祭だが、最も重い御柱は約六トン。これを曳くのに氏子約三〇〇〇人が参加するという。もちろん牽引の中心は親綱を曳く人だが、親綱に繋いだ細い枝綱を曳く人はそれより多く、子連れの家族も少なくない。御柱を曳くこと自体が重要な儀礼で、そこに主体的に参加することに意義があり、氏子の結束を一段と固めるものになっている。

古墳づくりの中での石棺や木棺の運搬も同様な性格のものだった。儀礼の場は運搬ルートを通じ広範囲に広がり、そこでも多くの人が参加し、集団の、あるいは集団と集団の結束力を強めた。古墳の儀礼の執行は造営キャンプだけに留まるものではなかったのである。

多くの人が参加し多くの人がこれを見て、一族レベルから王権レベルまでの集団の結束力を具体的な実践活動を通じて強める。それは古墳の儀礼の本質の一つであった。

ただ、結束力の強弱は被葬者(首長)と共同体構成員(民衆)の距離感によって大きく変わっていった。首長が共同体の一員として指導者・代表者としての性格を強く残していた前期～中期前葉頃までの段階には、構成員は、首長の冥福とともに共同体の安寧と繁栄を祈って古墳の儀礼の執行に主体的に参加し、共同体、ひいては王権の結束を強めることになった。しかし、首長が共同体の支配者に転じ、構成員を私民化しだした中期中葉～後葉頃の段階には、巨大前方後円墳の築造が頻発し、古墳づくりは強制的なものとなり、構成員の心は首長や王権から徐々に離れ、大王や首長の古墳の儀礼を盛大に行うことが残された者の幸福に繋がるという幻想が崩れ、中期的な政治体制が崩壊した一因となった可能性がある。古墳づくりは決して弱者を救う公共事業でも救済事業でもなかった。

箸墓伝説　『紀』崇神一〇年に記された箸墓伝説に「この墓は、日《ひる》は人作り、夜は神作る。故、大坂山の石を運びて造る。即ち山より墓に至るまでに、人民《おおみたから》相つぎて、たごし（手渡し）にして運ぶ」とある。大坂山から箸墓まで奈良盆地を横断して一五キロほどだから、あながち、あり得ない作業だったとは言いきれない。多くの人が参加し、一人一人が黙々と働いた結果としてできた、人間業とは思えない造営物の巨大さや美しさに畏敬の念も生まれたのであろう。古墳を造りはじめた頃の古墳と民衆の距離感を伝える話として興味深い。古墳前期頃の古墳に託された共同幻想の世界の一部を垣間見る思いがする。

⑤儀礼の監視者――視葬者《はぶりのつかさ》

造墓組織は各地で大小さまざまな規模で作られ、階層差や地域差があったとしても、基本的には共通した様式の古墳が秩序だって造られた。たぶん、王権の中に古墳の儀礼を統括する職掌（部門）が組織されていたからなのだろう。では、その職掌は『記紀』に何らかの痕跡を残しているのであろうか。それを考える上で参考となるのが『紀』雄略九年の紀小弓《きのおゆみ》の墓に関するもので、小弓が新羅との戦いの中で病死した時のことである。

是《ここ》に、采女大海《うねめおほしあま》、小弓宿禰《すくね》の喪に従《よ》りて、日本《やまと》に到来《まうけ》り。遂に大伴室屋大連《おほとものむろやのおほむらじ》に憂へ諮《まう》して曰《まう》さく、「妾《やつこ》、葬《をさ》むる所を知らず。願はくは良き地《ところ》を占《し》めたまへ」とまうす。大連、即ち為に奏《まう》したまふ。天皇、大連に勅《みことのり》して曰《のたま》はく、「(中略)哀矜《めぐむこと》を致して、視葬者《はぶりのつかさ》を充てむ。又汝《いまし》大伴卿、紀卿等と、同じ国近き隣の人にして、由来《ありく》ること尚《ひさ》し」とのたまふ。是に大連、勅を奉りて、土師連小鳥《はじのむらじをとり》をして、冢墓《はか》を田身輪邑《たむわのむら》に作りて、葬《かく》さしむ。

ここで注目されるのは、有力な功臣である首長の墓域の選定に大王が係わり、しかも、「視葬者」(古写本によっては「視喪者」)を遣わして墓を造らせたことである。視葬者を雄略朝のものとして扱って良いかどうかは即断できないが、当時の王権内にはそのような役割を担った人、ないしは組織があったことは間違いないものと思われる。

列島各地に共通する様式の大小数多くの古墳が築かれ、しかも、それらの間に、後述のような大王墳たる巨大前方後円墳を頂点とする階層的秩序が形成されていた背景には(133頁)、王権内において大王ないしは王権中枢の意志に基づき古墳づくりを統括する職掌とそれに携わる人がいなければならない。ここでは視葬者をそのようなものとして評価したい。

さらに言えば、五世紀後葉（後期前葉）の、王権内の統治組織が再編整備されつつある段階で、「視葬者」は、同時期の埼玉県行田市稲荷山古墳出土の金象嵌《ぞうがん》鉄剣銘にみる「杖刀人」や、熊本県和水町江田船山古墳出土の銀象嵌鉄刀銘にみる「典曹人」と同様、ヤマト王権内における原初的官人組織である「人制《ひとせい》」の一つであった可能性が高いと考える。視葬者ないしはその前身組織（特定の首長とその支配下の人びと）は古墳の儀礼全般を執行・指導・管理することでもって王権に奉仕していたのであろう。

視葬者の関与がどのレベルの古墳にまで及んだかは明確ではないが、少なくとも大王とその近親や有力な首長の古墳が対象になっていたことはほぼ間違いないだろう。さらに、地域の有力な首長の組織の中には、それと同様の役割のものが組織されていて、さらに下のレベルの古墳や方形周溝墓・台状墓づくりにまで何らかの関与をしていた可能性もある。王権中枢で生みだされた新しい古墳づくりの様式は、このようにして地域的にも階層的にも拡散しつづけ、それは集団の、ひいては王権の統合に重要な役割を果したのである。

なお、文献では、律令期の天皇、皇族および朝廷の高官の喪儀を司る氏族としては土師氏がよく知られている。先の場面でも視葬者として派遣されたのは土師連小鳥となっている。土師氏のこうした職掌は古墳時代以来と言うことができるだろう。

⑥造墓活動と軍事活動

ところで、古墳づくりという大規模な土木工事の実践は、一つの目的のために効率よく集団で人を動かすという点で、古代の軍事行動と酷似している。古墳づくりには各地の集団が首長やその代行者に率いられて集結し、より大きな組織として行動するのであるから、その道具である鋤や鍬を刀や槍や弓矢に代えればりっぱな軍隊が成立する。灌漑施設を伴う水稲農耕を営み日常的に集団行動を行っていた社会にあっては、その延長上に古墳づくりも軍事行動も存在したと言っても過言ではない。すでに一九六〇年に古代史の直木孝次郎は、土師氏の職掌に葬儀、土師器づくり、外交の他に軍事を加えている。

『紀』でも造墓活動と軍事が結びついた記事が二つある。一つは神功皇后摂政元年に起こった麛坂王《かごさかのみこ》・忍熊王《おしくまのみこ》の謀反の折、九州で亡くなった仲哀天皇のために陵を造ると偽り、明石で山陵(墳長一九四メートルの兵庫県神戸市五色塚古墳をあてる意見がある)を造ったが、その時、一人一人に武器を持たせて皇后を待ちうけたという。他は飛鳥時代のことで、壬申《じんしん》の乱直前の天武元年(六七二)に、近江朝廷は美濃・尾張の両国司に天智天皇の山陵を造るために人夫を用意させておきながら、人夫それぞれに武器を持たせたという。言いかえれば、古墳づくりの場はいつでも軍事拠点とも軍事力誇示の場ともなりえたのである。そのことが古墳の立地を決める重要な地政学的理由の一つとなった。当時は王権の承認なしに古墳づくりで人を集めることは王権に対する造反とも見なされかねなかった。

2　王権と古墳の儀礼——古墳づくりは国づくり

①王権を支える流通システム

では、古墳の儀礼は、王権と首長の、中央と地方の間の多様な交流のなかで、どのような位置を占めたのだろうか。図4-5は古墳前・中期の王権と首長、および中国や朝鮮半島諸国との人・もの・情報の流れの概要を示したものである。

内容は、ヤマト王権（倭国）は、対外的には中国の王朝に朝貢《ちょうこう》し、その冊封《さくほう》体制（中国王朝の君主と近隣諸国などが取りむすぶ名目的な君臣関係を伴う外交関係）下に入ることで、列島を代表する政治勢力としての承認を得、爵位を授与されるとともに、威信財をはじめとする数多くの文物（織物、鏡、刀剣類など）の下賜《かし》を受ける。また、朝鮮半島諸国との多様な交流（友好、交戦、交易、亡命など）から多くの人・もの・情報を獲得する。

一方、対内的には、首長の従属を前提に、首長の地元の地域支配を容認し、政治的地位を与え、古墳の儀礼の執行を認めるとともに、威信財や必需品を分配・下賜する。これに対し、首

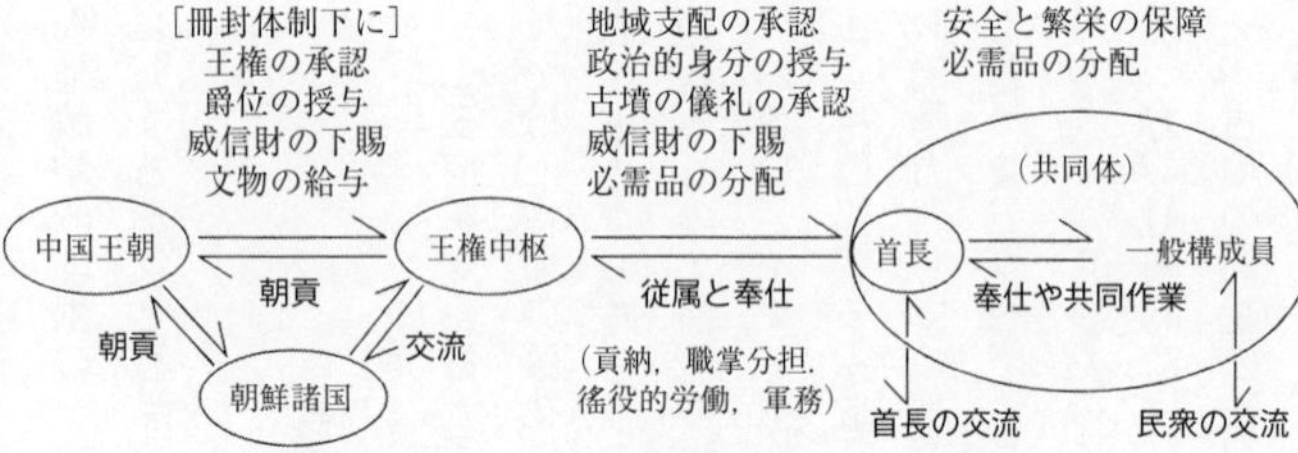

図4-5　人・もの・情報の流れ(前・中期)

長は共同体構成員を率いて、王権の各種の職掌(役目)を分担し、古墳づくりなどの労務や軍務などに従事するとともに、特産品や米などを貢納するといった奉仕を行う。首長は共同体を代表して諸活動の指揮・管理・調整をはかることで、他集団との関係を安定的に維持し、共同体の安寧と繁栄を保障する。これに対し、共同体構成員は生産に従事しつつ、共同作業への参加や首長への奉仕でこれに応える。地域内や地域を越えた首長間の交流や民衆レベルでの交流も、多くはないが一定度想定できる、というものである。

この首長の地元支配を前提とした、王権と首長の上下関係を基本とする人・もの・情報の流れを支えるシステムは、首長連合体制に特有のものと言えるだろう。当時の王権はこの流通システムを支配し管理していたのであり、各地の首長はこの流通システムに連なることによって自らの地位を保つとともに、代表(後に支配)する共同体の安寧と繁栄を保障することができたのである。王権の流通面での求心力はここにあった。

②儀礼が流通システムを動かす

特に、血縁関係に基づく祖先崇拝が重んじられた社会で一族の長たる首長の葬送儀礼である古墳の儀礼の許認可権を王権が握っていたことが重要であった。なぜなら、王権をめぐる人・もの・情報の流通システムの中で、古墳の儀礼の執行はその流れを生みだし王権全域に行き渡らせる原動力だったと考えられるからである。

もちろん大王墳の儀礼の執行の折には王権全域からの直接・間接の労働奉仕や物品の貢納があったと考えられるが、地域の有力首長の古墳の儀礼の執行の場合も、王権から政治的地位を与えられ、儀礼執行の承認を得、墳形と規模が決められ、監視者（視葬者）や技術者（土木技術者や埴輪工人など）などの派遣を受けるとともに、被葬者の代表する共同体を中心に、時にはそれを超えて労働力や資材の提供を受けるかたちで実施された。地元の経済力から見て考えられないような大型前方後円墳が突然出現してくる背景には、強い王権のテコ入れ・後押しがあったものと考えられる。

また、墳丘外面の諸要素よりは地域色が強かった埋葬施設などに関しては、地域の、あるいは地域を越えた首長間の繋がりの中で形や素材が決められたものと思われる。前・中期までは王権が関与しきれない部分も少なからずあったのである。

なお、副葬品に関しては、その内容は被葬者の生前の地位や活躍と密接に関係したと思われるが、主要なものの多くは、生前か死後かは明らかではないが、王権から与えられた威信財(鏡、石製品、武器・武具など)であった。多くは王権中枢の工房で作られたものであったが、一部は半島諸国や中国、時にはガラス製品などのように西アジアや地中海世界に由来するものまであった。

したがって、古墳の儀礼の場には、質の良し悪しや量の多寡を問わなければ、東アジアから地元までのさまざまなレベルの人・もの・情報が集結していたのである。古墳の儀礼は中央の文化、ひいては東アジアの文化を王権全域に行き渡らせる文化の拠点でもあった。

また、古墳づくりにおける人・もの・情報の流通は、人びとの交流の比較的少ない農耕社会において人びとの交流を喚起し、道路や港など交通インフラの整備をも促したものと思われる。一時的なものだった場合もあるが、古墳づくりの場は流通の拠点、インフラ整備の拠点でもあったのである。

③古墳づくりは国づくり

古墳は、祖先崇拝が重んじられた時代の天鳥船信仰に基づく葬送儀礼の物的保証・シンボルとして王権の統合に資するとともに、儀礼の執行は王権の支配方式そのものと言える人・もの・情報の流通システムを動かす原動力として、具体的な実践を通じて社会の統合を促した。

王権は古墳の儀礼を手段として、それをコントロールし、人・もの・情報の流れを生みだし活性化することで国づくりを推しすすめたのである。端的に言えば、ヤマト王権にとって古墳づくりは国づくりだったのであり、古墳は造りつづけることに意味があったのである。したがって、古墳はできあがってからというよりも、造る過程に最も大きな意味があったと言うことができる。

ただ、前期〜中期前葉までの流通システムについては、中期になって首長連合体制が変化し、特に中・後葉頃には首長の性格が共同体の指導者・代表者から支配者へと変質していく中で、労働奉仕や物品の貢納は徐々に強制的なものとなり、後期に国家的体制が始まり天鳥船信仰に基づく古墳的他界観が形骸化しだした段階には、義務的なものとなり、労役や租税へと転化していったものと思われる。王権や社会の統合の内容も時代とともに変化し、徐々に慣習的なものから制度的なものへと変わっていったのである。

ところで、こうした中で造られた古墳相互の間には、現在私たちが見てわかるように、形と規模を基準に極めて序列的で階層的な秩序が表現された。次には、その古墳時代の政治社会を反映していると見られる古墳の秩序について検討してみよう。

3　古墳の秩序

①墳丘墓の秩序

墳丘をもつ墓である墳丘墓には二種類がある。一つは、血縁集団など数多くの人の遺体(火葬を含む)を納めた集団墓で、他は特定の個人およびその近親者のみを納めた個人墓である。前者は新石器時代のヨーロッパなどで見られるもので、日本では北海道の縄文時代後期後半の周堤墓《しゅうていぼ》(環状土籬《かんじょうどり》とも呼ぶ)などが相当すると考えられている。後者は基本的には階級社会が始まって以後の特定有力者の墓で、エジプトのピラミッドや中国の皇帝陵ほか、日本の古墳など、多くの墳丘墓がこれにあたる。

両者ともに、一定の範囲に類似した様式のものが広がり、多くの場合、墳丘の規模には大小の差がある。集団でも個人でも力の差を墳丘の規模の差として示す点では同じである。特に集団関係の政治性が強くなると、墳丘墓の築造に係わる規制も強くなり、古代中国の殷・周時代には、いまだ墳丘はなかったものの、地下に造られた竪穴木槨墓では棺、槨、墓坑の規模をはじめ、副葬品の質・量に至るまで礼制に基づく厳しい規制があったことが知られている。

それは墳丘の出現後も続いたが、中国の場合は同一時期・同一形式(方形か円形か)の墳形の規模による格差づけで、半島諸国の高句麗、新羅、百済、伽耶諸国なども同様であった。
いずれも、政治的秩序を目に見えるかたちで表現したものであるが、同じ墳形のものを規模で格差づける方が統一性があり、見る側にとってもわかりやすかったものと思われる。

②古墳の秩序

それに対し、古墳の最大の特徴は墳形が前方後円形、前方後方形、円形、方形の四形式もあったことである。その理由は古墳の葬制・墓制が弥生墳丘墓のそれを基礎に、言いかえれば、古墳社会が弥生社会を基礎に成りたっていたからにほかならない。しかも、古墳づくりには形と規模を基準に強い規制があり、古墳時代を通じて一定の秩序をもって造られた。

ここで言う秩序とは、同じ時期(時代を一一小期にわけた場合の一小期)に同じ墓域や地域で造られた特定の形と規模をもつ古墳の序列的な組合せのことである。この秩序は、王権の成長に伴う性格の変化にあわせ、前期、中期、後期と変化したが、ここで古墳が最大化した中期の例を取りあげると図4-6のようである。

A型　一墓域の群構成が墳長二〇〇メートルを超える巨大な前方後円墳を頂点に、一〇〇メートル級の大型前方後円墳一、二基と複数の中・小型の帆立貝墳、円墳、方墳からなるもの。大阪府古市古墳群、百舌鳥古墳群の二群がこれに相当し、中期を通じ、四小期に渡って続いた。

大王一族の墓域と考えられ、大王墳は時期により両古墳群間を移動したものと推測される。同一の墓域に各種の古墳が多いのは、一族の家政機関が充実するとともに、近親者に王権の政治的地位を得ている者がそれだけ多かったためと考える。

以下、政治的地位が低くなるほど、同じ墓域に同時に造られた古墳の質と量は低下する。

類A型　一つの墓域の群構成がA型と類似するものの、やや小型のもの。奈良県奈良市佐紀古墳群東群、奈良県河合町から香芝市にかけての馬見古墳群の中期の二群が相当する。同一時期に大小の前方後円墳が並存する古墳群はA型の二群と類A型の二群のみである。ただ、大王墳に匹敵する規模の大阪府茨木市太田茶臼山古墳や岡山県岡山市造山古墳(三五〇余り)を中心とする一群は一小期のみの類A型を示す。

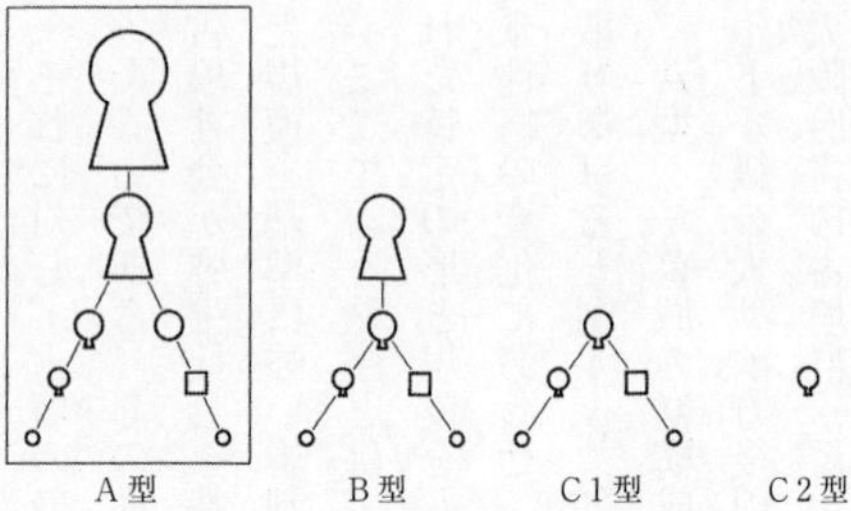

図4-6　古墳の秩序(中期)

B型　一地域全体の群構成が、A型から巨大前方後円墳を取りのぞいたかたちのもの。同一小期には前方後円墳は一基のみで、他は帆立貝墳、円墳、方墳となる。この組合せが同一の墓域で二、三小期続く場合は非常に少なく、多くは一小期のみで、後はC型となる。今の知見で地域に大型や中型の前方後円墳が一基のみ単独で造られている場合もB型とする。

C型　一地域に前方後円墳がなく、帆立貝墳、円墳、方墳で群を構成するものをC1型、地域に帆立貝墳、円墳、方墳、いずれかが一基のみの場合をC2型とする。

古墳の組合せは、一見複雑にみえるが、大王墳の墓域の組合せであるA型が基本で、それを縮小したのが類A型、そこから大王墳クラスの巨大前方後円墳を除いたのがB型、さらに前方後円墳を除いたのがC型と理解できる。墳丘の格式は前方後円墳、帆立貝墳、円墳、方墳の順で低くなるが、中期には大王墳はじめ一部の前方後円墳が最大化する一方で、前方後円墳の数は限定され、中・小規模の古墳には帆立貝墳、円墳、方墳が増加した。

なお、ここで前方後方墳が出てこないのは、中期には前方後方墳はほとんどないからである。また、方墳や方形周溝墓・台状墓は基本的に中期で築造が終わる。弥生時代以来の方形原理の墳丘はほぼ姿を消し、それとともに弥生的な共同体の伝統は衰退していった。

首長層の重層的な結びつき

古墳中期には各地の首長たちは、以上のような状況の中で、いずれかの組合せのもとに古墳を造った。そして、すべてが、A型を頂点とする一つの階層的秩序の中に組みこまれたのである。その様子を模式化すると図4-7のようになる。首長たちは重層的な結びつきのもとに古墳を造っていたのである。

筆者は、中期の古墳の秩序の背景にある体制を、限られた数の、大王を頂点とする畿内有力首長およびそれと結んだ地方有力首長が、前期後半に王権下に入ってきた数多くの中小首長を序列化し再編成した結果生まれた、首長連合体制成熟期の政治体制と理解している。

どの類型の古墳群ないしは古墳がどこに造られたかは明言できないが、当時の王権は領域内各地に対しかなり確かな地政学的な評価を与えていた。古墳づくりの宗教・政治・経済・軍事など多様な意義から考えれば、古墳づくりは、地域の事情以上に、王権の整備・充実・拡張方針などの政策と不可分に結びついていたものと考えられる。

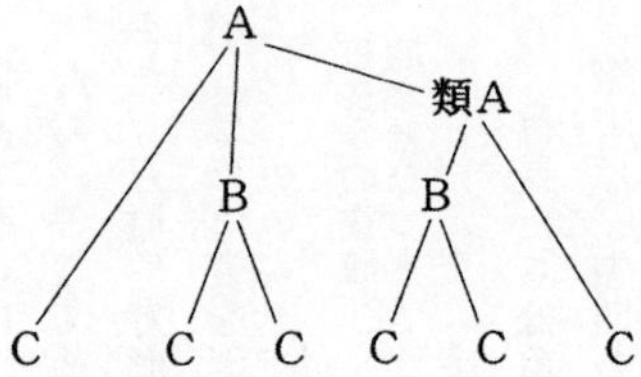

図 4-7　首長層の重層的結合（中期）

③王権の存在とその秩序を知らしめる

弥生時代以来、社会を結びつける紐帯として血縁関係が重んじられた社会では祖先崇拝が発達し、首長の魂の冥福を祈る葬送儀礼を盛大に行い大きな墳丘をもつ墓を造ることが、残された新首長や共同体の人びとの安寧と繁栄に繋がるという信仰が育まれてきた。

古墳の儀礼は、そうした弥生時代以来の厚葬《こうそう》の習慣の上に成立し、王権の成立・発展とともに全域で共有され執行された。そして、そのことにより、初めて墳丘の形と規模を基準に、大王墳を頂点に数多くの古墳を統一的に序列化し秩序づけることが可能となった。

王権にとっては、古墳の儀礼の執行と完成した古墳そのものは、文字のなかった時代において、広域を支配するヤマト王権という、これまでになかった新しい概念の宗教的政治的権力の存在とその秩序とその広がりを目に見えるものとして王権全域に知らしめ理解させる媒体となった。古墳に王権内における首長の政治的地位が表現されたのはそのためである。

一方、首長(被葬者)あるいは首長の所属する共同体にとっては、生前墓として造りだされた古墳は首長の政治的地位を社会に示しその確認を得るためのものとなった。また、儀礼の執行を通じ共同体あるいは他のさまざまな集団との連携を強化するためのものとなった。

王権は政治的秩序の形成にあたり、有力な首長や、地政学的に重要な地域の首長とは婚姻関係などを通して関係性を深め、古墳の儀礼の執行にあたっては儀礼関係者を派遣するだけではなく、古墳づくりそのものをも実質的に支援したものと推測される。

④両界の秩序づけ

ところで、古墳に表現された現実世界の政治的秩序は、墓である古墳の形と大きさが基準になっていたため、墳丘の表面に表現された他界の規模や質にも明瞭な格差を生みだすことになった。言いかえれば、亡き首長の魂が赴く他界、ひいては祖霊や祖神が住む他界にも現実世界の格差づけられた秩序が及ぶことになったのである。

したがって、古墳の秩序づけと並行して、他界においても、大王の祖神を頂点に各首長一族の祖霊・祖神を整理し秩序づける作業が進行したものと思われる。それは、『記紀』に記された神話や伝承などが整えられていった過程でもあった可能性が高い。

古墳は現実世界と他界の両界を秩序づける極めて巧妙な装置だったのである。

4 古墳はなぜ大きくなったのか

では、なぜ古墳は巨大になったのだろう。一般的に生産経済が発達し社会が複雑化し階層化や階級化が進行すると、巨大な造形物が出現しだす。墳墓、都城、宗教施設、軍事施設など巨大な造形物の建造は現在も続いている。誰が何のために何を造ったかに時代性が鋭く反映することになる。

墳丘墓は初期の巨大造形物の中心的なものの一つで、特定集団の墓(儀式の場説あり)としてのアイルランドのニューグレンジ(円形、七六、前三二〇〇〜二九〇〇年)や、特定個人の墓としてのエジプトのクフ王のピラミッド(方形、二三〇、前二五〇〇年)のように、すでには紀元前数千年前には出現していた。集団でも個人でも競う相手があれば相手を上回るものを造ろうとする欲望がその根底にある。個人墓の場合は被葬者の権勢を示すために葬送儀礼を盛大に行い立派な墓を造るという厚葬の習慣がこれを支えた。

列島の場合、特定個人墓としての墳丘墓の出現は前一世紀の弥生中期後葉頃だが、墳丘は急速に大きくなり、三世紀中葉頃の古墳初頭には墳長二〇〇メートルを超す巨大な前方後円墳となり、以後、六世紀後葉の後期後葉まで約三五〇年間造りつづけられた。

それは単に墓であるだけではなく、一種の宗教施設であった。天鳥船信仰という葬送思想に基づき作られた古墳の儀礼を執行する上で不可欠な舞台装置であり、その表面に死者の魂が赴く他界を表現した「他界の擬えもの」として機能し、結果的に、この信仰を物的に保証するものとなった。

しかも、王権はこの儀礼執行の許認可権を握り、被葬者の王権内における政治的地位に応じて墳丘の形と規模を決定したことにより、王権内の序列が古墳の序列として可視化されることになった。そのため、この古墳の秩序の頂点に位置する大王墳は絶えず各時期最大の古墳である必要に迫られた。ましてや、墳丘の表面に他界が表現されるとなると、他界でも大王であるためにはその王宮や領域は最大である必要があったのだろう。

古墳づくりは、文字もなく交通手段も限られた時代において、王権内の人・もの・情報の流通を活性化させ民衆を統合する原動力であった。そのため、より大きなものを造り、より広い範囲からより多くの人・もの・情報を結集することは必須の要件であった。

さらに、前・中期の首長連合体制のもとでは、大王はいまだ絶対的な権力者ではなく、「王の中の王」といった存在で、常にライバルたる有力者が大王一族の内外に存在していたのである。その意味では、首長連合体制という政治体制とそこでの古墳の役割が巨大な前方後円墳を生みだすことになったと言うことができる。

しかし、大王墳とはいえ、王権の安定度や充実度などにより大きさに変化があり、中期から後期への過渡期には大王墳は急速に小型化し、王権の弱体化を思わせるような現象も見られた。

その中で、大きさに関して特に注目されるのは、前期前葉の箸墓古墳と、中期中〜後葉の大山古墳と、後期後葉の奈良県橿原市見瀬丸山古墳である。

箸墓古墳は墳長約二八〇メートルを測る古墳時代最初の巨大前方後円墳である(古墳全体で一一位)。この古墳の場合は、文字を持たない社会において、各地で地元支配を続ける首長やその配下の共同体構成員に新しく創出した古墳の儀礼執行の様子を見せるとともに、新たな政治組織であるヤマト王権とその最高権力者である大王の存在を目に見えるかたちで知らしめる必要があった。

次に、大山古墳は墳長五〇〇メートルを超える日本最大の前方後円墳である。一時期前の誉田御廟山古墳(四二〇、中期中葉)の頃から始まった東アジア諸国との活発な交流によってもたらされた新しい人・もの・情報が列島社会に定着しだし、王権の力が充実した首長連合体制成熟期の大王墳で、支配者に転じた大王は、王権下全域のみならず、広く東アジア世界に向かってその権勢を破格の規模で誇示する必要があった。中期中～後葉の時期には畿内で特に多くの巨大前方後円墳が造られるが、その背景には大王をはじめ畿内有力首長による新来の富の独占があったものと考えられる。

一方、見瀬丸山古墳は墳長約三一〇メートルを測る古墳時代最後の巨大前方後円墳である（全体六位）。王権全域で前方後円墳が小型化し円墳化していくなかで、新しい中央集権的な国家体制へと移行するなかで、大王の権威の隔絶性を示すために巨大に造られたものと考えられ、埋葬施設の横穴式石室も日本最大の規模を誇る。関東を中心に一部の地域でいまだ前方後円墳が盛んに造られていたために、王権の圧倒的な力を見せつける必要があったとの意見もある。被葬者が継体大王の皇子の欽明大王である可能性が高く、在位期間の長さ（『紀』によると在位三二年）や、古墳時代の最後の段階で伝統的な墓制である前方後円墳をあえて奈良盆地最大の規模で造ったところに築造者の心意気や意図が表れているようにも思われる。

こうしてみると、各時期において突出して巨大な前方後円墳は、古墳時代の始まりと、最盛期と、終わりに造られている。いずれも時代の画期で、王権や大王の権威を特別に誇示する必要があり、その時の王権にはそれを造るだけの権力と富があった。

では、どうして大王墳は主に土を積みあげただけの墳丘の規模でもって他とは区別されるものとなったのだろう。

古墳の埋葬施設や副葬品には質量ともに優劣・多寡の差はあるものの、いずれも相対的なもので、墳丘規模ほどの格差は認めにくい。他の国々・地域と比較しても、墳丘規模に比べ埋葬施設やその副葬品は貧弱なのが古墳の特徴である。

それは古墳時代の列島には金、銀、銅、鉄といった鉱物資源(通説では鉄は六世紀後半、他は主に七世紀後半以後に開発)や特殊な特産物がなく、活発な生産と流通による交換経済が生みだす膨大な富もなかったからである。政情の安定や権力の強大さはあったとしても、王権が持つ最大の富は人であり、彼らが生みだす労働力と米や海産物や素朴な手工業品などであった。

そこで大王は自らの権勢を見せつけるために、最大限の人を動員し、素朴な土木具を用いながらも人海戦術で大規模な盛土による巨大な前方後円墳を造ることになったものと推測される。それはまた、持てる軍事力を見せつけるものともなった。

天鳥船信仰に基づき作りだされた古墳の儀礼は、大王や首長の冥福を祈る葬送儀礼だった。それは、人びとを巨大な前方後円墳の造営に向かわせる共同幻想としての宗教的イデオロギーだったのである。

第五章

古墳の変質と横穴式石室

1　古墳時代中期から後期へ――首長連合体制から中央集権的国家体制へ

古墳時代の政治や社会や文化は、中期から後期への変化の過程で大きく変質した。古墳の築造状況を検討すると、後期の政治体制への移行は次の二つの段階を経たものと推測される。

①後期化の第一段階

首長連合体制の崩壊　まず、後期前葉（五世紀後葉）には、中期の各地で大型前方後円墳を含む大古墳群や、それらと密接に連なっていた中小の古墳群が示す政治勢力（中期的旧勢力）が、急速に衰退・消滅した。その一方で、新しい墓域に首長墳として中小規模の前方後円墳が造りだされ、共同体上層（有力家長層、民衆上層）の墓として弥生時代以来造りつづけられてきた、方形を基本とする周溝墓や台状墓が一斉に円形化、すなわち円墳化しはじめたのである。

「群集墳」の出現である。しかし、この段階では埋葬施設はいまだ多様なもの（木棺・箱式石棺直葬など）であった。そこで、この段階のものを「古式群集墳」、後の横穴式石室が普遍化した段階のものを「新式群集墳」と呼びわけている。

このような古墳群の動きは、王権中枢が、一部の中小首長や有力家長層や渡来人などからなる新興勢力と手を結び、各地の有力首長の在地支配を解体し、より中央集権的な体制を作るべく動きだした結果と理解される。それは半島での高句麗や新羅の台頭による政治的状況の緊迫化や、国内での政治的・社会的不満の増大に対処するためのものであった。

その結果、中期的な旧勢力は衰退し、後期的な新興勢力が台頭した。この過程で出現した群集墳とは、王権が有力首長の私民となりつつあった共同体構成員を首長から取りあげ、王権に直属する王民《おうみん》として直接的に支配し、古墳の秩序、すなわち王権の秩序の中に組みいれだした証と考えられる。後の律令時代の民衆の公民《こうみん》化に繋がる動きと推測される。

ここに、各地における首長の在地支配の上に成立していた前・中期の首長連合体制は、大王を中心とした王権中枢によって解体されだしたのである。

大王墳の小型化

ところが、この変化に相反するかのように、中期に権勢を誇った大王一族の大阪府古市・百舌鳥古墳群自体が急速に衰退しはじめた。墳長二〇〇メートルを超す大王墳の築造は、百舌鳥古墳群では中期後葉の堺市土師《はぜ》ニサンザイ古墳(三〇〇)でもって、古市古墳群では後期前葉の藤井寺市岡ミサンザイ古墳(二四二)でもって築造が終わり、その後の古市古墳群で造られた大王墳は墳長一二〇メートル前後の前方後円墳へと急速に縮小し小型化した。

中期から後期への変革の過程で、王権下の政治社会には大きな混乱が起こり、一時的とはいえ、大王を中心とした王権中枢自体の力も弱体化したものと推察される。この間の旧勢力の抵抗は激しく、王権中枢もそれに巻きこまれた可能性が高い。

②後期化の第二段階

中央集権的国家体制と古墳

大王を中心とした王権中枢の力が復活し、新しい政治体制が急速に進展しだすのは、後期中葉後半の六世紀第２四半期以降のことである。中期的旧勢力として最大であった九州有明海沿岸勢力の抵抗（筑紫君磐井《つくしのきみいわい》の乱。五二七～五二八年）が鎮圧された前後からとも言える。

大王墳としては、再び巨大な前方後円墳である大阪府高槻市今城塚古墳や奈良県橿原市見瀬《みせ》丸山古墳（三一〇余り、後期後葉、欽明大王陵説有力、五七一年没）が造られた。一方、新しい墓域の古墳群では首長墳としての前方後円墳は徐々に円墳化した。また、有力家長の小型円墳群の埋葬施設には、この時期に定型化しだした畿内的横穴式石室（定型化したものを「畿内型」と呼ぶ）などが採用され、新式群集墳として王権全域で盛行し、数基から数百基、稀には一〇〇〇基を超える数で群をなして造られた。

したがって、この段階には大王から山間島嶼の有力家長まで、埋葬施設は基本的には横穴式石室（あるいは類似の横穴）となり、古墳は石室の規模でも格差づけられた。最大のものは見瀬丸山古墳の石室で、全長二八・四、玄室長八・三、幅四・一、高さ四・五メートル以上を測る。巨石で有名な奈良県明日香村石舞《いしぶ》台《たい》古墳の石室を一回り大きくした規模である。

同時に、大王墳以外の古墳が円墳化しだしたとなると、大王墳は前方後円墳、その他は円墳という方向性が整い、大王墳以外は単一墳形・単一埋葬施設とし規模により格差づけという中国的墓制が目指された可能性がある。しかし、それは実現せずに古墳時代は終わった。

古墳にみる民衆政策

いずれにしても、この過程で王権の力は強大化し、大王は隔絶した存在となり、首長層は官僚的性格を強め、民衆である共同体構成員は王権の直接的支配をより一段と強く受けるようになったと推測される。ここに、首長連合体制は解体され、新たに、より中央集権的な国家体制が発足したものと考えられる。群集墳の出現は国民の誕生とも言うべきものであった。

この時期に横穴式石室が急速に普及した理由は、単に新しい埋葬施設が流行したからというわけではない。この埋葬施設が王権の進める民衆政策、言いかえれば、有力家長夫婦を中心に民衆を王民化（公民化）する政策に合致したからにほかならず（153頁）、王権が横穴式石室の普及を促したと考えられる。中心となったのは畿内的石室、特に畿内型石室であった。

そこで、後期古墳の儀礼については、まず畿内的石室をもつ古墳を中心に述べ、性格に差のある九州的石室の古墳の儀礼については、それとの対比という形で取りあつかう。

2　横穴式石室の導入——儀礼の変容

①槨から室へ

さて、横穴式石室や横穴など「横穴系の室」は、「竪穴系の槨」と、どのように異なる特徴をもつのであろうか。まず、石を組んで造った横穴式石室は、棺を納め儀式を行う部屋のような空間である玄室と、玄室から墳丘外へ至る通路である羨道とからなる点に最大の特色がある。また、横穴は丘陵の斜面に横から石室同様の空間を穿ったもので、地下式横穴は深さ二メートルほどの竪坑の底から横方向に同様の空間を穿ったものである。

つまり、「槨」では死者を埋葬すると生者（参列者）はその内部空間に立ちいることができなかったのに対し、「室」では埋葬後も生者が死者の空間である玄室内に入ることができるようになったのである。そして、羨道を通じ時間を違えて遺体を順次埋葬する「追葬」（異時合葬）も可能になった。

この埋葬施設の根本的な変化は古墳の儀礼にも大きな変化を与えることになった。

②古墳づくりの変化――墳丘先行型から同時進行型へ

まず、前方後円墳は本来的には埋葬施設として竪穴系の槨を前提として造られたもので、墳丘頂上部の平坦面に墓坑を掘り、内部に槨を営むという墳丘先行型の方法で造られ、それに応じた儀礼の手順が整えられてきた。しかし、横穴式石室の場合は、深い墓坑を持つ九州の初期の若干例を除けば、たとえば石室の石を積んではその背後に石の高さ分だけ土を盛るというように、石室の構築と墳丘の築造とは同時に並行して行われた(同時進行型)。そして、原則的には、羨道を通って遺体を玄室内に運びいれ儀礼を行ったのである。

ただ、類例は多くはないが、いくつかの大型家形石棺を納める石室では、羨道幅が狭く、幅広で重量のある石棺を運びこみ、所定の位置に配置することが困難と思われる例もある。その場合は、石室を造る初期の段階に石棺を設置し、遺体を納め、その後に石室と墳丘を造った可能性も考えられる。これは、前・中期の竪穴式石槨と同様の、埋葬と石室の構築が同時に進行する手順であり、たとえば、石槨化した石室とはいえ奈良県桜井市艸墓《くさはか》古墳の石室などが、その例にあたる。

③登らない墳丘――他界表現の変化

横穴式石室では生者が墳丘外から羨道を通って死者の世界である玄室内に入れるようになっ

たことで、儀礼の内容や手順や場所などが大きく変化した。

まず、葬儀への参列者は墳丘に登る必要がなくなった。そのためもあってか、墳丘頂上部への意識が薄れ、頂上部での他界の表現は徐々に形骸化した。ただ、埴輪で他界を表現する習慣は前方後円墳が造られなくなるまで存続した。和歌山県和歌山市寺内一八号墳（二九）の後円部頂上には、後期中葉後半になっても、いまだ方形埴輪列が設けられていた。

これに対して、横穴式石室では墳丘の側面に羨道の出入口（羨門《せんもん》）が設けられたため、そこが重視されるようになり、それまでは主に外堤などに置かれていた人物・動物を中心とした埴輪群の配置に大きな影響を与えることになった。

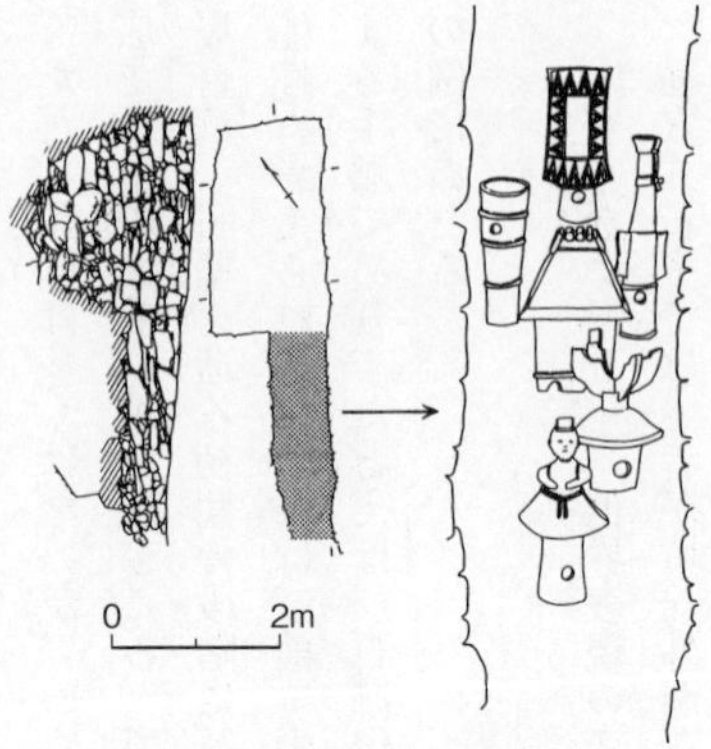

図5–1　勢野茶臼山古墳羨道部の埴輪

一つは奈良県三郷町勢野《せや》茶臼山古墳（四〇、後期中葉）などの例で、この古墳では後円部に葺石、埴輪があるだけではなく（墳頂部には他界表現があるものと思われるが未調査）、石室の羨道部の閉塞石《へいそくせき》外側に盾、大刀、円筒、家、蓋、女性の埴輪が外向きに立てられていた（図5–1）。これまでになかったまったく新しい場所に、それも遺体に寄り添うような位置に、最小限必要な

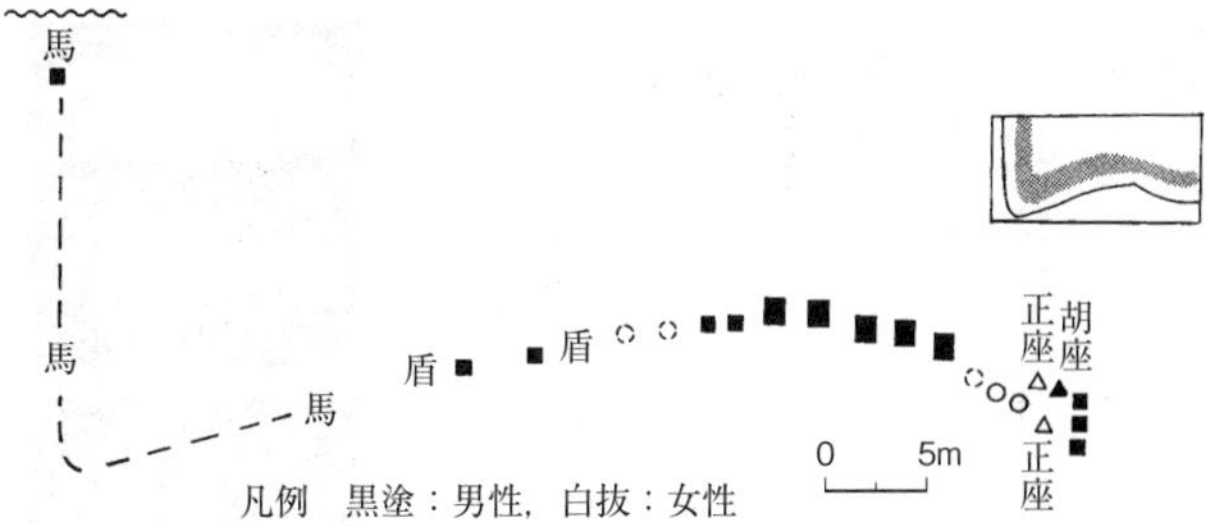

図5-2　人物・動物埴輪の列状配置(綿貫観音山古墳)

埴輪の種類のみが各一例ずつ立てられたのである。

もう一つは、後期に人物・動物を中心に埴輪が盛期を迎えた関東に多い例で、埋葬施設が槨の段階では、それらは主に前方後円墳の外堤や帆立貝墳の前方部などに「群」(塊)状に置かれていたが、石室の採用以後は、群馬県高崎市綿貫観音山古墳のごとく、墳丘側面に開口する石室の出入口に合わせて「列」状に置かれるようになったことである(図5-2。91頁図3-12参照。この古墳の後円部頂上からは家、盾、円筒、鶏形土製品、須恵器などが、前方部頂上からは家、円筒、須恵器などが出土。少し崩れてはいるが本来の他界表現が残っていた)。同様な墳丘側面の列状配置は畿内の大阪府高槻市昼神《ひるがみ》車塚古墳(五六、後期中葉)などにもある。埴輪配列の群から列への変化は古くから指摘されていたが、それは埋葬施設の種類と深く関係していたのである。

④土器の副葬——新たな石室内食物供献儀礼

生者が羨道を通じ玄室へ入るようになって出現した現象は他

図5–3　須恵器の杯に残されたハマグリ（東国山1号墳）

にもある。その一つは、畿内の横穴式石室においては、副葬品である鏡、玉、武器・武具、馬具、農工具とは別に、前・中期の竪穴系の槨ではまったくなかった数多くの土器類が納められるようになったことである。器種は、須恵器では蓋杯《ふたつき》、高杯、壺、𤭯《はそう》、器台など、土師器では高杯、壺など、いわゆる供膳《きょうぜん》用の土器が中心で、原則として煮沸用の土器は含まない。中には蓋杯の杯やその蓋に魚の骨やハマグリ・カラスガイの貝殻などといった食物の痕跡が残っている場合がある（図5–3）。それは葬儀の参列者（生者）が玄室内に入り死者に飲食物を供献し、最後の別れをしたものと理解される（食物の調理は石室外で行われたと推定される）。

　埋葬終了時に生者（参列者）が土器に飲食物を入れてお供えする飲食物供献儀礼といえば、古墳前期にも墳頂部や造出で行われたが（墳丘上食物供献儀礼）、それは前期後葉から中期にかけて小型土器や土製品として仮器化し埴輪化した。その点を考慮すると、横穴式石室内で参列者が行った飲食物供献は、類似の行為ではあるが、新たに横穴式石室の伝来とともに伝わった可能性も考えられる。ここでは、この儀礼を「石室内食物供献儀礼」と呼ぶことにする。後述の畿内的石室に通有とされるこの儀礼の系譜については、中国の墓制を概観した後に、畿内的石室の系譜とともに改めて検討したい(263頁)。

⑤追葬と夫婦合葬

前述のように、横穴式石室や横穴では追葬が可能となったため、発掘では、条件が良ければ一つの石室からは三、四体、多い時には一〇体前後の人骨が出土する。

そこで、田中良之らは、同一墳や同室内の出土人骨の親族関係を知るために、歯冠計測値を比較して以下の指摘を行った。すなわち、同一古墳複数埋葬の被葬者は、三世紀から五世紀後半までは兄妹や姉弟などの、配偶者を含まない、一世代限りの組合せであったが、五世紀後半に強い父系イデオロギーが流入した結果、五世紀後半以後は二世代構成で、家長である第一世代の成人男性と家長を継承しなかった子の組合せとなり、六世紀前半以降には二世代構成で第一世代が夫婦と推定される成人男女の組合せとなるというのである。

横穴式石室出土の人骨例が少ない現状では、この指摘はいまだ仮説と言うべきかもしれないが、考古学的現象ともよく合致している。特に夫婦が合葬されだす時期は、新式群集墳が急激に発達しだす時期であり、王権が有力家長層を夫婦単位で掌握しだすと考えられる時期だからである(147頁)。夫婦合葬、畿内的石室の定型化、新式群集墳の普及は王権による民衆支配政策と合致したものであった可能性が高い。

3　二系統の横穴式石室――九州的石室と畿内的石室

では、埋葬施設の槨から室への変化は、他にどのような変化を葬制にもたらしたのだろうか。以下では、より具体的に石室の実態・系譜・使用している棺などについて検討を加えよう。

さて、横穴式石室のような室（玄室）と羨道をもつ横穴系の埋葬施設は古代中国において槨の進化形として出現し、朝鮮半島を経由して日本列島へと伝わってきた。戦後間もない頃より、この石室には形態や構造の違いから九州的なものと畿内的なものがあると指摘されてきた。それを踏まえると、各地の石室は九州的石室と畿内的石室、および両者の要素と地域的要素が混じった複合的な石室とに分けられる。言いかえれば、九州的要素と畿内的要素のどちらが主体を占めるかで二分できるのである。また、横穴は基本的には九州的石室の影響を強く受けたが、畿内など一部の地域では地元の石室の影響も受けたとみられる。

なお、図5-4のように、羨道幅は玄室幅より狭い場合が多く、両者の接合部では壁がほぼ直角に折れ曲がる。考古学ではこの部分を「袖《そで》」と呼んで、「左片袖式」、「右片袖式」、「両袖式」、「無袖式」と分類するが、ここでは石室の入口から見ての左右とする。その方が、玄室の「前壁」（羨道側）と「奥壁」や、玄室が前後二室の場合の「前室」と「後室（奥室）」など、呼称が統一した視点からのものとなるからである。また、天井の形態に関しては、中国、半島の本格的なものはドーム「形」などとし、列島の擬似的なものはドーム「状」などとした。

①九州的石室の伝来

伝来　列島の社会に最初に横穴式石室が入ってきたのは九州北部の玄界灘沿岸で、畿内よりは一〇〇年ほど早く、中期前葉（四世紀後葉）のことであった。最初期の例としては佐賀県唐津市谷口古墳（九〇）の東・西石室、福岡県福岡市老司《ろうじ》古墳（七六）の三号石室、同市鋤崎《すきざき》古墳（六二）の石室などの単室の石室が知られているが、いずれも後円部の頂上から墓坑を掘ってその中に造られており、石室を造るにあたっては前代の竪穴式石槨を造る手順（墳丘先行型）で対処した結果と推測される。ともに板石積みで幅広の竪穴式石槨の短辺上部に短い羨道を付けたような「竪穴系横口式石室」の初現的な形態で、細部の構造には個々に差があり、いまだ定型化はしていなかった。後述のように、九州的石室は開かれた棺をもつ開かれた室（以下、「開かれた棺・室」とする）であることが特徴だが、谷口古墳の二つの石室には、いまだ旧来からの閉ざされ

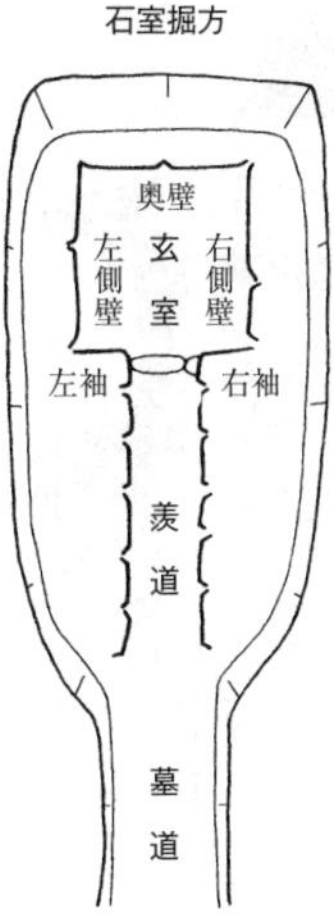

図5-4　横穴式石室の部分名称

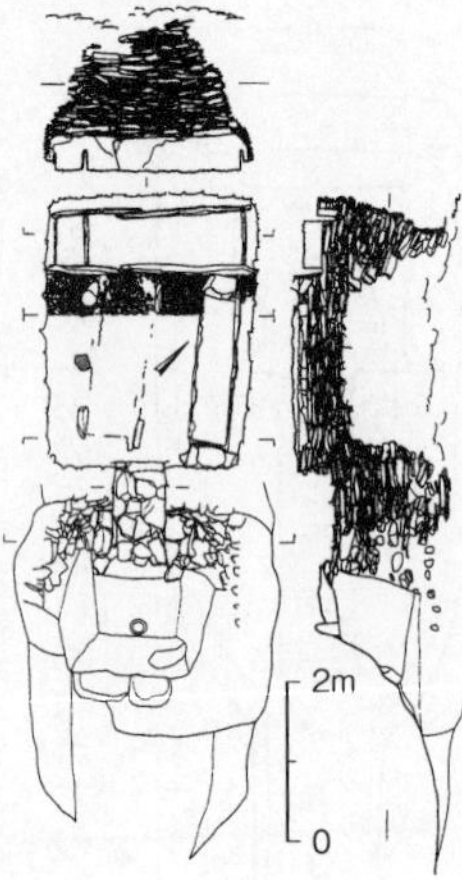

図5-5　鋤崎古墳の横穴式石室

た棺である組合式石棺が納められていた。

その中で、最も注目されるのは鋤崎古墳の石室(図5-5)で、板石積みの玄室は平面形が幅広長方形(長三・四、幅二・七メートル、長/幅比一・三。以下、「比」と表記する)で、側壁の持ち送りが強く、横断面は台形状で天井石は三石。擬似ドーム天井と推定される。両袖式で短辺側の中央に短い羨道と竪坑状墓道が付き、閉塞は羨道入口に立てた大型の板石を中心に行っている。三体の埋葬があり、一体は奥壁沿いの板石囲い(蓋のない箱式石棺)、一体はその右側前の蓋や底のない囲いだけの土製棺、他の一体は左側前の配石や礫の凹みからの推測である。

この幅広長方形で横断面台形状の玄室の短辺中央に羨道が付き板石で閉塞する構造の石室は、その後も引きつづき造られ「北部九州型」と呼ばれる石室となった。また、玄室床面を板石などで区切って、奥壁と左右両側壁に沿って三つの屍床(遺体を置く床)を設ける床面分割法は、中期中葉以後の熊本県を中心に発達した、玄室が平面方形でドーム状(穹窿《きゅうりゅう》状)天井をもつ「肥後型」石室(両袖式・板石閉塞)にも受けつがれた。いずれも最初から追葬を念頭に置いた床面の利用法である。

また、初期の石室を小型化したような、いわゆる「竪穴系横口式石室」も普及したが、この石室は比較的小型の古墳の埋葬施設として利用された。なお、現在は石室の研究が進展し、より多くの地域型が設定されている。

特徴と広がり

ところで、古くから指摘されていることだが、九州的石室の大きな形態的特徴は、単室で平面形が幅広長方形〜方形の玄室に、ドーム状、ないしはそれに近い天井が多いことである。これは、同じ単室でも畿内的石室の玄室が縦長長方形で平(水平)天井であるのと対照的である。この差の意味は、中国の室墓を概観した後に、改めて検討を加える(253・263頁)。

また、構造的には両袖式で、玄室の入口(玄門《げんもん》)が門構造になっていて、そこに板石を立てて閉塞する点に特徴がある。門構造は玄門の内側に突きでるように立てられた門柱石《もんちゅうせき》と、その上に渡された楣石《まぐさいし》と、下に置かれた敷居石(閾石《しきみいし》)とからなる。これに対し、畿内的石室では門構造はなく、羨道の途中に石や土を積みあげて閉塞する。

九州的石室は、後述の、渡来人が直接係わったと推測される初期の畿内的石室とは異なり、地元の人が、追葬可能な新しい墓制である横穴式石室を真似て伝統的な竪穴式石槨の造り方で造りはじめた可能性が高い。先に挙げた三つの石室に土器の副葬がないのも導入期の畿内的石室とは異なる。

なお、九州的石室は中期の間は主に九州内で造られたが、中期中葉頃からは徐々に広がり、後期以後は、畿内を含め、西日本を中心に各地で造られた。構造的には後期前葉後半に、「石屋形《いしやかた》」と呼ばれる屋根付の屍床施設や、前後二室の複室構造の石室が出現したのが注目される（268頁）。また、各地に広がったものから紀伊（和歌山県）の岩橋《いわせ》型横穴式石室や出雲（島根県東部）の石棺

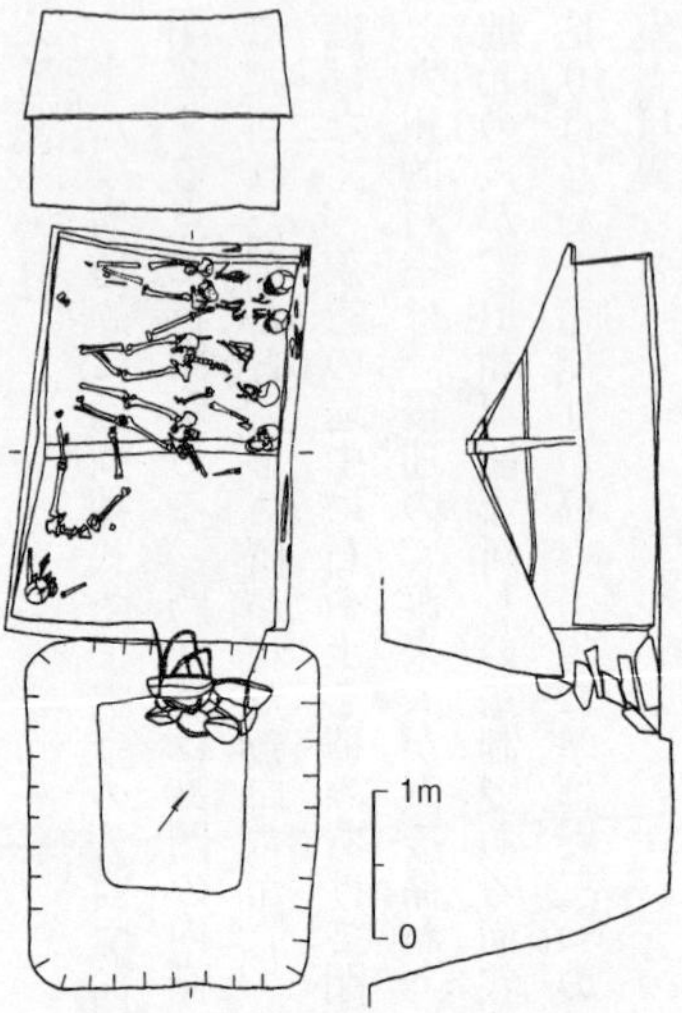

図5-6　地下式横穴（立切63号地下式横穴）

式石室など地域色ある石室も生まれた（167頁図5-14）。しかし、王権の政策と深く係わり葬制全体に大きな影響を与えたのは畿内的石室であった。

地下式横穴と横穴

同じ横穴系の埋葬施設である横穴や、宮崎県南部から鹿児島県東部に分布する地方色の強い地下式横穴（図5-6）は、横穴式石室の伝来以後に石室の影響を受けて造りだされたと考えられてきた。しかし、近年の調査の進展により、地下式横穴の出現は横穴式石室の出現とほぼ同時期の中期前葉にまで遡ることや、その初期の段階から各種の墳

丘を伴う例があることが明らかになってきた。形態は多様で時期差や地域差があるが、玄室平面形は横長や縦長の長方形で、左右片袖・両袖式があり、天井には平・屋根(家)・アーチ状などがある。

一方、横穴は福岡県東部から大分県北部の瀬戸内海沿岸で中期後葉から後期前葉頃に造られだし、偏在性が強いものの、最終的には東北南部にまで広がった。玄室平面形は　出現期は丸みを帯びた横長・縦長の不整形なものだったが、やがて九州的石室の影響を受け、横長・縦長の多少の差はあるものの方形で両袖式のもの(184頁図5−20)が基本となり、やや長さのある玄門部を経て、羨道、そして墓道や前庭へと繋がる。玄室の天井にはドーム・アーチ・屋根(家)形などがある。九州的石室に似て複室構造のものも出現した。床面には玄室の奥壁沿いや左右の側壁沿いに屍床が設けられる場合が多いが、稀に棺を造りだしている。各種の墳丘をもつものがあるが、後半期にはほとんど墳丘はもたない。

横穴の被葬者には、時には首長クラスが推測できる例もあるが、大半は群集墳とほぼ同じレベルか、より低いレベルの者が推測される。ただ、横穴式石室と横穴の使いわけの仕方はよくわかっていない。群を構成する場合、多くは横穴だけで群を構成した。最近、その起源については、横穴式石室ではなく、地下式横穴にあるとする見解が強まっている。

②畿内的石室の伝来

三類型　一方、畿内では横穴式石室は中期後葉～後期前葉頃(五世紀中～後葉)に造りだされた。いずれも単室だが、系譜関係を議論するには以下の三類型で捉えるのがわかりやすい。

その一は、現状では最古とされる中期後葉のもので、大阪府藤井寺市藤の森古墳(円墳、二四)の板石積み石室(図5–7)である。玄室は平面形が縦長長方形(長三・五、幅一・五、比二・三)、類アーチ状天井。左片袖式で釘付組合式木棺をもつ。類例は後期前葉の奈良県葛城市寺口忍海D二七号墳(円墳、一七)の塊石積み石室(長三・四、幅一・七、比二・〇)などである。藤の森型石室とする(比約二以上)。

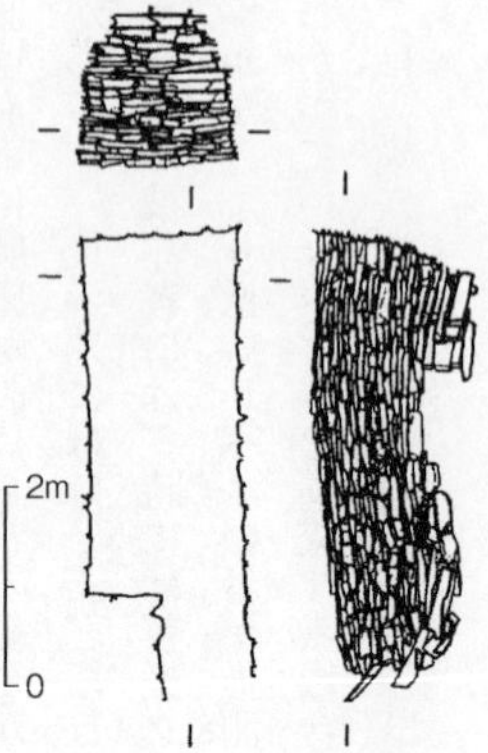

図5–7　藤の森古墳の横穴式石室

その二は、後期前葉に目立つ板石や扁平石積みの石室で、玄室は幅広長方形～方形で、類ドーム～ドーム状天井。左片袖式で多くが釘付組合式木棺をもつ。類例は大阪府柏原市高井田山古墳(円墳、二二。長三・七、幅二・三、比一・六。図5–8)、大阪市長原七ノ坪古墳(帆立貝墳、二四。長三・六、幅二・五、比一・四)、奈良県平群町宮山塚古墳(円墳、二〇。長四・二、幅二・九、比一・四)、桜井市桜井公園二号墳(不明、長二・九、幅一・九、比一・五)、滋賀県大津市大通寺四一号墳(不明、長三・五、幅二・二、比一・六）などである。高井田山型石室（比一・六〜一・〇前後）とする。

その三は、これらに続く後期中葉前半以後の厳密な意味での定型化した「畿内型石室」である。初期の例として奈良県高取町市尾墓山古墳（六六。図5−9）を取りあげると、奥壁に若干変異があるものの、塊石積みの石室は玄室が縦長長方形（長五・九、幅二・五、比二・四）、平天井。左片袖式で内部に家形石棺を納める。また畿内型石室の主流となる両袖式石室の古い例では高取町市尾宮塚古墳（円墳、四七）があり、塊石積みで玄室は縦長長方形（長六・二、幅二・五、比二・五）、平天井。両袖式で刳抜式家形石棺を納める。豊富な副葬品で知られる奈良県斑鳩町藤ノ木古墳（円墳、四八。163頁図5−10）はその後期後葉の典型例である。

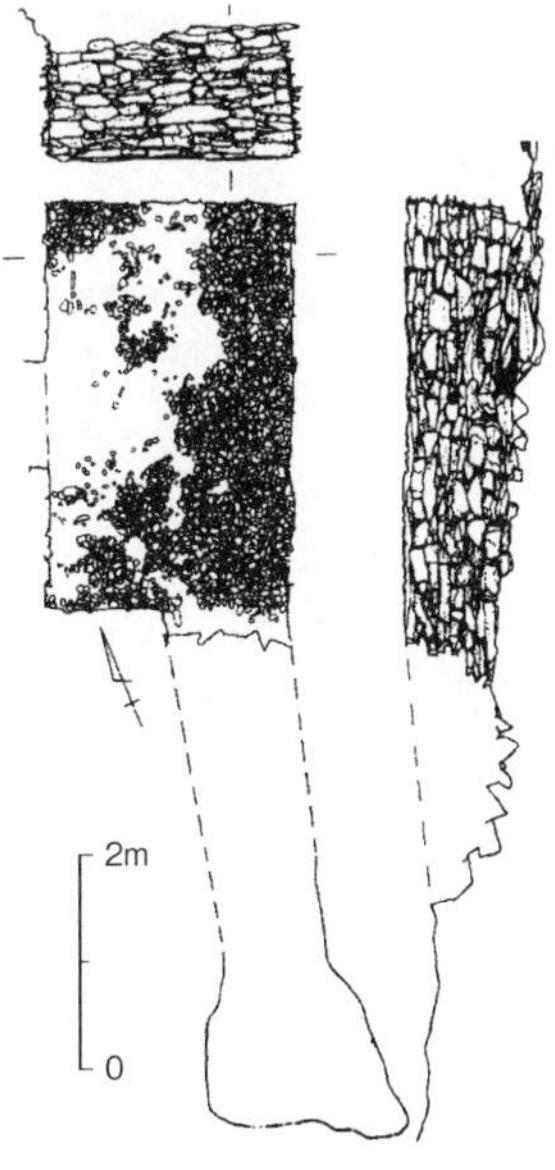

図5-8　高井田山古墳の横穴式石室

箱形化する石室

したがって、広い意味での畿内的石室の祖型としては縦長長方形単室で類アーチ状天井の藤の森型と、幅広長方形〜方形の単室で類ドーム〜ドーム状天井の高井田山型の二種類があることになる（系譜については253・263

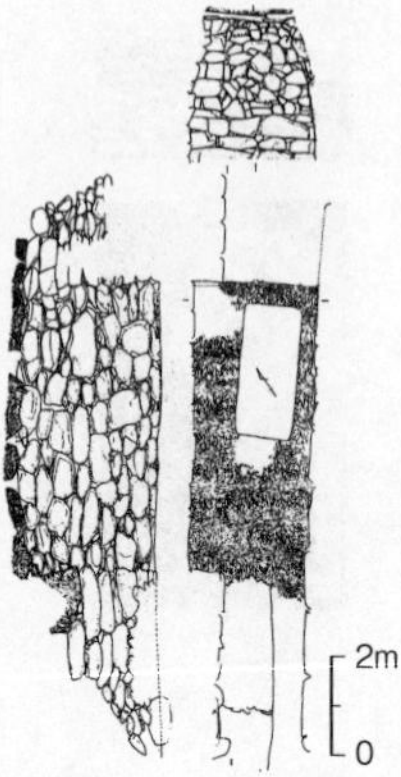

図 5-9　市尾墓山古墳の横穴式石室

頁)が、構造的には、後に定型化した畿内型石室が縦長長方形(比二以上)を基本とすることを重視すると、畿内的石室は藤の森型を基礎に発展したものと考えられる。後述のごとく、閉ざされた棺・室では天井はドーム状である必要はなく、塊石積みではアーチ状天井から転じた平天井の方が安定して造りやすかったとも言える。両袖式が出現し、石材がさらに大型化すると、壁の持ち送りが減り、玄室はますます縦長長方形の箱形となった。九州的石室のような玄門で、板石によって閉塞するための門構造はなく、閉塞は羨道中央で石と土を積んで行われた。

棺としては、祖型となった石室の段階で釘付組合式木棺が、定型化した段階で家形石棺が出現する。また、副葬品とともに須恵器(多)と土師器(少)が石室内に入れられるようになり、高井田山型の一部ではミニチュア炊飯具も副葬された(267頁)。初期の九州的石室とは異なり、初期の畿内的石室の築造には百済系の渡来人が直接係わった可能性が指摘されている。

以上のように、九州的石室と畿内的石室の間には少なからず時間的・形態的・構造的差が認められる。しかし、より大きな違いは両石室の内部空間の認識や遺体の認識の違いにあった。次には石室内部に置かれた「棺」からその違いと意味について検討しよう。

4　閉ざされた棺と開かれた棺

①畿内的石室の棺(密封型)

棺は遺体を保護するものだと考えている人にとっては、密封型の棺がなじみ深い。その意味では、畿内的石室で後期中葉から飛鳥時代前半にかけて盛んに用いられた家形石棺が密封型なのは理解しやすい(図5-10)。棺身の厚さは二〇センチ前後もあり、蓋は重さ二トンほどもある。この石棺は九州中西部の屋根形をした蓋をもつ舟形石棺(屋根形棺蓋舟形石棺)の影響を受けて、

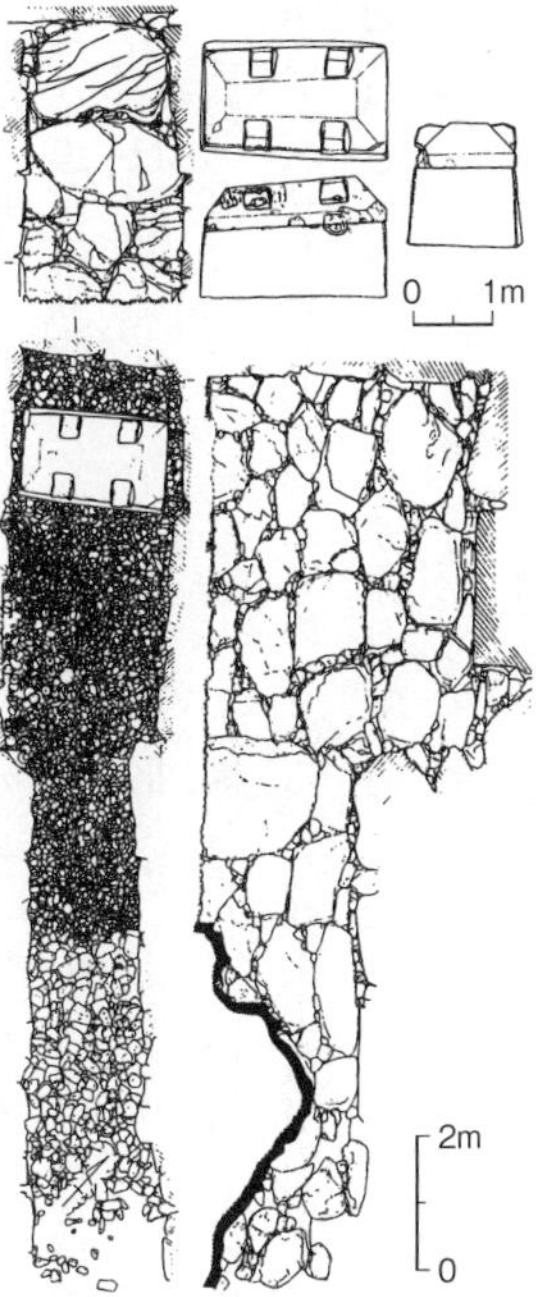

図5-10　刳抜式家形石棺のある畿内的石室(藤ノ木古墳)

畿内や兵庫県南部の播磨で造りだされたもので、床が平らな石室内に置かれたことによって棺身は稜線が直線的になり箱形化した。家形というのは蓋が屋根形のためで、屋根の頂部にある平坦面は時間とともに広くなり、箱形に近いものも現れた。

また、釘付組合式木棺は畿内での横穴式石室の導入とともに伝わった木棺で、木板を鉄釘で組みあわせた長方形箱形のものである。高井田山古墳の東棺では厚さ七〜九センチ余りの木板を、長さ一五〜一八センチ余りの鉄釘二〇本を使って、蓋も含めて、接合していた。この型式の木棺は後期中葉以降に広がるが、棺に偽門《ぎもん》や横口はなく(214・223頁)、やはり密封型の棺であった。同時期の陶棺なども同様で、畿内で用いられた棺は弥生時代以来一貫して密封型の棺であった。

②九州的石室の棺(開放型)

棺の種類　では、九州的石室の棺はどうだったのであろうか。驚いたことに、九州の石室には、ごく初期の僅かな石棺例を除けば、密封型の棺はないのである。そこでは、基本的に遺体を置く床である「屍床」が棺の役割を果たした。そして、屍床を囲い、区切り、覆う施設には、板石を組みあわせた何種類かのものがあった。

A1類（仕切石《しきりいし》型）　玄室床面を、板石を立てた仕切石で区切ったもの。蓋のない箱式石棺のようなものもある（156頁図5―5）。

A2類（石障《せきしょう》型）　玄室床面の四周を板石で囲ったもの（「石障」と呼ぶ。図5―11）。内部を仕切板で区切る場合が多い。

A3類（石屋《いしや》形《かた》型）　屍床を覆う棺の身の長辺側に横口が付くもの（「石屋形」と呼ぶ。口絵図2b・図5―12）。蓋が屋根形のものは平入横口式家形石棺とも呼ぶ。

A4類（石枕型）　玄室床面に石枕を置くもの。

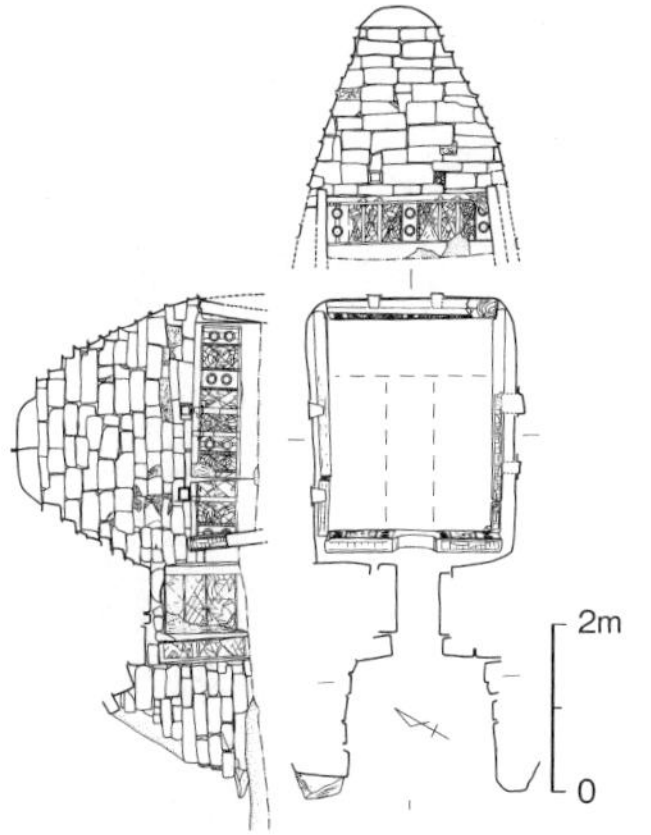

図5-11　石障のある九州的石室（井寺古墳）

B類（妻入横口式家形石棺）　家形の棺の身の短辺側に横口が付くもの（図5―13）。

九州的石室では以上のような屍床を基本とした遺体安置施設が発達した。開放型の棺と言うことができる。

ただ、B類は狭い石室内に置かれると棺内が室内のようになり、横口には閉塞装置が付く。そのため、後期には、棺を直葬し、横口

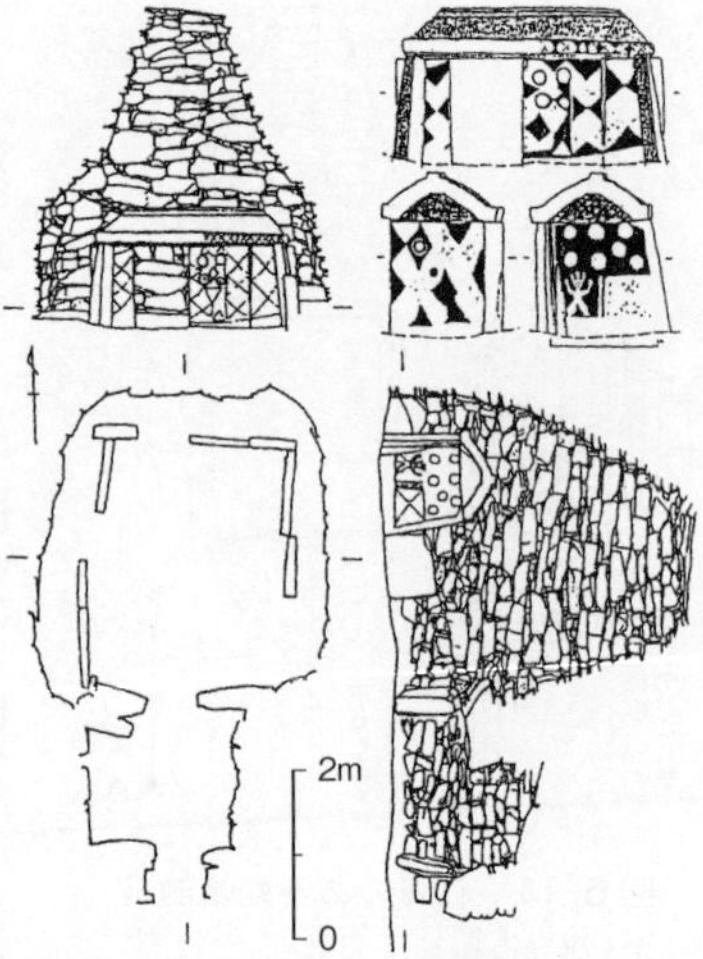

図5-12　石屋形のある九州的石室(チブサン古墳)

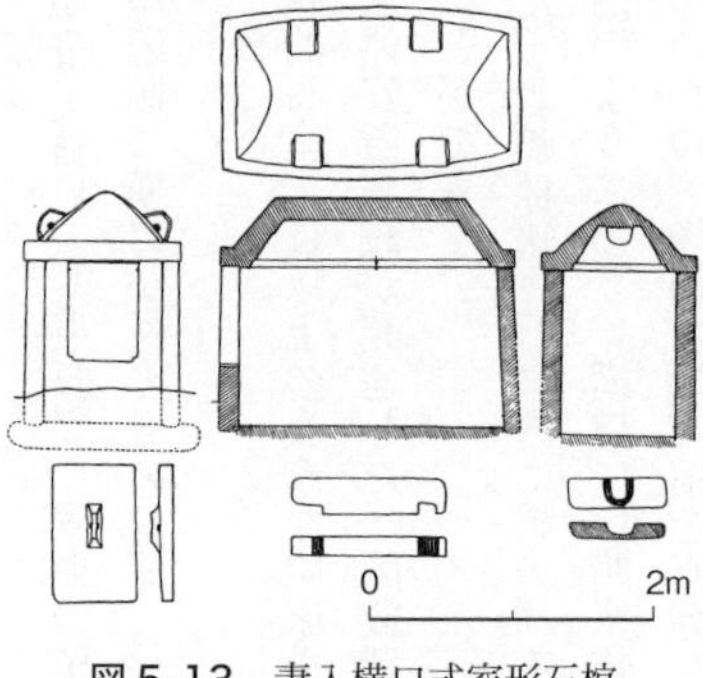

図5-13　妻入横口式家形石棺(浦山古墳)

に羨道を付け石室のように使われる場合(棺の石室化)が出てきた。後述の出雲の石棺式石室はその延長上に出現する。

岩橋型横穴式石室と石棺式石室

九州的石室の強い影響を受け、屍床を中心とした開放型の棺をもつ地方色の強い一群の石室がある。一つは、島根県東部を中心とする「石棺式石室」である(図5-14a)。石室自体が大型の石棺のようで、各部材は一枚の凝灰岩製板石からなり、玄室は平面形がほぼ方形で、側壁の一つに方形の穴を刳りぬき、横口とし、その前に羨道を付設する。内部は仕切石などで屍床を設け、板石で閉塞する。九州的石室の影響が強く開放型の棺を用いるが、天井石が畿内的家形石棺の蓋と似ている点などは畿内との関係も見てとれる。なお、この石室の分布地域は後述の黄泉国《よみのくに》訪問神話の舞台となった地域と重なる点に注目したい（173頁）。

もう一つは和歌山県紀ノ川下流左岸の和歌山市岩橋《いわせ》千塚《せんづか》古墳群を中心とする「岩橋型横穴式石室」である（図5-14 b）。結晶片岩の板石を用いて造られた。初期には畿内の高井田山型石室の影響も見られたが、定型化したものは玄室の平面形が幅広長方形、横断面が台形の高い天井をもち、両袖式の玄門には門構造があり、板石で閉塞された。奥壁に沿って仕切石で屍床が設けられ、その上に石棚《いしだな》や石梁《いしはり》と呼ばれる構造物がある。石棚は九州的石室と類似のもので、一部の石室には石障も見られる。

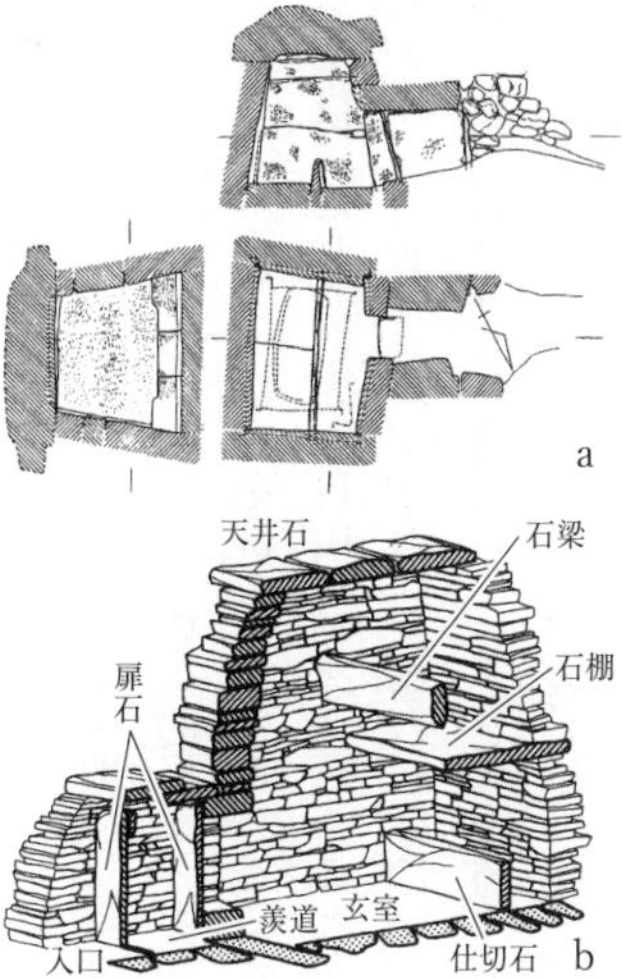

図5-14　石棺式石室と岩橋型横穴式石室(a 古天神古墳，b 模式図)

③棺の性格の差

死者は永遠に眠るか、蘇るか

では、棺の密封・開放にはどのような違いがあるのであろう。この問いに対し、私は、観念的なことだが、密封型の棺では、死者は棺の中に密封され玄室内を自由に動きまわることができないのに対し、開放型の棺では、死者は棺を抜けだし玄室内を自由に動きまわることができる点に大きな違いがあると理解する。言いかえれば、前者では、死者は永遠の眠りにつく、あるいは消滅すると考えられたのに対し、後者では死者は蘇《よみがえ》り室内を自由に動きまわると考えられたのである。

そこで、密封型の棺を死者に対して「閉ざされた棺」、開放型の棺を死者に対して「開かれた棺」と呼ぶことにした。また、前者を置く石室を「閉ざされた石室」、後者を置く石室を「開かれた石室」とした(以下では閉ざされた棺・室、開かれた棺・室とする場合がある)。

畿内的石室と九州的石室の違いについては、これまで形態や構造の差が盛んに議論されてきたが、両者の間には石室空間の認識に、ひいては人の死にまつわる死生観・他界観に大きな違いがあったのである。そして、それが石室や棺の形態や構造に差が表れる要因ともなっていたのである。

たとえば、かつて小林行雄は畿内と九州の家形石棺の形態の変化を比較して、畿内の家形石棺が徐々に箱形化していくのに対し、九州のそれはいつまでも家形の形態を保つことを指摘した。ここでその理由を説明するなら、遺体を入れ保護する箱でよかった畿内の家形石棺と、死者の家であることが期待された九州の家形石棺の違いということができる。

さらにいえば、畿内的石室では玄室自体も変化した。平面縦長長方形の玄室が、石材の巨石化によって壁面の持ち送りが減り、垂直化し、平らな天井と相俟って箱形化していったのである。閉ざされた棺をもつ閉ざされた石室は箱形の「槨」のようになっていったのである。一方、九州的石室や横穴に見られるドーム状の天井は本来は天空を表していた可能性が高く、一部の装飾古墳では上部に星が描かれるようになった(182・270頁)。

他界観の継続

以上のような現象から判断すると、畿内では後期に横穴式石室が導入されたとしても、人びとの霊魂観や他界観にはあまり大きな変化はなかったものと思われる。形骸化しつつあったとはいえ、葺石や埴輪による墳丘上の他界表現も前方後円墳の終焉まで存続した。石室が普及し、人びとがその中に入り、石室内食物供献儀礼を行い、追葬を行うようになっても、前・中期の竪穴系の槨の時代の心情は根強く残っていたのであろう。

一方、九州的石室では最初から開かれた棺が用いられた。その時点で死者が石室内で暮らしているという意識がどの程度あったかは、後に石室や棺の装飾から検討したいが(269頁)、少なくとも人物や船や馬が描かれるようになる後期中葉以後には、死者は石室の中で蘇り暮らしていると観念された可能性が強い。その意味では石室内は他界だと言うことができる。しかし、その時でも墳丘上では埴輪や石人・石馬によって他界は表現されていた。想像をたくましくすれば、石室内の他界は墳丘上の他界と繋がっていたのだろう。

5　横穴式石室と黄泉国訪問神話

①神話の内容と舞台

『古事記』の筋書き

では、死者が暮らしている世界とはどのような世界なのだろう。幸いなことに、列島に残された『記紀』には、イザナキノミコトとイザナミノミコトの国生み神話の後に続く、イザナキノミコトの黄泉国訪問神話としてその世界が記されている。この神話に関しては、戦前以来、考古学や国文学で取りあげられ、横穴式石室反映説や黄泉国洞窟説や殯説などが相互に絡みあいながら議論されてきた。しかし、いずれも横穴式石室の内部空間の理解については議論すらされてこなかった。そこで、ここでは話の舞台装置に注目しつつ、『記』の話の筋書きを追ってみよう(……は引用者による省略)。

①イザナミ神は、火の神を生みしによりて、つひに神《かむ》さりましき。……②ここにイザナキノミコト詔《の》りたまひしく、「愛《うつく》しき我《あ》が那邇妹《なにも》の命《みこと》を、子の一つ木《け》に易《か》へつるかも」と謂《の》

りたまひて、乃《すなは》ち御枕方《みまくらへ》に匍匐《はらば》ひ、御足方《みあとへ》に匍匐ひて哭《な》きし時、……③其の神さりしイザナミ神は、出雲国と伯伎国《ははきのくに》との堺の比婆《ひば》の山に葬《はふ》りき。④ここに其の妹《いも》イザナミノミコトを相見《あひみ》むと欲《おも》ひて、黄泉国《よみのくに》に追ひ往きき。ここに殿《との》の縢戸《とざしど》より出で向かへし時、イザナキノミコト語らひ詔りたまひしく、「……故《かれ》、還るべし」とのりたまひき。ここにイザナミノミコト答へまをししく、「悔しきかも、速《と》く来ずて。吾《あ》は黄泉戸喫《よもつへぐい》しつ。……故、還らむと欲ふを、しばらく黄泉《よもつ》神と相論《あげつら》はむ。我をな視たまひそ」とまをしき。かくまをして其の殿の内に還り入りし間、いと久しくて待ちかねたまひき。⑤かれ、左の御美豆良《みみづら》に刺せる湯津津間櫛《ゆつつまぐし》の男柱《をばしら》一箇《ひとつ》取りかきて、一つ火《び》燭《とも》して入り見たまひし時、宇士多加礼許《うじたかれこ》呂呂岐弖《ろろきて》、……⑥ここにイザナキノミコト、見畏《みかしこ》みて逃げ還る時、……（逃走の描写）……黄泉比良坂《よもつひらさか》の坂本《さかもと》に到りし時、その坂本にある桃子《もものみ》三箇《みつ》を取りて……⑦最後《いやはて》にその妹イザナミノミコト、自ら追ひ来りき。ここに千引《ちびき》の石《いは》をその黄泉比良坂に引き塞《さ》へて、その石を中に置きて、おのおのむかひ立ちて、事戸《ことど》を度《わた》す時、……。そのいはゆる黄泉比良坂は、今、出雲国の伊賦夜《いふや》坂といふ。⑧ここをもちてイザナキ大神詔りたまひしく、「……穢《きたな》き国に到りてありけり。故、吾は御身《みみ》の禊《みそぎ》せむ」とのりたまひて、竺紫《つくし》の日向《ひむか》の橘の小門《をど》の阿波岐《あはき》原に到りまして、禊ぎ祓《はら》ひたまひき。

神話の筋書は、①イザナミノミコトの死、②殯での行為かと思われる話と所作、③埋葬、④イザナキノミコトの黄泉国訪問とイザナミノミコトとの対話、⑤イザナミノミコトの腐乱した死体の実見、⑥黄泉国からの逃走、⑦黄泉比良坂の閉鎖、⑧黄泉国からの脱出と禊、と続く。

②の、遺体の枕方や足方に腹ばいになって大きな声を上げて哭き悲しむ場面は、『記』の天若日子《あめのわかひこ》の死にともなう親族の泣き悲しむ様や、『魏志』倭人伝の「始め死するや停喪まで十余日、当時肉を食らわず、喪主は哭泣し他人は歌舞・飲酒す」とある殯の情景にほかならない。すなわち、この神話は①イザナミノミコトの死、②殯、③埋葬、④〜⑥イザナキノミコトの黄泉国訪問、そして逃走、⑦黄泉比良坂の閉塞、⑧黄泉国からの脱出と禊、と極めて順序だった筋書きで展開されている。したがって、④や⑤の場面も、決して殯の場などではなく、あくまで黄泉国での出来事として理解すべきものと言える。

黄泉国の空間

では、黄泉国の舞台装置を見てみよう。櫛や剣などの小道具を除けば、舞台の基本的な装置は、(一定の空間と)イザナミノミコトが出入りする縢戸のある殿(家)、逃走の通路、黄泉比良坂の坂本、通路を遮断する千引の石(大石)、および黄泉比良坂である。

そこで、この舞台装置の構造と実際の横穴式石室を比較してみると、出入口のある家や閉塞用の大石は畿内的石室にはない。しかし、典型的な九州的石室の一つである熊本県山鹿市チブサン古墳（四五、複室、後期中葉。166頁図5－12）の構造と比較すると、殿は後室にある平入横口式家形石棺に、逃走の通路は前室から羨道に、千引の石は閉塞用の板石（かつて存在）に相当する。すなわち、この話の舞台には、家形の「開かれた棺」をもつ後期の九州的石室が相応しいのである。神話が展開する出雲から竺紫（筑紫、九州）にかけての地域は、開かれた棺・室の分布地域でもある。

言いかえれば、黄泉国訪問神話は、石室の中で死者が蘇り生前と同じように暮らしていると観念された開かれた棺・室にまつわる一つの神話だったと言うことができる。

②開かれた棺と黄泉国

黄泉国の位置

開かれた棺・室といえば、後述のように、古代中国で「槨」から「室」が生まれた時の埋葬施設の最も基本的な考え方にほかならない。しかも、横穴式石室のもとになった中国の普遍的な室墓である塼室墓《せんしつぼ》や土《ど》洞墓《どうぼ》の構造は、「室」が地中深くにあり、長い傾斜のある墓道（傾斜墓道）によって地上と繋がっていた（225頁図6－20）。たぶん、この墓道が「黄泉比良坂」に相当し、その坂のふもとの「坂本」で口を開く羨道入口に閉塞石を置いたのであろう。黄泉国を地下に想定する意見は少なくないが、中国の「室」は地下に営まれるのが基本で、日本の「室」は基本的に地表か、より高いところに営まれている。死後に行く開かれた棺・室の世界こそが黄泉国の世界だったのである。
このように考えると、黄泉国訪問神話の原型は古代中国で作られ、開かれた棺・室とともに古墳後期の九州に伝わり、後に列島風に書きかえられた可能性が高い。

特異な神話、『古事記』

この神話は『記』では本文にあるが、『紀』では類似の話が「一書《あるふみ》に曰はく」として第六ほか二、三の異伝に記すのみである。畿内の奈良時代の知識人にとっては、なじみのない話だったかもしれない。

ただ、この神話は、死者が埋葬施設の内部で生けるがごとく暮らしている様子を記述した希有なものと言えるだろう。「殿」の内部に黄泉神や「千五百《ちいほ》の黄泉軍《よもついくさ》」などがいたとすれば、「殿」の向こうには、さらに他界が広がっていたに違いない。

なお、これまではこの神話をもとに、主に畿内的石室の玄室内の土器については「黄泉戸喫」の伝承や、羨道の閉塞石周辺の土器については「事戸を度す」の儀礼的行為との関係で説明されてきた。しかし、神話そのものが開かれた棺・室にまつわる話であるため、再検討が必要となるが、その結果は第七章の「石室内食物供献儀礼」(265頁)の項でまとめて述べる。

6 開かれた棺と装飾古墳

では、死者が暮らしているという開かれた棺・室の九州的石室にはどんな工夫がされていたのだろう。それを教えてくれるのが、九州的石室最大の特徴である古墳の装飾である。

装飾と死者の世界

今では古墳に描かれた絵といえば、まず、奈良県明日香村の高松塚古墳(円墳、二三)やキトラ古墳(円墳、一四)の横口式石槨の内面に描かれた極彩色の壁画を思いうかべるが、それらは前方後円墳が消滅してから一〇〇年近く経った飛鳥時代後葉(七世紀末〜八世紀初頭)のものである。しかし、日本の古墳ではそれより四〇〇年ほども前から線刻や浮彫や彩色で埋葬施設に文様や絵を施す習慣があって、「装飾古墳」と総称している。先の二古墳もその一部ではあるが、特別視して「壁画古墳」と呼びわけられる場合が多い。

一九九〇年代前半の集成では、九州から東北までの古墳・飛鳥時代の装飾のある石棺、陶棺、横穴式石室、横穴、地下式横穴などの数は五五〇基余り。大半は石室と横穴で、その半数以上の装飾は線刻のみである。しかも、その多くは盗掘を受け、線刻がいつ描かれたかがわからないものである。そこで、ここでは、浮彫・彩色を中心とした主要な装飾古墳を中心に扱い、石室や横穴の線刻例については必要に応じてのみ触れる。そして、概説の過程で、「閉ざされた棺」に由来する辟邪・密封的装飾と、「開かれた棺」に由来する他界的装飾を意識しつつ、それぞれの意味を検討したい。

分類

まず分類から入ると、装飾古墳は小林行雄により、装飾が施された埋葬施設の種類や場所によって次の四種類にわけられている。

石棺系　石棺の外面、時には内面に線刻、浮彫、彩色で装飾したもの。
石障系　石室床面四周の石障や仕切石に線刻、浮彫、彩色で装飾したもの。
壁画系　石室の壁面に線刻、彩色で装飾したもの。
横穴系　横穴の内側や外側の壁面に線刻、浮彫、彩色で装飾したもの。

①石棺系

分布と文様

石棺系は主に前・中期の竪穴式石槨に入れられたものや直葬されたものである。

多くはないが各地に分布する。前期後葉では大阪府柏原市安福寺《あんぷくじ》境内の線刻による直弧文《ちょっこもん》（直線と円弧を組みあわせた文様。本来は組帯《くみおび》的で立体的なもの）のある割竹形石棺の蓋（伝玉手山三号墳出土、一〇〇）、福井市小山谷古墳（円墳、不明）の浮彫による同心円文《どうしんえんもん》（鏡）、突帯のある舟形石棺、岡山県備前市鶴山丸山古墳（円墳、六〇）の浮彫による家、円文（一例は同心円文）、突帯のある舟形石棺（249頁図7−5）などが代表で、中期後葉では熊本県宇城市鴨籠《かもご》古墳（円墳、二四。図5−15）の線刻による同心円文、直弧文、梯子《はしご》状文（平行線に多数の横線を入れた文様）などのある屋根形の蓋をもつ舟形石棺などがある。

文様は棺の蓋や縄掛突起に線刻や浮彫で施されていて、円文・同心円文（鏡）、三角文、直弧文、帯状文（突帯）などがある。いずれも遺体を保護し、遺体に邪悪なものが寄りつかないように、寄りつき暴れださないようにするための辟邪《へきじゃ》的性格の強いものである。

なお、この種の文様は、直弧文を中心に、開かれた棺B類の妻入横口式家形石棺では、福岡県八女市石人山古墳（一二〇、中期中葉）や同県久留米市浦山古墳（帆立貝墳、六〇、中期後葉、166頁図5-13）のように、棺の内外で採用された。B類は狭い石室内に置かれた、横口に閉塞装置が付く棺であることから、棺内が石室のように見なされ、その内外が辟邪の対象になった可能性がある。

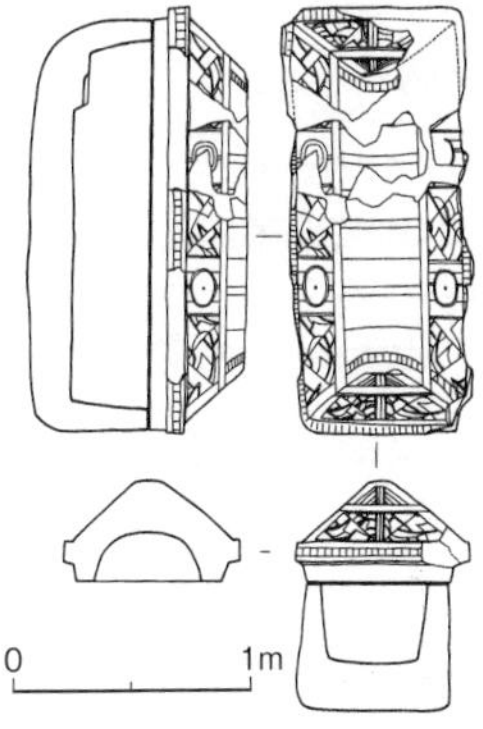

図5-15　鴨籠古墳の舟形石棺

舟形石棺と家の形象

なお、装飾古墳とはされていないが、九州の前期後半～中期の舟形石棺では屋根形の蓋のものが発達し、「屋根形棺蓋舟形石棺」と呼ばれている（図5-15など）。また、鶴山丸山古墳の石槨内にある舟形石棺も蓋は屋根形に近く、表面には、円文や突帯とともに、家形の文様が表されている。家の形象は、後述のように、本来は開かれた棺・室の中の死者が住む家を示すものだが、列島の古墳では閉ざされた棺・槨と混在している。

棺を縛ったルジメント

また、この時期の一部の割竹・舟形石棺や長持形石棺には浮彫で帯状突帯や格子状突帯が表現された例があり(図5–16)、棺の装飾とされる場合がある。正倉院に残る奈良時代の「櫃覆町形帯《ひつおおいのまちかたのおび》」(木《き》櫃《びつ》の覆いを押さえる帯紐。四条の帯紐を縦横二条ずつ交差させ、その周囲を楕円形の帯紐で囲ったもの。図5–17)などを参考にすれば、これらの突帯は棺の蓋が開かないように覆った、あるいは縛った紐や帯の痕跡が装飾的表現(ルジメント)と

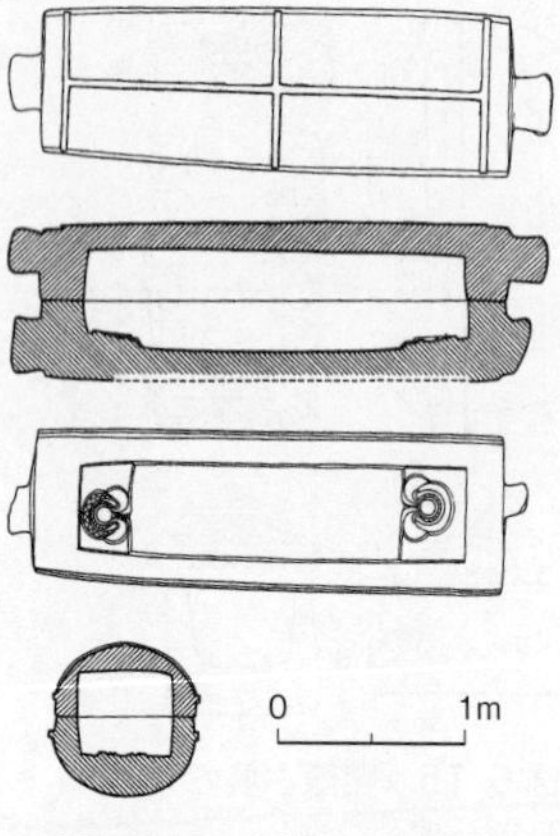

図 5–16　突帯のある割竹形石棺(岩崎山 4 号墳)

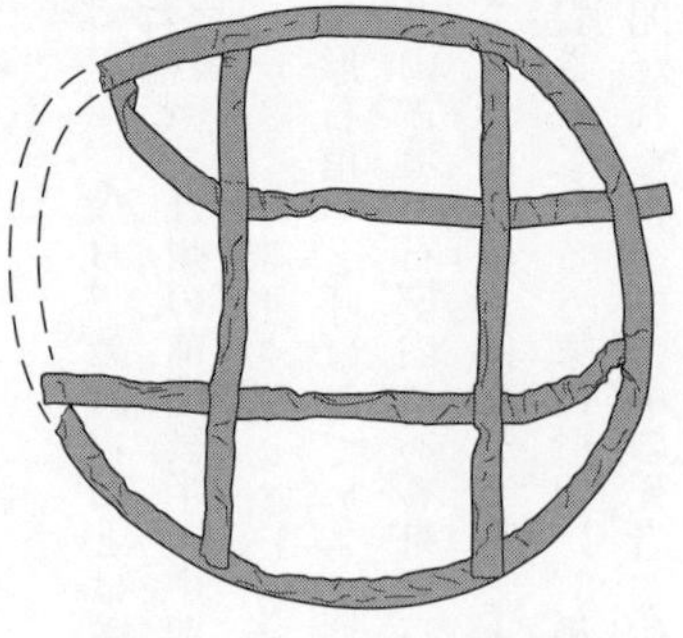
図 5–17　正倉院御物の櫃覆町形帯

して残った可能性が高い。土を焼いて作った中期や後期の円筒棺や亀甲形陶棺（31頁図1−12）の突帯もこうした帯と関連する意匠かと思われる。また、石棺や木棺に見られる「縄掛突起」に関しても、以前から蓋と身を括りつけるものではないかとの指摘があったが、これも棺を運ぶためというよりは、本来は主に紐や縄で棺を縛る際の仕掛けだった可能性が高い。

九州の舟形石棺の中には、棺身の側面に帯状の突帯を作りだし、そこに長方形の孔を複数あけた例や、半環状の縄掛突起の例があるが、それらも同様の機能が考えられる。いずれも閉ざされた棺ならではのものである。

なお、石棺系では、熊本県南西の沿岸部には箱式石棺の内面に鏡、大刀、刀子、靫、短甲などを浮き彫りしたものがある。副葬品の代用とも考えられるため、ここでは取りあつかわない。

②石障系

石障系は主に中期の肥後型など九州的石室に見られる。中期後葉の熊本県嘉島町井寺古墳（円墳、二八、165頁図5−11）では石障の内面や上端部、あるいは玄室入口の板石に、線刻で同心円文、直弧文、鍵手文《かぎてもん》（直弧文の一種）、梯子状文を描き、赤・白・青・緑の顔料を塗っている。

また、これに近い熊本市千金甲一号墳（円墳、一二）では、石障や仕切石に線刻や線彫《せんぼり》（浮彫風で線刻よりも彫りこみが太く深い）で同心円文、X文（対角線文・三角文）や靫を描き、赤、青、黄、緑などの顔料を塗っている。

石障系では辟邪の文様である同心円文、X文、直弧文などのほかに、埴輪と同様、やはり辟邪を示す武器である靫などが加わり、塗布される顔料の色が多くなったが、文様の内容は前代同様のものだった。装飾される場所も石障や仕切石、すなわち開かれた棺内に留まり、石室本体の壁面には及んでいない。開かれた棺・室の九州的石室といえども、この段階では、いまだ室内で人が暮らしているという観念は希薄であったように思われる。

③壁画系

装飾に石室内での人の動きが少しでも読みとれるようになるのは、後期の彩色による壁画系の出現以後のことである。熊本県、福岡県を中心に発達したが、多様なため、最初にいくつかの例を紹介しておこう。

装飾場所とテーマ

文様や絵画をほぼ彩色のみで描きだすのは、後期前葉後半頃のことである。熊本県の菊池川流域にある和水町《なごみまち》塚坊主《つかぼうず》古墳（五五）にある複室構造の石室（玄室が前後二室からなる石室）の後室奥壁沿いに置かれた石屋形の内壁に円文や三角文が線刻、彩色（赤・白）されているのが、現状では最も古い例と言われている。

蔵富士寛は「この装飾では刻線は、ごく一部補助的に使用されているに過ぎず、彩色による色の塗り分けにより文様が描かれている。彫刻ではなく彩画主体で装飾を描くという、後の彩色壁画へとつながる要素がここに出現しているのであり、彩色壁画はこの塚坊主古墳を起点として考えるべきだろう」と指摘している。この古墳が、その後に発達する石屋形や複室石室の最古の例の一つでもあることも注目される。

同流域では、続く後期中葉にも石屋形の内部を中心とした装飾が継続し、山鹿市チブサン古墳(複室)の後室奥壁沿いに置かれた石屋形の内壁にも線刻、彩色(赤・白)で円文、三角文、菱形文、X文、そして人が描かれている(166頁図5-12)。ただ、この地域ではこの時期、装飾はほとんどが石屋形内に限られ、石室の壁面自体には及んでいない。

一方、ほぼ同時期の筑後川流域の福岡県うきは市日岡古墳(七四、後期中葉後半)の石屋形のない単室の石室では玄室奥壁・左右側壁、玄門などに彩色(赤・青・緑・白)で同心円文、連続三角文、蕨手文《わらびてもん》、帯状文、X文、靫、大刀、盾、船、馬、魚、獣(?)などが描かれている。また、同流域でこれに続く後期後葉前半の同市珍敷塚《めずらしづか》古墳(円墳、不明)の単室の石室では、奥壁や右側壁の一部に彩色(赤、青、黄は石材の地肌の色)で同心円文、蕨手文、靫、盾、船、鳥、人、馬、太陽、蟾蜍(ヒキガエル)が描かれている(図5-18)。

図柄の変化と死者の動き

それらに対し、後期中葉後半の遠賀川流域の福岡県桂川町王塚古墳(八〇、複室)の石室では、後室の奥壁沿いの石屋形(屍床に二体分の人形《ひとがた》の凹み)の内外面、

図5-18　珍敷塚古墳の壁画（石室奥壁）

後室奥壁・左右側壁・前壁、前室奥壁に彩色（赤・黒・白・緑・黄）で同心円文、三角文、円文（星）、蕨手文、双脚輪状文《そうきゃくりんじょうもん》、靫、弓、大刀、盾、騎馬像などが描かれている（口絵図2）。この時期になって石屋形と複室の両方に彩色壁画が施され、最も華麗な装飾古墳が生みだされた。

さらに、同流域の後期後葉後半の福岡県宮若市竹原古墳（円墳、一八、複室）の後室奥壁や前室奥壁には、彩色（赤・黒）で連続三角文、翳、波頭文《はとうもん》、船、馬、人、四神《しじん》の青龍《せいりゅう》・朱雀《すざく》・玄武《げんぶ》などが描かれ、壁画系の図柄は大きく変化したが、船と馬は残った（図5-19）。

要するに、後期中葉から壁画系になり、彩色を主体に図柄を描くようになっても、その内容の中心は辟邪系のものだった。しかし、この段階に至って初めて図柄の一部に具象的な人、鳥、船、馬などが描かれだし、遅れて星や太陽を推測させる図文や、月に住むという蟾蜍、あるいは不完全ながらも四神の図柄が描かれ、辟邪的図文は減少していった。新来の図柄には、中国の壁画由来のものもあれば、船首、あるいは船首と船尾に鳥が留まる船（鳥船、270頁図7-11a）に乗って舵《かじ》（櫓《ろ》・櫂《かい》の類か。以下、舵とする)をとる人、船に乗る馬など、九州の壁画独特のものもある。いずれにしても、この段階になって初めて他界である石室内での死者の動きが曲がりなりにも読みとれるようになった。それらの解釈については中国の壁画などを概観した後に改めて検討したい(269頁)。

④横穴系

横穴

横穴系は線刻例が多いが、彩色を主としたものも後期中葉頃から熊本県を中心に発達した。造りの丁寧なものでは、玄室床面の奥・右・左に屍床を造りだし、奥の屍床の上に石屋形に相当する寄棟造りの屋根を彫りだしている(図5-20)。線刻や浮彫をともなうものも多いが、彩色(赤・白)では円文、同心円文、三角文、菱形文など辟邪的文様が中心を占める。羨門の外側を囲う逆U字形の「飾縁《かざりぶち》」に円文や同心円文などが集中する例もある。熊本県山鹿市鍋田八号横穴では羨門外壁の左横の崖面に左から盾、弓、靫、両手両足を広げた上下の人などが浮き彫りされ(図5-21)、赤色顔料が

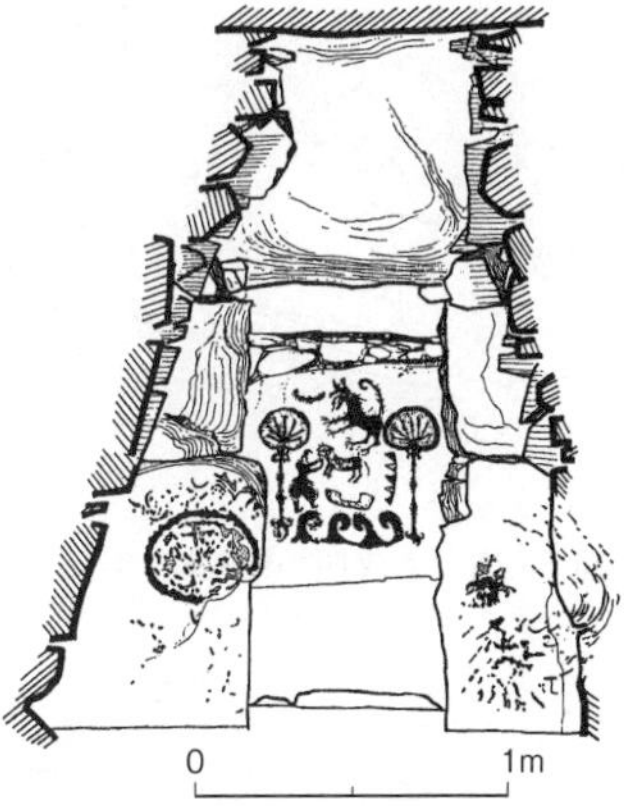

図5-19　竹原古墳の壁画(前室奥壁と後室奥壁)

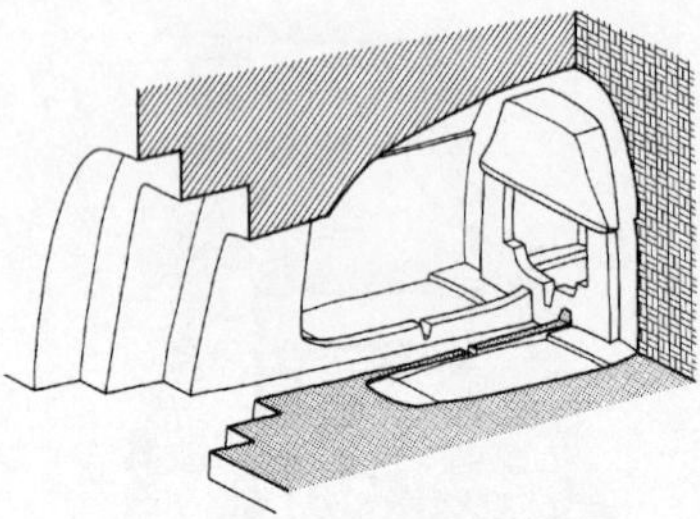

図5-20　完成期の横穴模式図

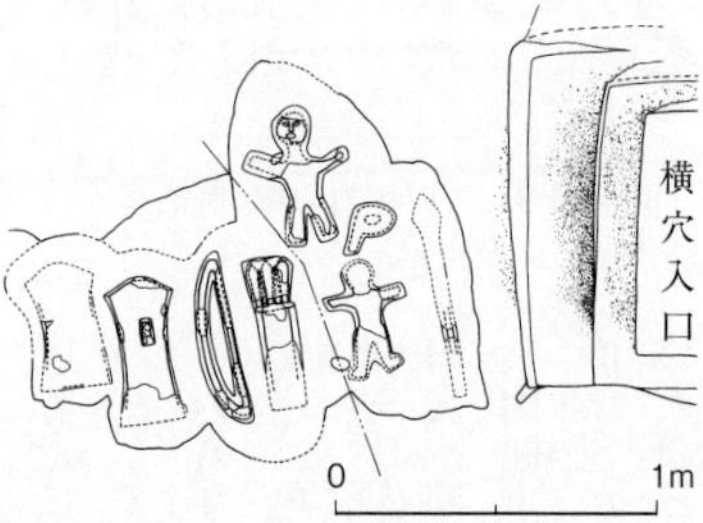

図5-21　鍋田8号横穴外面の浮彫（羨門外壁）

塗られていた可能性があるという。横穴の天井は寄棟形や切妻形を意識したものもあるが、稜線が甘くなりドーム状やアーチ状になったものが多い。

地下式横穴

ところで、先にも触れたが、こうした今まで知られていた装飾古墳の動向とは別に、九州北部に横穴式石室が初めて伝来した中期前葉頃、九州南東部の宮崎県から鹿児島県にかけての地域で同じ横穴系の埋葬施設である地下式横穴が造りはじめられた。しかも、宮崎県では寄棟形や切妻形の天井部に浮彫や彩色(赤)、線刻などで棟持柱《むなもちばしら》、束柱《つかばしら》、横木、棟《むね》、垂木《たるき》などが表現され、玄室内部が死者の住む家であることが明確に意識されていた(158頁図5−6)。近年、地下式横穴が源流になったと考えられはじめた横穴においても、内部を家形に仕上げた例は各地に存在し、ドーム状やアーチ状天井のもととなった。

中国では死者が住む空間である「室」を家形に造る習慣は古くからあり、少なくとも古墳時代中期前葉頃にはその習慣が列島社会に伝わってきたと考えられるが、地下式横穴はそれを最も端的に示すものと言うことができる。

⑤関東北東部・東北南東部の装飾のある石室と横穴

古墳後期後葉には、九州的石室や横穴が関東北東部や東北南東部の太平洋側の石室や横穴に影響を及ぼしたが、その一部には壁画系や横穴系の装飾古墳が含まれていた。現在、石室二基、横穴六基が国指定史跡になっているが、代表的なものを紹介しておこう。

茨城県ひたちなか市虎塚古墳(五二)は横穴式石室。玄室は縦長長方形、平天井、両袖式で、羨道との間に門構造があり板石で閉塞する。玄室の天井を赤く塗るとともに、奥壁、左右側壁には白土を塗った上に赤で文様や絵画が描かれている。奥壁では連続三角文の上に大刀、靫、鞆、槍などがあり、その上の中央に二つの大きな円環(中空円文)、三角文を上下に連ねた文様、最上部に二段の連続三角文がある。また右壁には連続三角文の下に円環、連続渦巻文、靫、盾などがあり、左壁には連続三角文の下に横に並ぶ九個の円文などがある。左右ともに玄門近くには大刀、首飾り、馬具類など副葬品的なものも描かれている。

一方、福島県泉崎村泉崎横穴は、玄室が幅広長方形、屋根形天井、両袖式で、板石閉塞する。

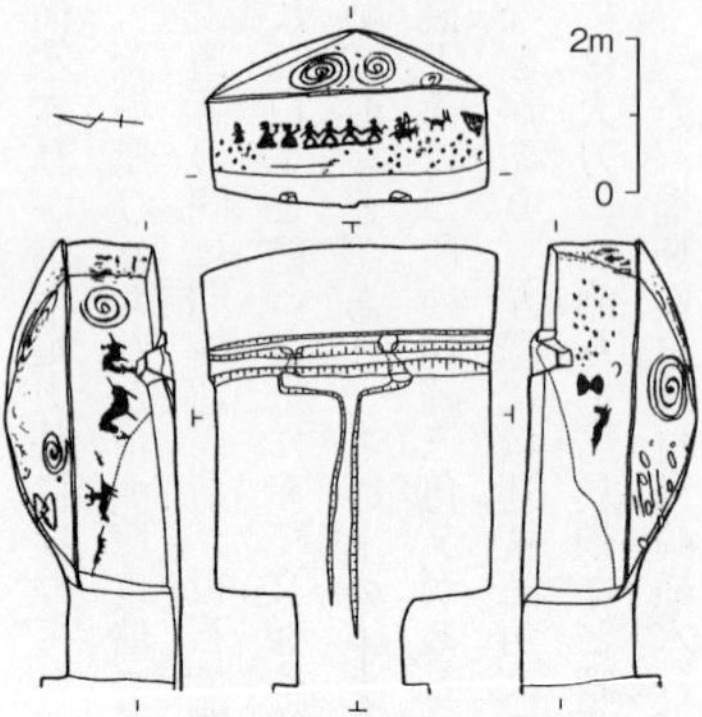

図5-22　泉崎横穴の壁画

奥壁沿いに屍床があり、奥壁、両側壁、天井に赤で文様や絵画が描かれている。奥壁には赤線の束柱、梁などがあり、屋根下の部屋の部分には二頭の動物と弓に矢をつがえ馬に乗る人、両手両足を開いた四人、食器(?)を捧げる女性(?)三人、多数の小型円文などがあり、左右の側壁には馬、馬を曳く人、渦文などがある。四壁上部の天井部分には大きな渦文や円文があり、奥壁上の渦文が一番大きい。羨道天井にも渦文と円文がある(図5-22)。

九州のものと比べると幾何学的な辟邪的文様は比較的少なくなり、辟邪的文様でも武器・武具が増え、狩猟図や女性の奉仕者、馬を曳く人など埴輪的要素をもつ絵が増えている。同時期に人物や馬の埴輪が発達した地域らしい図柄と言うことができよう。

第六章

古代中国における葬制の変革と展開

ここまで、古墳の葬制についてさまざまな考察を加えてきたが、さらに理解を深めるためには古代東アジアの葬制、特にその源流となった中国の葬制との比較が不可欠となる。そこで次には、本書の主要なテーマである「槨」と「室」を中心に、春秋・戦国時代〜秦・前漢時代(以下、「時代」を省略)にかけての葬制の変化を概観しよう。槨や室の特徴を整理し、後漢〜南北朝や朝鮮半島諸国での変容に配慮しながら、古墳の葬制との関係を検討したい。

その場合、用語や概念は、中国の槨をもつ墓を「槨墓」、室をもつ墓を「室墓」と呼ぶ以外は、前章までのものを主に用いる。古墳の葬制を見る視点から中国の葬制を眺めた上で、再び古墳の葬制を見直そうというのである。

しかし、中国で作られ日本列島にもたらされた遺物などとは異なり、遺構や、遺構と遺物の諸関係で示される葬制については、伝播の様相を具体的に捉えることは非常に難しい。しかも、葬制の中心となる槨から室への変化は、中国でも前五世紀の春秋末期・戦国初期頃から前三〜前一世紀の秦・前漢頃までの長い時間を要した葬制上の大変革であり、その内容も多岐にわたっている。その上、変革の中心地域は黄河や長江の中流域であることから、時空の隔たりは大きく、槨墓や室墓に固有の要素が列島に伝わるまでには時間的逆転、組合せの変化、内容の変容、伝播経路の差など色々な現象が起こっている。

しかし、それでもなお、まとまった葬制の文化ではないにしても、さまざまな要素は確実に列島に伝わり、弥生時代以来の列島の葬制に直接・間接的に大きな影響を与えたことには間違いない。したがって、本書では、極めて粗いデッサンではあるが、古代東アジア全体の葬制の枠組みの中に古墳の葬制を位置づける素案を提示してみたい。

そこでまず、時間の流れに沿って、古代中国における槨墓から室墓への変化の概要を述べ、槨墓的要素、槨墓から室墓への変革期に生まれた室墓的要素、および室墓が定着した後の変容などを整理することから話を始めよう。

1　槨墓の他界観とその要素（春秋末期・戦国初期〜秦・前漢）

①槨墓の出現

中国の黄河流域では新石器時代（前七〇〇〇〜前二〇〇〇年頃）後半期には「棺」（組合式木棺）が現れ、後期の前三〇〇〇〜前二〇〇〇年頃の龍山文化などに棺を覆う「槨」（組合式木槨）が出現した。その後、槨墓は夏（前二〇七〇〜前一六〇〇年頃）、殷（商）（前一六〇〇〜前一〇四六年頃）・周（前一〇四六年頃〜前二五六年。そのうち前七七一年以前が西周、前七七〇〜前二五六年が東周。東周の前五世紀までが春秋、前五世紀〜前二二一年が戦国）と続き、主に前漢前期頃まで長期間、広範囲で造りつづけられた。

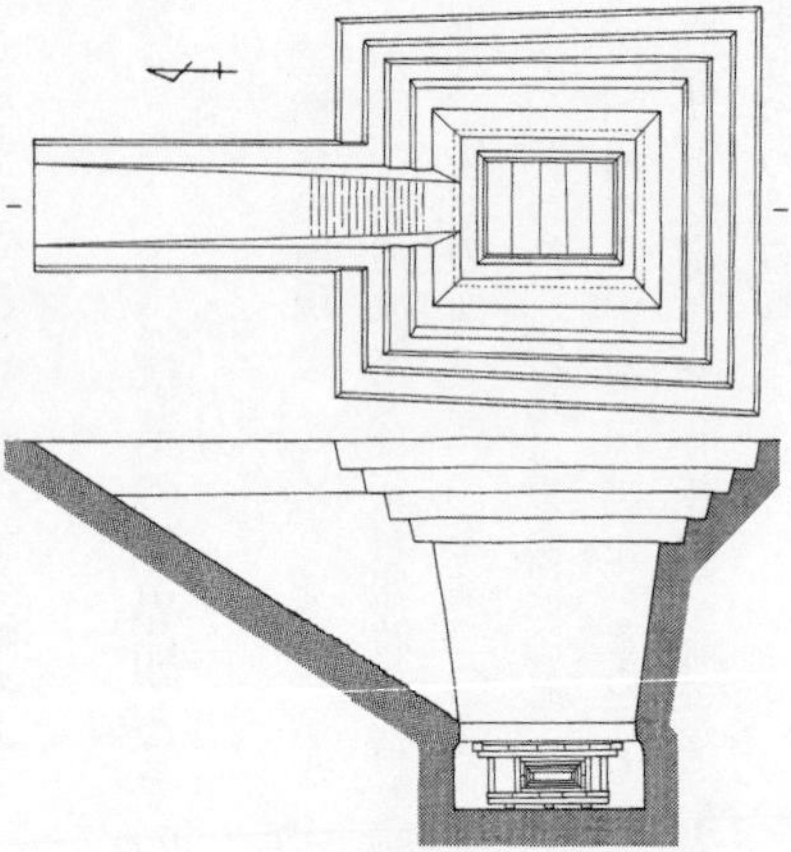

図6–1　竪穴木槨墓(馬王堆1号墓)

槨墓の典型は「竪穴木槨墓」で、地表から地下深く掘りこんだ傾斜墓道の先に墓坑を設け、そこに木槨を組みたて、主に天井から長方形箱形の組合式木棺を納めた(図6−1)。春秋以前には基本的に墳丘はなく、稀に墓坑を埋めもどした上に建物跡が発見される程度である。

②槨墓の他界観

槨墓が流行した時代の他界観は、周末から秦・前漢の儒者の古礼に関する説を集めた前漢の『礼記』(郊特牲篇)によると、人が生きているのは、精神の活力で天から与えられた陽性のものである「魂《こん》」と、肉体の活力で地から与えられた陰性のものである「魄《はく》」が体内に宿っている状態で、人が死ぬと魂魄は分離し、「魂気は天に帰り、形魄は地に帰る」というものである(55頁)。

そこで、死者の遺体(形魄)はこれを保護する容器である棺に入れ、棺を保護する施設である槨に納めて地中深く埋納した。ともに遺体が傷つかないように、遺体に邪悪なものが寄りつかないように、さらには寄りついて遺体が暴れだきないようにした辟邪・密封型の棺・槨であった。棺・槨の内部に収納された死者(形魄)に動きはなく、形魄は永遠の眠りにつく、あるいは遺体が消滅すると形魄もなくなる、土に帰ると言われている。一方、死者の魂(魂気)は天上にある他界へと赴き、残された人びとは宗廟《そうびょう》を築き、そこで祖先の霊を祀ったのである。

なお、黄河流域では新石器時代の龍山文化に先立つ仰韶《ぎょうしょう》文化(前五〇〇〇〜前三〇〇〇年頃)後期の河南省西水坡四五号墓から、土葬された人骨の左右に貝殻をモザイクに使って龍と虎、あるいは龍に乗る人などを描いた遺構が発見されている(図6−2)。槨の出現以前から魂が龍虎に乗って天上の他界へ赴くという信仰が広がっていた可能性がある。

③閉ざされた棺、閉ざされた槨

埋葬施設が槨の段階では、棺は「閉ざされた棺」、槨は「閉ざされた槨」(以下、閉ざされた棺・槨とする)であることが大原則であった。

しかも、すでに戦前に原田淑人《はらだよしと》が古文献を用いて指摘しているように、棺は蓋をして紐などで縛ったという。湖北省にある前漢前葉の鳳凰山《ほうおうざん》一六八号槨墓(墳丘は消失、被葬者は「遂」、前一六七年没)からは、内棺《ないかん》・外棺《がいかん》それぞれを荒縄で縛り、外棺にアンペラ(植物名)を編んだ蓆を被せた二重木棺が発見されている。

④副葬品と殉葬

遺体の埋納にあたっては多くの副葬品が主に槨内に入れられた。身分により差はあったが、殷・周には酒器・食器・水器・楽器を基本とする青銅製礼楽器《れいがっき》や、その他の食器、衣類、道具、装身具などの生活用品、車馬具・武器・武具など実用品が多い。それらは死者の魂とともに他界へ昇り、死後の生活に必要なものと考えられたのだろう。

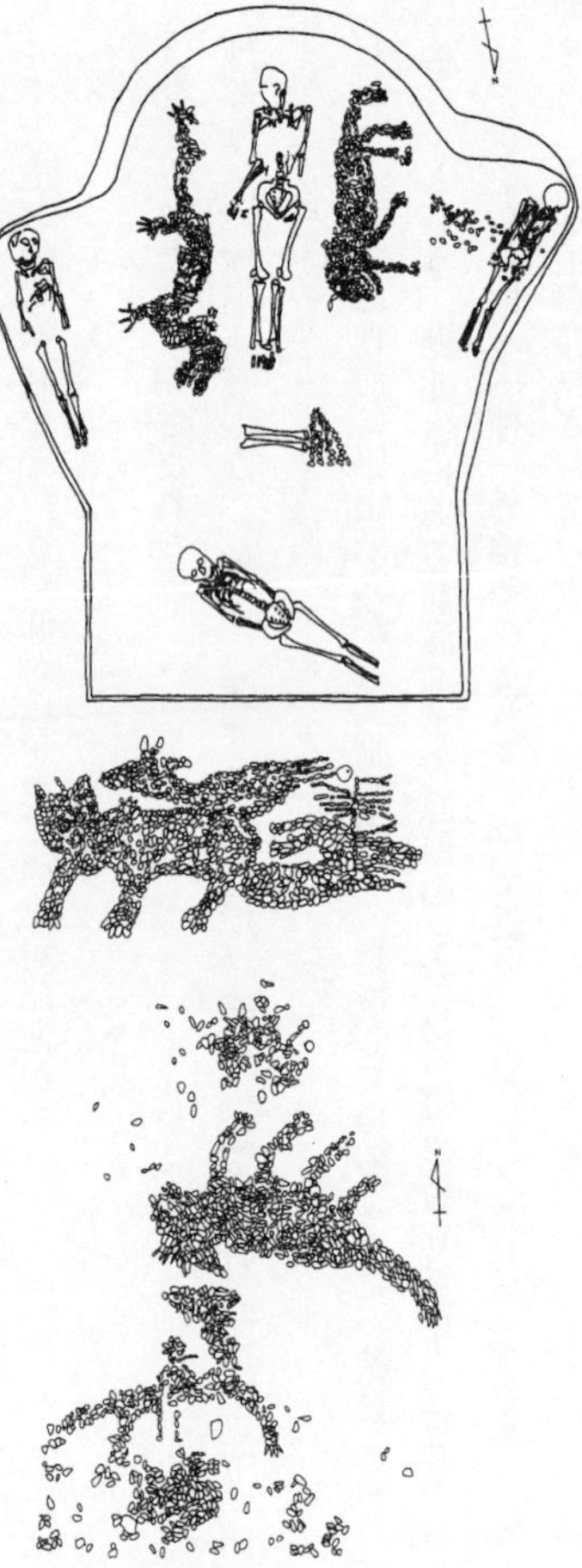

図6–2　貝殻モザイクの龍虎ほか
(西水坡45号墓・3組)

ところで、槨墓の時代には他にも重要な副葬品があった。それは新石器時代から続く、被葬者に殉じて死んだ(殉死《じゅんし》した)人の副葬である。任意か強制的かは問わないが、被葬者とともに殉死者を埋葬する「殉葬《じゅんそう》」の風習が殷・周を通じて盛んだったのである。彼らも重要な副葬品であり、被葬者の死後の生活に奉仕することが期待された。

⑤槨墓的要素

以上から、考古学的に把握できる槨墓とそれに付随する要素(槨墓的要素)を、主に死者の魂(魂気)の赴く観念上の天上の他界、遺体(形魄)を密封した閉ざされた棺・槨、青銅製礼楽器と実用的な副葬品および殉葬と捉える。その魂魄観・他界観は、素朴なものは槨墓出現以前の新石器時代からの伝統的なものと考えられるが、春秋・戦国には洗練されて儒教的な魂魄観・他界観とそれに基づく葬制・墓制になったものと思われる。

2　槨墓から室墓へ(戦国中心)——変革期に出現した室墓的要素

①槨墓から室墓へ——動きだした死者

ところが、春秋末期・戦国初期頃になると、槨内で死者が生きていると観念されるようにな

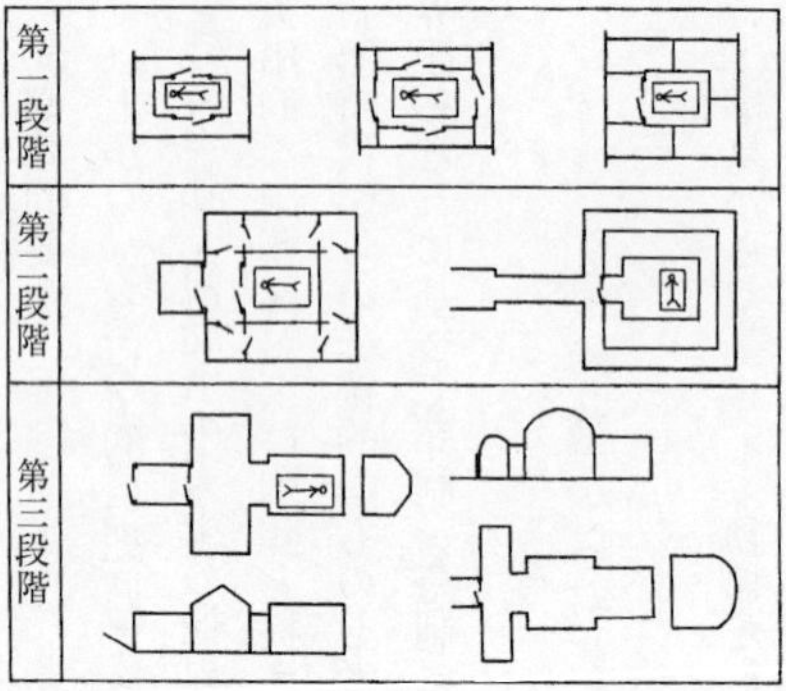

図6–3　槨墓から室墓への3段階

り、それに対処した遺構や遺物が現れはじめた。槨内で死者が棺を出て自由に動けるようにした施設が現れるとともに、死者の住む空間を永遠に存続する家(邸宅)や他界として可視的に表現しはじめたのである。

　まず、埋葬施設としては、槨内に死者が動くための通路や扉が現れ、やがて槨そのものに出入口(羨道)が付く「室」が出現した。黄暁芬《こうぎょうふん》はその過程を図6−3のように整理し、第一段階を「槨内の開通」、第二段階を「外界との開通」、第三段階を「祭祀空間の発達」と評価した。漢初期に始まる第二段階からが室墓で、第三段階に定型化した。ここでは、第一段階の戦国の槨墓で出現した室墓的要素を指摘しよう。

②槨内の通路と開かれた棺の出現

　まず、この時には槨内に通路や扉が設けられるとともに、使用された棺にも出入口が設けられた。「開かれた棺」の出現である。

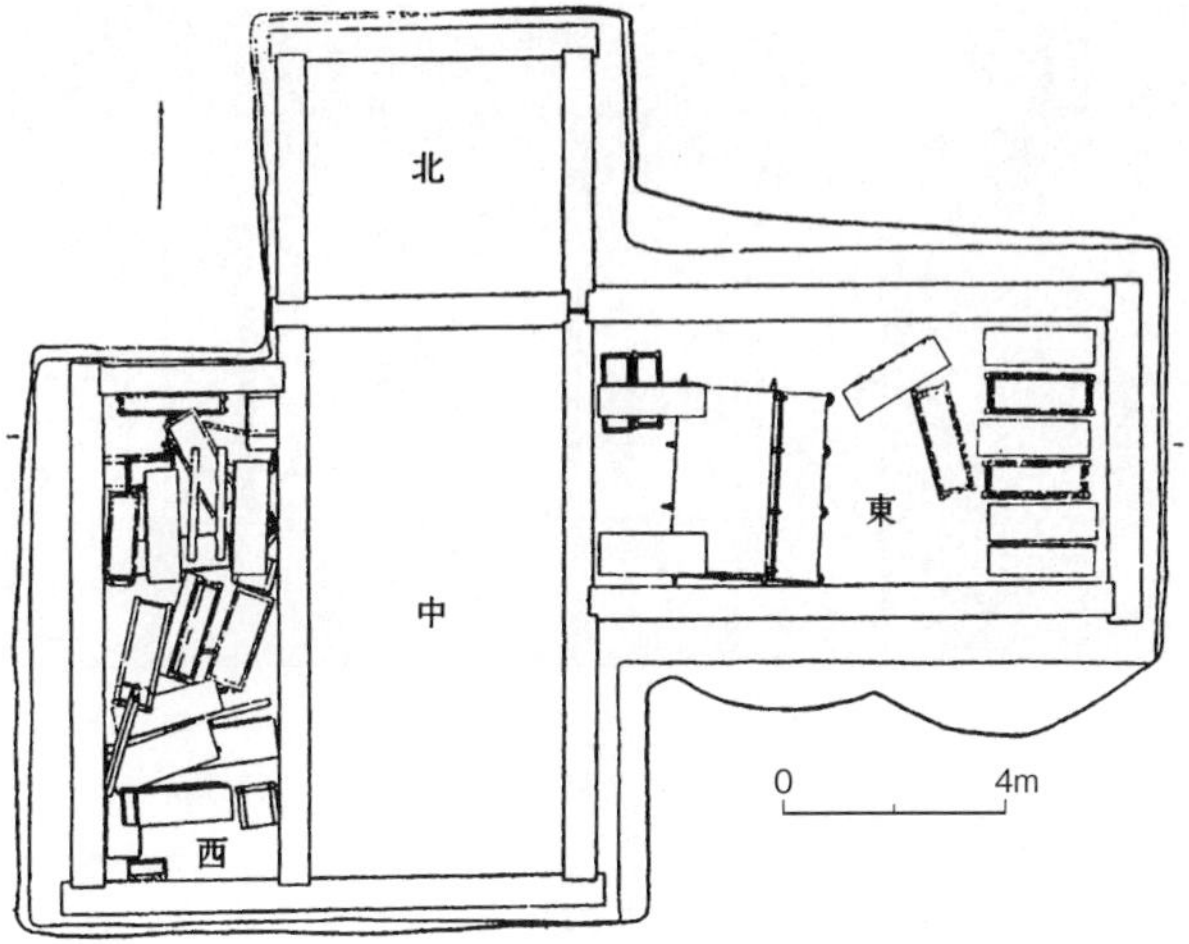

図6–4　曾侯乙墓の木槨

最古の一例である長江中流にある戦国前期の湖北省曾侯乙墓《そうこういつぼ》(前四四三年頃没)は、角材積みの四つの槨を組みあわせた巨大なもの(二一・〇×一六・五×四・五メートル)である(図6–4)。槨内を行き来するため各壁には一辺五〇センチほどの方形穴が開く。中心の棺は装飾のある二重の漆棺で、外棺には壁同様の方形穴が開き、内棺には漆絵で出入口や窓が表現され、出入口には双戈戟《そうかげき》(先端に槍、側面に二本の戈が付く長柄の武器)を持つ鬼のような門番が、向かって右に四人、左に六人描かれている(図6–5)。

谷豊信は、この施設は墓主の生前の宮殿を模したもので、男性墓主の二重棺と若い女性の殉葬棺八基、犬棺一基のある東槨を居間・寝室、各種の青銅製礼楽器などがあ

図6-5　曾侯乙墓内棺の偽門

る中槨を儀式・政務・応接の場、車馬具や武器・武具などがある北槨を倉庫、若い女性の殉葬棺一三基のある西槨を侍女の控え室とし、前漢以後の室墓の基本形が見られると指摘している。

③墓坑の邸宅表現と壁画の先駆け

また、中国の劉振東《りゅうしんとう》は、戦国を通じて進行した槨を納める墓坑内の変化を「邸宅化」と呼び、墓坑壁にスサ入りの土を塗った上に白色や赤色を塗って内装した例（河北省中山王陵一・六号墓など）や、墓坑や傾斜墓道に泥煉瓦《どろれんが》を積んで壁柱を表現した例（中山王陵六号墓）や、墓坑の上部に木造屋根の模造物を造った例（河南省韓国王陵）などを紹介している。これらは埋葬施設の内部を死者が住む他界の家や邸宅として可視的に表現しだした初期の例で、墓坑が室の代わりをしているが、室墓における他界表現の一つである壁画の先駆けと言えるだろう。

④棺の装飾と帛画

曾侯乙墓の漆棺などのように、棺の外面に辟邪的な文様や、家の窓や出入口など機能的な図柄の漆絵などが見られるようになるのも、この頃からのようである。

また、多くはないが、長江流域やその周辺の楚《そ》の故地を中心とした地域の槨墓で、絹布に絵を描いた「帛画《はくが》」が棺の上や槨の内壁などに掛けられたのも戦国中期頃からで、前漢中期頃まで続いた。曽布川寛《そぶかわひろし》によると、主要なテーマは被葬者が地上にある天帝の下都《かと》である崑崙山へ昇仙《しょうせん》する様子（他界へ赴く様子）を描いたものだという。少し後のものになるが、有名な前漢前期の湖南省馬王堆《まおうたい》一号墓のT字形帛画《はくが》（図6-6）も、天上・地上・地下という当時の神話的宇宙を背景に、被葬者（魂）が龍の船に乗って天上世界を目がけて昇っていくところを描いたものと理解されている。現状では登場者も含め神話的世界の最も古い図像であるという。

新石器時代に見られた貝殻モザイクの龍に乗る人物の昇仙図が、長い時間の空白の後に、龍・鳳凰・女性を描く戦国中期の「人物龍鳳図」（232頁図6-23a、湖南省陳家大山戦国楚墓）や、鳳凰が留まる龍の船を操る男性を描いた戦国後期の「人物御龍図」（図6-23b、湖南省子弾庫一号戦国楚墓）の帛画として再登場し、馬王堆一号墓のT字形帛画の図像にまで至ったのである。

図6-6　馬王堆1号墓のT字形帛画

ここでは、棺の装飾や帛画も壁画の先駆けの一種として捉える。帛画のテーマはいずれも死者の魂が龍に乗って昇仙するという槨墓的なものであるが、馬王堆一号墓の槨墓に木《もく》俑《よう》が副葬されているように、これらの槨墓には室墓的な要素の影響が及び、他界への昇仙を可視的に絵画で表現したという点を評価したいからである。前漢前期の室墓では、昇仙図は室内の彩色壁画や俑の車馬出行行列として表現されていた。

⑤殉葬の衰退と明器・俑の発達

また、この頃から殉葬は徐々に衰退し、代わりに土（陶俑《とうよう》）や木（木俑）で作った人形模造品を副葬する習慣が現れた。中国の楊泓《ようこう》によると、殉葬に代わる俑の副葬は春秋晩期には現れるが、両者の確執は強く、殉死者と俑をともに副葬した時期がしばらく続いたという。

それとともに青銅製礼楽器が徐々に衰退し、実用的な食器、道具、施設、動物(家畜など)などが木や土で作った模造品(仮器)となり、小型化(ミニチュア化)しつつ、組みあわせて数多く副葬されだした。それらは「明器」と総称されるが、人と動物は「俑」と呼んで区別される場合が多い(図6-7)。『紀』の「埴輪起源説話」(261頁)のような出来事が中国ではこの頃に起こっていたのである。そして、それらもまた、埋葬施設の限られた内部空間に永遠の豊かな他界を表現する道具の一つになった。明器や俑の形や種類から見ると、他界での暮らしは非常に現実的で、日常生活と変わらないと観念されていたものと思われる。

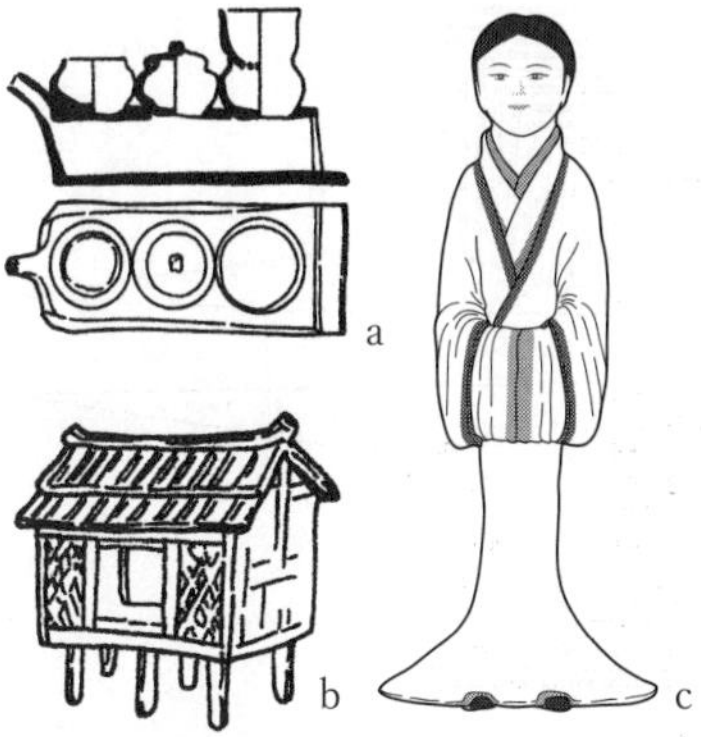

図6-7 明器と俑(a竈, b倉庫, c侍女)

以上が槨墓から室墓への変革期に生まれ、室墓に継承された要素である。死者が埋葬施設の内部で生活しているという観念、死者の動きに応じた通路・扉・開かれた棺、壁画の先駆的表現や明器や俑による邸宅(すなわち他界)での生活の表現、および殉葬の衰退などを挙げることができる。

言いかえれば、この段階で埋葬施設の内部に永遠に朽ちることない「他界の擬えもの」(模造品)

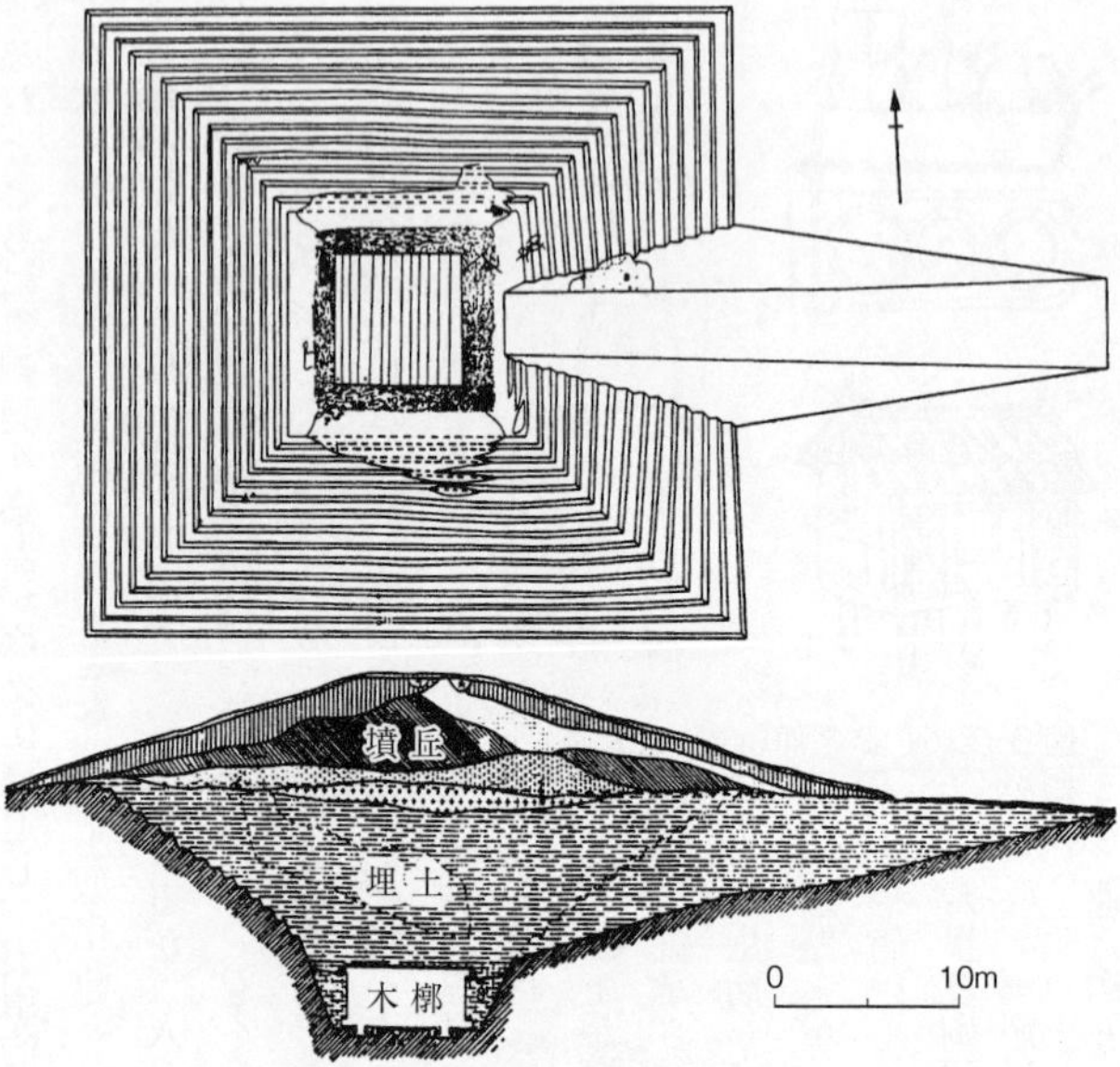

図6-8　木槨と墳丘（包山２号墓）

を表現しだしたのである。そして、それらの室墓的要素は秦・前漢以後には定着し、発展していった。

⑥墳丘の出現

なお、この時期の葬制の改革の過程で墳丘が本格的に発達しだした。墳丘は、一部の地域では春秋前期以前から見られるが、戦国になると各地で方形や楕円形の墳丘が造られ、墳丘の規模による格差づけといった墳丘の政治的利用が進むとともに、王陵などの場合は王墓とその付属施設を包括する陵園《りょうえん》も整備されだしたことが指摘されている。

この時期の葬制の改革は、墓の地下施設だけではなく地上施設である墳丘や陵園を含めて全面的に展開したのである。なお、槨墓の場合は被葬者の死後に地下に槨を営み遺体を納めるため、墳丘は生前ではなく、埋葬後に営まれた。湖北省包山二号墓の断面図はそのことをよく示している（図6-8）。

ちなみに、墳丘をもつ墓と言えば、早く西周～春秋・戦国に江南地域で「土墩墓《どとんぼ》」と呼ばれる円形や楕円形の墳丘墓が発達した。これは地上に埋葬施設を造り、埋葬後に墳丘を完成させるのが基本で（墳丘後行型）、周濠をもつ例もある。しかし、他との関係は不詳である。

3　室墓の定着（秦・前漢）——室墓の他界観と他界への乗物

①室墓の構造

秦（前二二一年統一～前二〇六年）・前漢（前二〇六～後八年）になると、室墓は定着していった。素材により呼びわけられ、塼《せん》（一種の煉瓦）や木や石を組んで玄室・羨道を造った「塼室墓」・「木室墓」・「石室墓」、傾斜墓道の先に室に相当する空洞を掘りこんだ「土洞墓」（深い地下式の横穴）、急峻な丘陵の側面に横方向に墓道・羨道・玄室を掘りこんだ「崖墓《がいぼ》」（横穴）などがある。

玄室の構造は、複雑なものもあるが、死者（被葬者）による祭祀の場（前室）と棺を置く場（後室）が前後に分かれ「甬道《ようどう》」（連結路）で繋がった二・三室構造のものや、単室構造のものが基本で、玄室の左右に側室、墓道や羨道の左右に耳室《じしつ》が付く場合がある（図6-9、部分名称は不確定）。棺は原則的に「開かれた棺」で、その出入口の表現法にはいくつかの種類があった（214・223頁など）。なお、室内に槨が造られた場合は槨にも出入口が付き、「開かれた槨」になる。

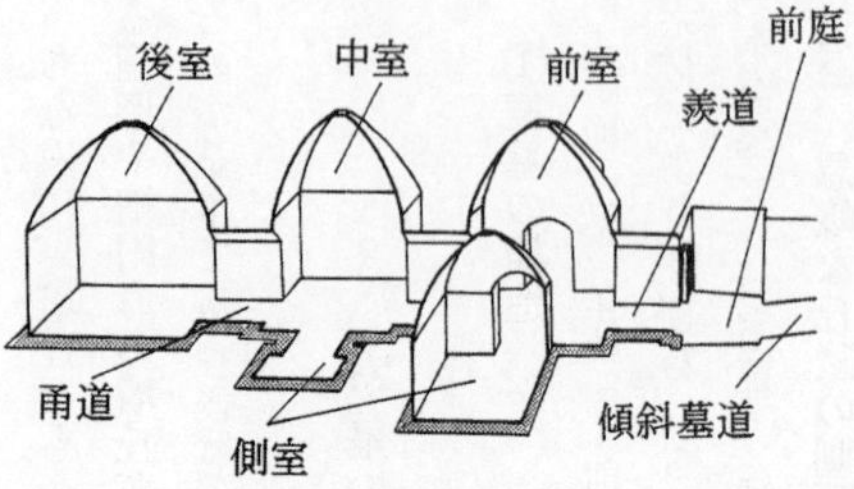

図6-9　塼室墓の部分名称

②墳丘と埋葬

ところで、室墓が成立した秦や前漢には方形の墳丘（以下、方墳）が発達し、身分による墳丘規模の格差づけが進行した。埋葬施設を造り遺体を葬った後でないと墳丘を築けない槨墓とは異なり、室墓になると傾斜墓道と羨道を通って玄室へ降りていけるようになり、被葬者の埋葬は墳丘築造後でも行えるようになった。言いかえれば、被葬者が生きている間に墳丘を始め墓の諸施設を整えはじめた可能性が高いのである。この点は寿陵の成立を考える上で重要である。

③室墓の他界観――天上の他界から地下の他界へ

地下の槨に羨道が付いて室が誕生したことにより、室もまた地下深くに営まれることになった。しかも、その室内で死者が生前と同じように暮らしているとなると、「魂気は天に帰り、形魄は地に帰る」という槨墓の魂魄観・他界観は大きく変化し、死者が暮らす他界も天上から地下の室内へと場所を変えることになった。死者の国である黄泉国が地下にあると考えるようになったのはこの時からで、地下の黄泉国は中国の室墓の他界観であったかと思われる。

ただ、地下の玄室内の他界は、あくまでも、葬送儀礼の中で他界そのもの、あるいは他界の一部として観念され取りあつかわれたものである。後述の卜千秋墓《ぼくせんしゅうぼ》の壁画や、玄室のドーム形天井に日月・天文図が描かれることを思えば、地下の玄室の他界は天上の他界と繋がっていた可能性が高い。室墓の他界は天上の他界を玄室内に表現した「他界の擬えもの」と言うべきものである。その点は古墳の墳丘上の他界と同じである。

④室墓と槨墓――秦・前漢墓の二つの流れ

しかし、中国全域が一律に槨墓から室墓へと変化したわけではない。曽布川寛によれば、秦漢時代の墳墓には二つの流れがあり、両者が複雑に絡みあいながら展開したという。一つは始皇帝陵に見るような、室墓の中で死者が暮らしているという観念のもとで生みだされ、漢代の陵墓に踏襲された陵寝《りょうしん》制度に則ったもので、大・中型墓に始まり、主に中原《ちゅうげん》を中心とする北部の黄河流域で発達した。そして、他の一つは湖南省馬王堆一号墓などが代表する、戦国以来の流れをくむ伝統的な木槨墓で、前漢に入っても南部の長江流域から山東半島にかけての楚の故地を中心に造りつづけられた。

この二つの流れは、後の東晋《とうしん》・南北朝に室墓的要素が発達した北部と、室墓的要素があまり発達せず槨的な性格を帯びだす南部の室墓の性格の差にも影響を及ぼした可能性がある。

⑤初期の室墓

そこでまず、本格的な室墓の始まりとして始皇帝陵(前二一〇年没、方墳、三五〇)の埋葬施設を取りあげると、『史記』によれば、陵を造るために深い墓坑を掘り、槨を入れ、宮観や百官の座席をつくり、珍奇の物を充満し、床には水銀で百川・江河・大海を造り、上は天文を、下は地理を表したという。

実態は定かでないが、それは室そのもので、死者が生けるがごとく暮らす世界を具体的に目に見えるかたちで表現したものだったと思われる。陵園内の兵馬《へいば》俑坑《ようこう》(王宮を護る近衛兵がモデルという)、車馬《しゃば》坑《こう》、百戯《ひゃくぎ》(曲芸、相撲などの雑伎)俑坑、珍禽異獣坑《ちんきんいじゅうこう》ほかの陪葬坑《ばいそうこう》はその付属施設

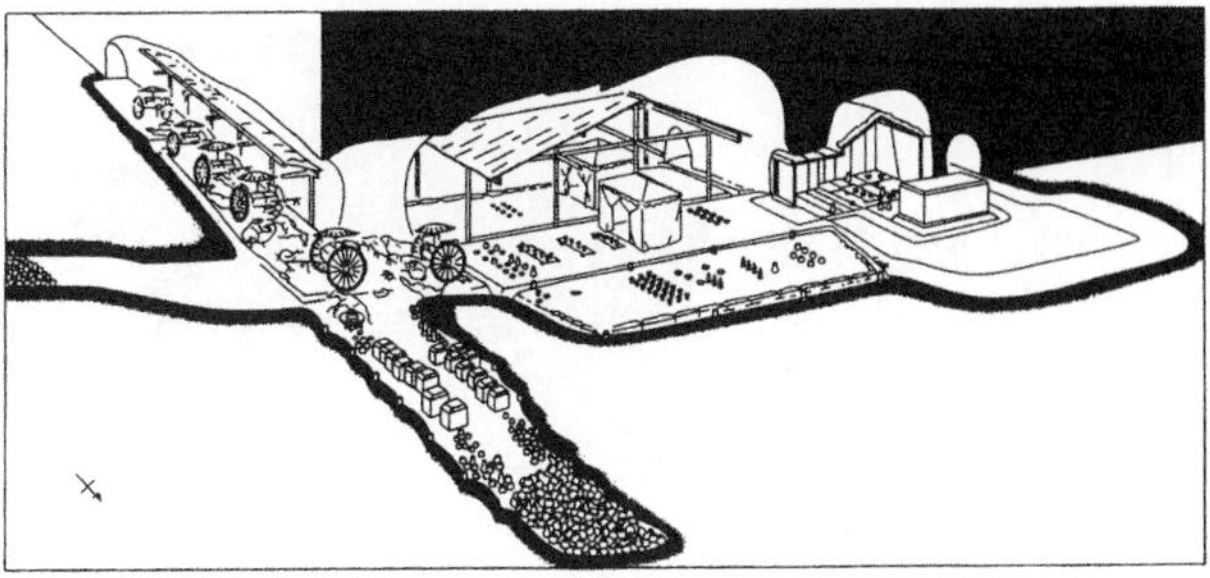

図6-10　満城1号墓の構造模式図

であり、陪葬墓（殉葬墓）もあった。
さらに陵墓周辺にはさまざまな建物があり、地下に暮らす始皇帝のために建てられた祭祀用建物である「寝《しん》」では日々飲食物が供献された。これらは「陵寝制度」と呼ばれ、前漢以後は皇帝陵や諸侯王墓など有力者の葬制の基本となった。前漢後の小規模な墳丘墓の裾に営まれた「祀堂《しどう》」は、これに相当するという。

現状では皇帝陵は未調査のため、次に調査された前漢の諸侯王の例として中期の河北省満城《まんじょう》一号墓（被葬者は中山国靖王《せいおう》劉勝《りゅうしょう》、前一一三年没。図6-10）を取りあげると、墓は墳丘のない崖墓で、丘陵の急斜面に横方向に穿たれている。内部には長い墓道の先に羨道と玄室（前室・後室）が備わり、羨道の左右には細長長方形の耳室が付く。耳室の内部には瓦葺きの木造建物が建ち、左側は車馬、右側は食料や什器の倉庫となっている。ひときわ広い前室は死者が行う儀礼や宴会の場で、ここにも瓦葺きの木造建物が建ち、テントの帷幄《いあく》（垂れ幕と引

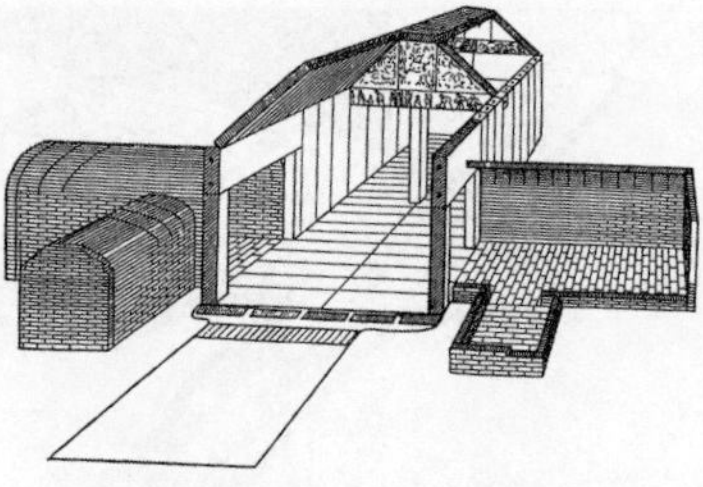

図6-11　屋根形天井の墓室（洛陽61号墓）

き幕）が張られ、壁には幕を張りめぐらせた痕跡が残る。帷幄には壁画と同じような絵図が描かれていた可能性が高い。そして、最も奥の後室は死者の寝所で、横口のある家形石槨の中に棺が置かれ、近くに厠が備わっている。

副葬品は陶器、銅器、鉄器、金銀器、玉石器、漆器、車馬（車と馬）、銅銭、金鏤玉衣《きんるぎょくい》（死者に着せる、玉の薄板を金糸で繋ぎあわせた衣）、俑（石・陶、男女侍俑《じよう》）など数多く、特に前室では祭祀用の各種食器類がよく揃っていた。

また、壁画をもつ塼室墓の初期的な例として前漢中期の河南省洛陽《らくよう》の卜千秋墓を紹介すると、埋葬施設は、図6-11の河南省洛陽六一号墓とほぼ同型式のもので、主に空心塼《くうしんせん》（大型中空の塼）で築かれた屋根形天井をもつ長方形の玄室を前後二室に区切り、後室に夫婦の二棺を置き、前室の左右に食料や明器を収納する長方形の側室をもつ。後室天井の見上げ部分に彩色の絵画的壁画が描かれ、天帝の使者のしるしである節《せつ》を持った羽人《うじん》を先頭に、龍、麒麟《きりん》、鳳凰、虎などの瑞獣《ずいじゅう》とともに、蛇に乗った被葬者と三首鳥に乗った夫人が、日神である伏羲《ふくぎ》と月神である女媧《じょか》の漂う天体を飛行して、不死の仙女・西王母《せいおうぼ》が住む崑崙山へと赴く様子を表現している（208・209頁図6-12）。神話的要素が残るこの昇仙図は、以後の壁画墓への過渡的性格を有すと評されている。

この壁画では西王母が初めて描かれ、眷属《けんぞく》(西王母に仕える霊獣)である兎、三足烏、蟾蜍、九尾狐《きゅうびこ》が配されているのは室内が他界、あるいは天上の他界へと続く空間であると認識されていたからであろう。

なお、室墓の天井の基本形は、前漢前期の家を模した平面長方形屋根形天井に始まり、中期にアーチ形天井、後期にドーム(穹窿)形天井が出現し、後漢には後二者が発達した。また、他の家形の埋葬施設が発達しだすのも前漢からのことである。

⑥死者の暮らす他界は現実的

卜千秋墓の昇仙図のように、壁画の一部には神話的・神仙的要素が残るものの、玄室内に表現された他界は非常に現実的なもので、町田章は満城一号墓について「墓室が死者の家屋であり宇宙であることを示している」と評価している。崖墓の中には、岩盤を刳りぬいて造りだした実物大の井戸や竈《かまど》をもつものもある。

そのため、副葬品も死後の生活に必要な品々で、最初は実用品もあったが、やがては仮器である明器や俑を中心としたものに変わり、何でも室内に持ちこむようになった。

彩色壁画の内容も、前漢後期以後になると昇仙図や辟邪図はあまり描かれなくなり、代わっ

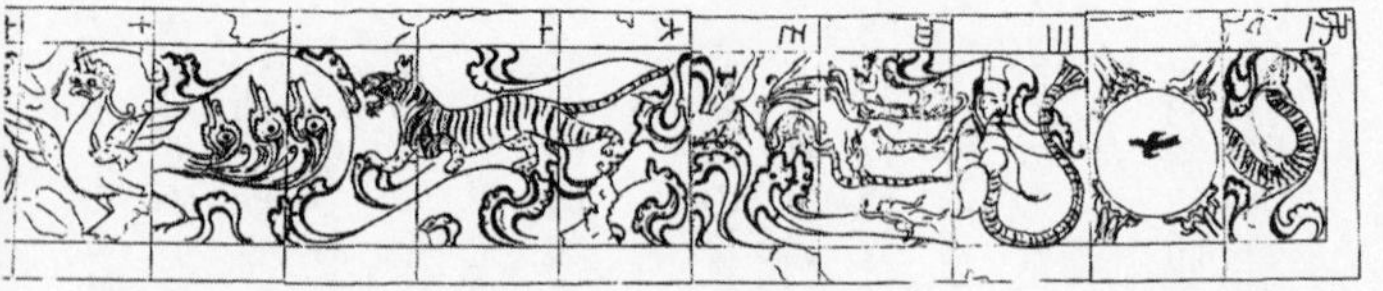

て、室内は死者の住みか（邸宅）としての性格を強め、側壁には墓主（被葬者）図や宴飲舞楽図（宴席とその場での歌舞、音楽、雑伎など）など他界での日常生活を表したものが発達し、天井には、一部に神仙的なものが残るものの、日月星宿が描かれ、少なくとも新（八〜二三年）には四神が加わった。

このような、墓主が死後も他界の天空（玄室天井）の下にある邸宅やその周辺で何不自由なく生活を送っているという他界表現の基本形は、後世に長く引きつがれていった。室墓の玄室に描かれた車馬出行図は、後述の画像石や画像石棺の例などを考慮すると、室内からどこか他の世界へと赴くというよりも、他界である室内に確実に到着したことを示す図像だったと思われる（212〜215頁参照）。

⑦存続しつづけた槨墓

他方、南の長江流域などでも前漢中期頃以後には塼室墓や崖墓が出現したが、多くの地域では前漢でも引きつづき伝統的な槨墓が造られた。その代表例として馬王堆一号墓を紹介すると、この槨墓は前漢前期の長沙《ちょうさ》国丞相《じょうしょう》軑侯《たいこう》利《り》蒼《そう》夫人の墓で、内部には四重の棺を納めた二重の木槨があっ

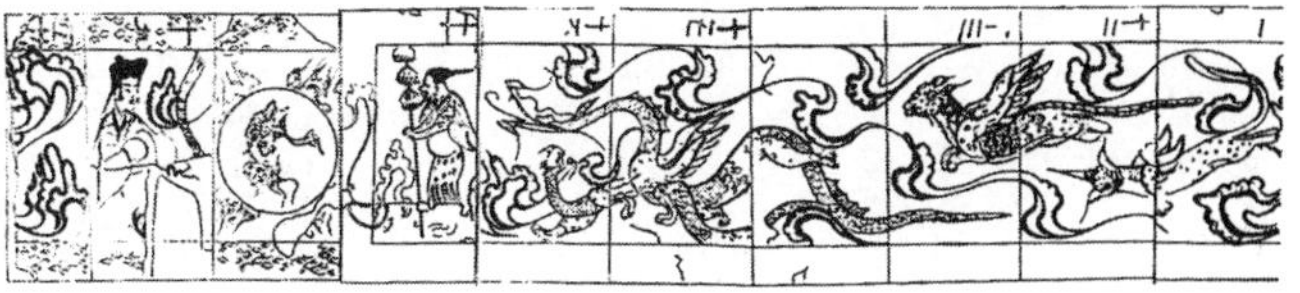

図6-12　卜千秋墓天井見上げの壁画

た。棺内には幾重もの布類に包まれたほぼ完全な姿の女性の遺体が残り、槨内には昇仙図が描かれたT字形帛画(198頁図6‐6)のほか、陶器、漆器、木器、竹器、楽器、絹織物、木俑(男女侍俑、歌舞楽俑など多数)、銅銭、食品など数多くの副葬品が充満していた。「槨内の開通」以前の典型的な竪穴木槨墓であるが、漆絵のある木棺や昇仙図帛画や木俑などに室墓の影響が認められる。

また、岡村秀典は、やはり前漢前期の木槨墓である湖北省鳳凰山一六八号墓出土の竹簡《ちくかん》(文字一行)・竹牘《ちくとく》(文字二行以上)に書かれた遣策《いさく》(副葬品の品名と数量を記したもの)と木俑などから、「墓主の霊魂は歩兵と騎兵に先導された安車《あんしゃ》(座って乗る車)に乗り、後に騎兵、軺車《ようしゃ》(小型の馬車)、牛車、船、家内労働者や農業労働者たちをしたがえて地下の冥界に旅立つと考えられたのであろう」(括弧内は引用者)と指摘している。同時期の室墓であれば壁画としても描かれた他界への車馬出行図を、木俑を組みあわせて表現したのである。先秦時代にはなかったという牛車が加わっているのも注目される。

ところで、ちょうど槨墓から室墓へ変化する時期に、他界への乗物は龍

（帛画）から蛇や三首鳥（卜千秋墓）、そして車馬（前漢の壁画や俑・明器）へと変化した。紹介した鳳凰山一六八号墓などでは、この変化の影響を受けて、槨墓であるにもかかわらず、他界への乗物は木俑による車馬行列へと変わっていたのである。

4　室墓の発展（後漢）――画像石墓・祠堂と車馬昇仙図

①墳丘、玄室と壁画

短い期間の新を経て後漢（二五～二二〇年）になると、前漢では皇帝陵はじめ小型墓までが方墳であったのに対し、大型墓の墳形は一変して円墳となり、中・後期には小型墓にまで普及した。

槨墓はほとんどなくなり、室墓のみとなり、玄室構造は後漢に定着した回廊型、中軸線配置型、単玄室型（黄暁芬分類、図6-13）を基本に多様に発達した。回廊型は玄室に開かれた槨がある過渡的なもので、中軸線配置型は羨道と玄室の前室・後室（時に中室あり）が一直線に並び、左右に側室や耳室が付き、各室が甬道によって繋がるもの（以下、複室とする。二室が基本）。単玄室型は玄室一室と羨道からなるもので、時には側室が付く（以下、単室とする）。

後漢後半には回廊型が衰退し、アーチ形天井、ドーム形天井の複室や単室の塼室墓が主流と

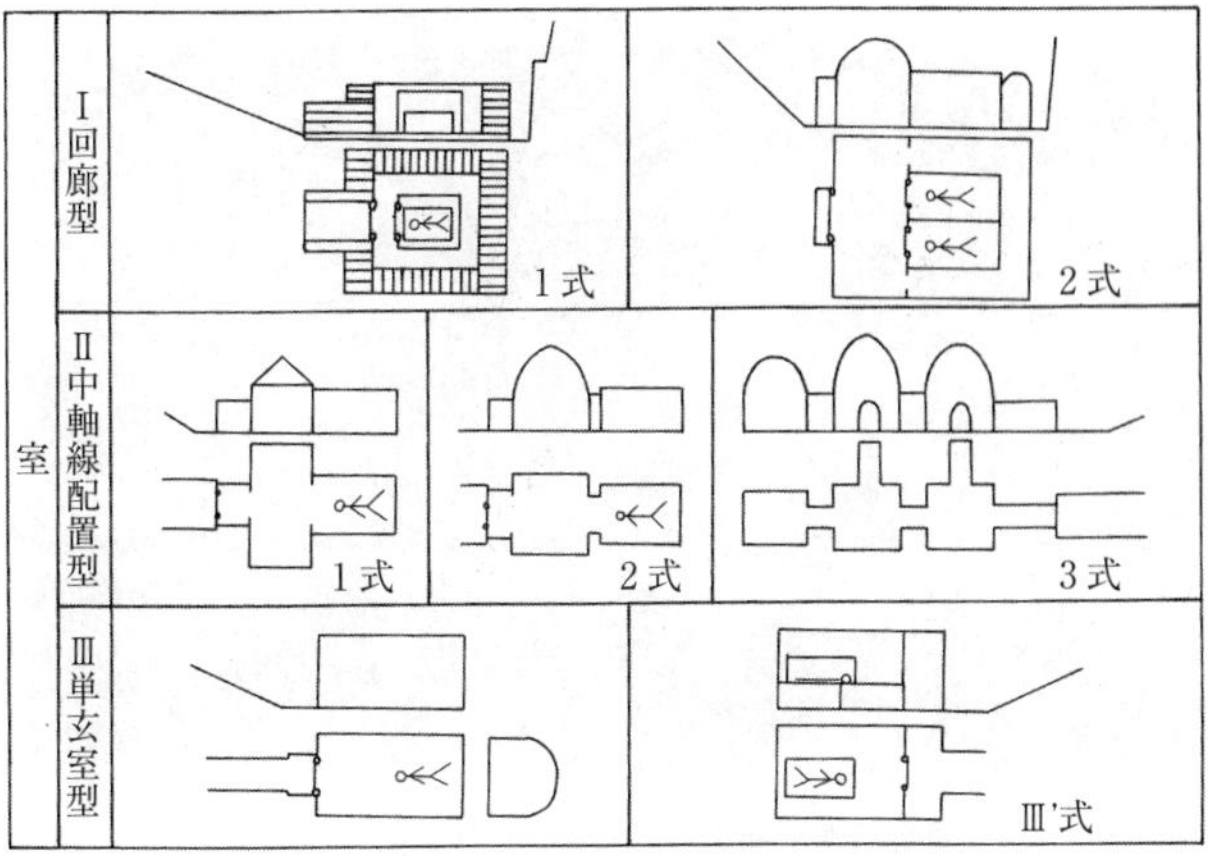

図6-13　塼室墓の諸類型

なり、後述の魏《ぎ》の薄葬令《はくそうれい》(215頁)以後は単室化の傾向はさらに強まった。

後漢の室墓では他界である室内で墓主が生前同様、安寧に暮らしている様子が彩色絵画の壁画や画像石、画像塼などで多様に表現された。彩色壁画の分布は広がり、東は遼寧省に及んだ。彩色壁画の内容は前漢後半とほぼ同様だが、後漢には宴飲舞楽図はさらに豪華になり、車馬出行図も流行したという。ただ、その出行図は被葬者の生前の事績や身分を誇る車馬行列(皇帝や貴族の出行時の儀仗や護衛の列を「鹵簿《ろぼ》」という)となったと評価されている。しかし他界である室内に車馬出行図を描くことになった本来の目的は、それが他界への乗物であり、他界に到着したことを表すことにあったと考えられるため、その本来の性格も残っていたものと思われる。

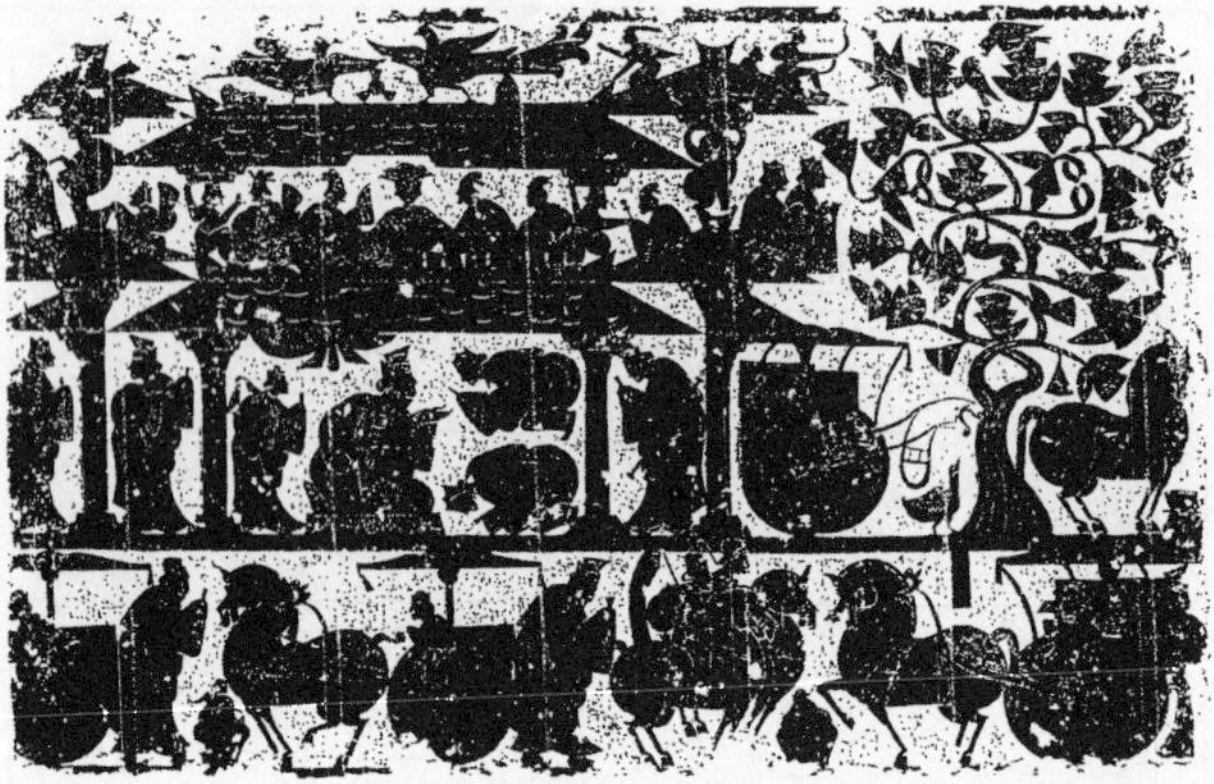

図6–14　画像石の図像（宋山1号小祠堂）

②画像石墓・祀堂と車馬昇仙図

さて、広域に室墓が広がると山東、南陽、陝西省北部、四川などの地域では、前漢末期～後漢には中小規模の室墓を中心に、線刻、浮彫などで図像を表した画像をもつ画像石棺や、画像石墓およびその祠堂《しどう》（墳丘裾の死者を祀る建物）などが盛んに造られた。

祠堂では山東省にある後漢中期の孝堂山《こうどうざん》祠堂や後期の武氏祠《ぶしし》、宋山一号小祠堂などが名高いが、それらには図6―14（宋山《そうざん》一号小祠堂）のような共通したテーマの画像が表現されている。その理解については、異説があるものの、テーマの中心が被葬者の車馬昇仙にあるとする曽布川寛説が妥当と考えられる。

興味深いのはその筋書きで、被葬者は車馬行列で他界へ赴き(他界へやってきて)、他界の入口の双闕《そうけつ》(宮城などの門前の左右に設けられた物見櫓《ものみやぐら》)の前で車馬から降り、木に馬を繋ぎ、空の車を置き、二階建ての楼閣の一階で拝礼を受けるというものである。宴席なのか、楼閣の二階には西王母と一群の人が座していて、屋根には鳳凰(二羽の鳥)が留まっている。被葬者は車馬で無事他界に到着し、丁重に迎えいれられたことを示しているのだろう。

同じような筋書きは、四川省陶家拐《とうかかい》に所在する後漢後期の塼室墓出土の画像石棺(刳抜式)にも、浮彫でよりシンプルに表現されている(図6-15)。すなわち、より下層の被葬者は一人の従者とともに一頭の馬に乗り他界へやってきて、双闕のある入口で馬を降り、木に馬を繋いで水を飲ませ、仙女が覗く半開きの扉から中に入ると、そこは西王母が座す他界の宮殿で、被葬者は夫婦円満に末永く暮らすというものである。この場合、塼室内は他界そのもので石棺は西王母が住む宮殿を表しているといえる。前述の画像石の図像の理解とよく合致する。

ともに、祠堂や墓室の内部が他界であり、そこへ車馬や馬でやってきた被葬者が建物の入口で乗物から降り、木に馬を繋いだことを表現することで、被葬者が無事他界に到着したことを明示したのである。

図6-15　画像石棺の図像（陶家拐石棺）
（a・c 長側面，b・d 短側面）

③双闕・半開きの扉——他界の入口

なお、土居淑子は、前記二例を含め、漢代の画像塼や画像石に見える双闕や扉の表現を収集し、それが他界への入口であることを考証した。他界へ入る天門《てんもん》としての双闕や、中から仙人が覗く半開きの扉などである。それらの図柄が棺に表されていれば、それは棺が開かれた棺であることを示す「偽門」の一種ということになる。四川省の後漢の石棺には、双闕や半開きの扉を表現したものが少なくない。また、木棺では前漢後期の山東省金雀《きんじゃく》山《ざん》一四号墓出土例の短側板の外側には、双闕と、屋根に鳥が留まる両開きの扉のある建物が描かれていた（図6-16）。前漢中期の満城一号墓の横口式家形石槨とともに、いずれも漢代の室墓においても開かれた棺・槨が用いられたことの証である。

5　室墓の展開(三国〜南北朝)——北朝と南朝の葬制の差

古代中国の葬制は、主に葬送儀礼を盛大に行い立派な墓を造るという「厚葬《こうそう》」の考えのもとに発展してきた。しかし、後漢(二五〜二二〇年)が衰退しつつあった二〇五年に魏の曹操《そうそう》が薄葬《はくそう》を命じ、二二二年に子の曹丕《そうひ》が、墳丘のみならず、陵前の寝殿《しんでん》や園邑《えんゆう》(陵園に付属する集落)の造営を禁じてからは、葬制・墓制は大きく変化した。

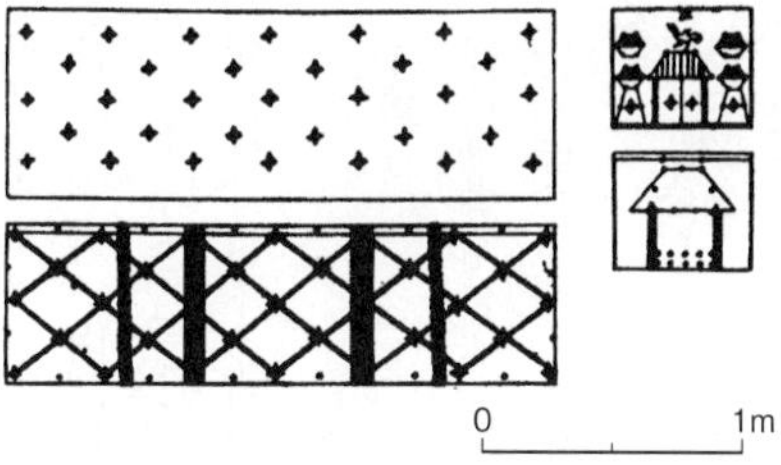

図6-16　偽門が表された木棺(金雀山14号墓)

以下、三国(二二〇〜二八〇年、魏二二〇〜二六五年、蜀二二一〜二六三年、呉二二二〜二八〇年)から西晋《せいしん》(二六五〜三一六年)、五《ご》胡十六国《こじゅうろっこく》(三〇四〜四三九年)の混乱期を経て、東晋(三一七〜四二〇年)、南北朝(四三九年の北魏《ほくぎ》の華北統一〜五八九年の隋《ずい》の中国統一まで)になると、葬制・墓制も地域差をもって多様に展開した。

なお、北部は五胡十六国から鮮卑《せんぴ》族が建てた北魏(三八六〜五三四年)、それが分裂した東魏《とうぎ》(五三四〜五五〇年)・西魏《せいぎ》(五三四

～五五六年)、さらにそれぞれに取って代わった北斉《ほくせい》(五五〇～五七七年)、北周《ほくしゅう》(五五六～五八九年)と続く。一方、南部は都を建康《けんこう》(呉の建業《けんぎょう》、今の南京)に移した東晋の後、宋(四二〇～四七九年)、斉(四七九～五〇二年)、梁(五〇二～五五七年)、陳(五五七～五八九年)の四王朝が続いた。

次には、日本の古墳の諸現象を考える上で参考となる要素を中心に知見を深めたい。

①墳丘

魏の薄葬令によって一時的に墳丘は造られなくなり、魏・西晋の皇帝陵には墳丘がない。五胡十六国や東晋でも中原などでは墳丘はなく、西域など一部の地域で円墳が造られた程度である。

ところが、北部では、鮮卑族(北方騎馬民族の一種)が建てた北魏になり、孝文帝(四六七～四九九年)による漢化政策が推進される中で葬制も改革され、厚葬が復活し、巨大な円墳(方壇円墳《ほうだんえんぷん》を含む)が造られた。山西省平城《へいじょう》の永固陵《えいこりょう》(祖母の文明皇后馮《ふう》氏、四九〇年埋葬、一二〇)や、洛陽遷都後の長陵《ちょうりょう》(孝文帝、四九九年没、一〇三)などである。そして、北朝では、陵墓を中心に円墳が造りつづけられた。

一方、南部では西晋の後を継いだ東晋が三一七年に長江南岸の建康を都に国を再建したが、薄葬の思想は東晋・南朝(宋・斉・梁・陳)の葬制に影響を与えた。東晋の皇帝陵の多くは墳丘をもたず、風水思想に基づき、墓は左右に丘陵が伸びる谷の奥に立地し、前に石造彫刻が並ぶ神道《しんどう》が付く。ただ、有力墓で円丘をもつものもあった。南朝の四王朝でも風水に基づく立地や石彫（装飾石柱や石獣など）の並ぶ神道は受けつがれ、皇帝陵などでは三、四十メートル程度の円墳が築かれたものもある。

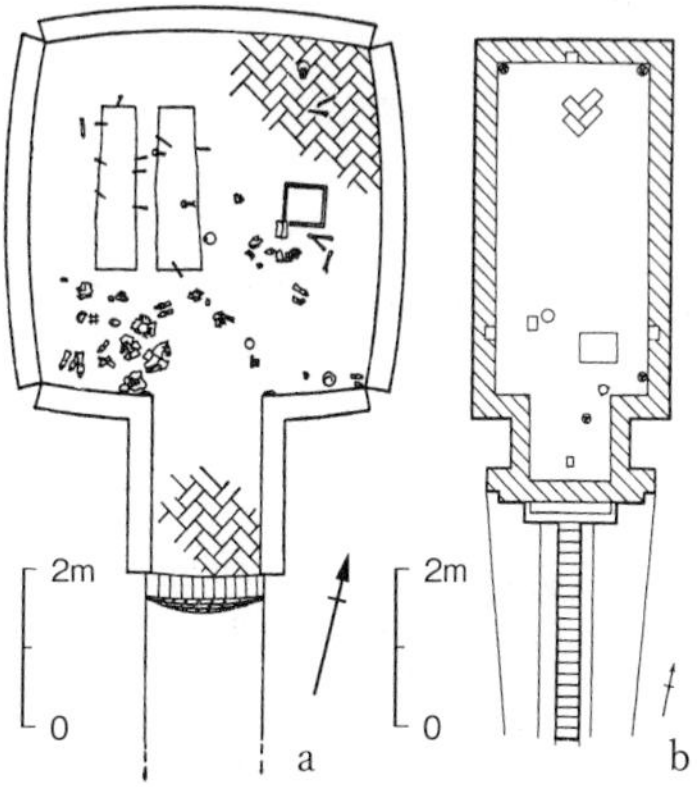

図 6-17　二つの単室塼室
（a ドーム形天井方形単室〈北魏〉, b アーチ形天井縦長長方形単室〈東晋〉）

②玄室の構造——北朝と東晋・南朝

北朝（北部）では主に塼（石）室墓や土洞墓が造られた。玄室は複室が衰退しだし単室化が進んだ。五胡十六国では黄土《こうど》高原一帯で土洞墓が盛んに造られ、初めて傾斜墓道に「抜き天井」（一種の吹き抜け）が付くようになり、塼室墓にも広がった。北魏になり単室化の傾向は加速され、洛陽遷都以後、玄室はほぼ単室のみとなり、ドーム形天井で胴張り（弧状）のある方形単室墓（図6-17a）が主流となった。

一方、南朝（南部）では、土洞墓は稀で、塼室墓が発達した。三国・西晋では複室や単室に側室などが付き多様な玄室が発達したが、アーチ形天井で縦長長方形単室が南部に偏る傾向が見られた。東晋になると複室は衰退しはじめ、単室が主流になり、アーチ形天井の縦長長方形単室の玄室が盛行した（図6－17b）。両袖式を中心に左・右片袖式もあった。新しいものでは四隅や奥壁が弧状をなすものも出現した。

③壁画――北朝の彩色絵画壁画と画像塼壁画

三国・西晋の壁画のテーマも、後漢と同様で、墓主の日常生活に関するものが多かった。中原などの例は少ないが、周辺の甘粛《かんしゅく》省嘉峪関《かよくかん》市三号塼室墓では複室構造の玄室の特定の塼の上に白土を塗り、牧馬、牛耕、桑の葉摘み、狩猟、鷹狩り、厨房、宴席を暗示する配膳、駱駝《らくだ》など、荘園での生活が描かれた。また、五胡十六国の同省丁家閘《ていかこう》五号塼室墓では、全面に塗られた白土の上に、前室の側壁には墓主と邸宅での宴飲舞楽や荘園生活などが描かれていたが、天井には、頂部に蓮華文を配し、日月、東王父《とうおうふ》、西王母とその眷属、龍、神馬、羽人、鹿、山岳などが描かれ、伝統的神仙世界の名残があった。

しかし、東晋・南北朝に至って大きな地域差が出現した。南部の東晋・南朝では彩色絵画壁画が極めて少なくなったのに対し、北部の北朝では、鮮卑など北方騎馬民族の風俗などを取りいれ、漢化の改良を重ねつつ、墓主の出行時の儀仗と護衛の列（鹵簿）などを中心に、彩色の絵画壁画が盛行した。そして、主に東部の北斉を経て隋・唐へと継承されていった。

代表例として、少し時代は下がるが、山西省婁叡《ろうえい》墓（北斉、五七〇年没）を紹介すると、この室墓は方形単室塼室墓で、壁画は傾斜墓道では騎馬出行・騎馬回帰、駱駝隊商などが、羨道では石門の扉に青龍、白虎、前後の壁に門吏《もんり》などが、玄室では奥壁に墓主夫婦、東壁に曳き馬などの儀仗列、西壁に牛車に乗る墓主の隊列などが、天井には日月星宿と十二支などが多様に描かれ、登場する人や動物には鮮卑人の風俗が色濃く表れていた。

一方、東晋・南朝では画像塼室墓が盛行した。画像を型（笵《はん》）押しした塼を組みあわせて壁面にはめこみ壁画とした塼室墓である。画像塼は漢代にも流行したが、南北朝から初唐にかけては長江下流域で特に盛行した。

東晋の江蘇省鎮江市郊外農牧場の例（三九八年）では、複室に四神ほか、人頭や獣頭で鳥身の怪獣、剣を執る熊の姿の方相氏《ほうそうし》形の怪獣、蛇を口にくわえ頭に載せた獣面の怪獣などが表現されていた。漢代以来の神話的・伝統的な辟邪の図像である。

また、五世紀後半の斉（南斉）のものと推測される河南省鄧州市学荘村の塼室墓では内容が多様になって人物、出行、故事、神仙、四神などの彩色塼画が見られ、多くが伝統的画題とはいえ表現に変化が見られるほか、儒教、仏教、道教それぞれの影響が強い図像が加わった。宋・斉では幾つもの画像塼を組みあわせて竹林七賢《ちくりんのしちけん》、羽人戯龍・虎、獅子、飛天《ひてん》などを表現した大型壁画も多様に造られ、伝統的な意匠にさらに新しい仏教的な意匠などを加えながら梁・陳でも盛行した。なお、主文様の縁の塼には円弧文、蓮華文、唐草文、花弁菱形文、塼文、幾何学文などが認められる。

しかし、型押しという製作技法からも文様や図柄はパターン化・硬直化する傾向にあり、画題には故事、教訓、象徴的なものが増えた一方で、被葬者の日常生活を表現するものは減少し、玄室内で死者が暮らしているという観念は希薄になっていったものと思われる。そして、その傾向は俑や明器のあり方にも強く表れた。

④俑・明器――北朝と南朝

俑や明器は、絵画壁画とともに、玄室内における墓主の他界での生活に必要なもの、あるいは生活を表現するのに必要なものの模造品である。したがって、その内容や盛衰は絵画壁画とほぼ同様に推移した。その動向を中国の楊泓の研究成果を中心にまとめると以下のようである。

俑には木製の俑（木俑）や陶製の俑（陶俑）などがある。前漢では、始皇帝陵の俑の影響で、俑坑や室内に武装男俑（騎兵・歩兵など）を中心に男女の侍俑（奴婢《ぬひ》、従者）、舞人俑、楽人俑などが入れられたほか、陝西省の景帝（前一四一年没）の陽陵などでは、生活用具、食料、家畜など他界での生活に必要なものはすべて俑や明器として入れられた。

後漢では陶俑が主流になり、壁画と同様、墓主の安寧な暮らしを示す宴席の舞楽雑技俑中心へと変化し、明器では楼閣、城、倉庫などの建物や、荘園の田地の模型などが増加した。ただ、薄葬令以降は、魏では俑は衰退し小型・少数になったが、蜀では後漢の旧制が残り、呉では漢の伝統を踏襲せず、地方色のある施釉の俑と明器となった。

　ところが、西晋が呉を滅ぼし（二八〇年）、全国を統一すると、葬制は刷新され、陶俑は増加し、四つの基本的な内容のものとなった。第一群は墓を護る鎮墓《ちんぼ》俑で、鎮墓獣俑と鎮墓武士俑（左手に盾、右手に武器。図6－18）の組合せ。第二群は鞍馬《あんば》や牛車が加わった出行儀仗《しゅっこうぎじょう》俑。第三群は侍僕舞楽俑（男女従者・舞人・楽人など）。第四群は厨房《ずぼう》の道具の明器（竈・井戸・水車小屋・碓《うす》など）と家畜（豚・犬・鶏など）の俑である。西晋の政治的統一が葬制の統制に及び、副葬される俑・明器の四群の基本的内容は後の北朝俑群の先駆けとなった。

図6-18　鎮墓武士俑
(a 五胡十六国，b 北斉)

　しかし、西晋は短期間に終わり、後を継いだ東晋は南方へと遷都。北方の中原には匈奴《きょうど》や鮮卑が侵入し五胡十六国時代を迎えた。この時には副葬俑はふたたび衰退に向かったが、中原の一部では西晋俑群の影響を受けつつも、新しい内容として、出行儀仗俑では武装儀衛《ぎえい》が増え、重装騎兵や鼓笛隊《こてきたい》が加わった。

北魏になると、初期(四世紀末)からすでに西晋の四群が揃ったものがあり、孝文帝の太和年間(四七七~四九九年)になると俑の副葬は日増しに増加した。そして、孝文帝は積極的な漢化政策として四九四年に都を洛陽に移すとともに、葬制に新しい規範を打ちだした。俑や明器も、基本は西晋以来の内容のものであったが、個々の形態や表現が刷新され、出行儀仗の数が増え、北方騎馬民族の軍隊の特徴である多量の甲騎具装と馬、駱駝などが加わり、男女の装束に鮮卑の風俗が強まった。この時期に製作された鎮墓獣俑・鎮墓武士俑の一対は北魏モデルとして隋・唐まで続いた。

以後の北朝の俑・明器群は北魏の太和の改制以降に形成された規範を踏襲した。特に東魏・北斉では俑・明器群の数量は厖大となり、鮮卑色も強まった。

一方、南朝では陶俑の製作が低調で、東晋には出行儀仗の牛車や武人が見られるが、宋以後には武人がほとんど姿を消し、俑そのものが少なくなった。八木春夫は、南朝の墓室の狭さとともに、俑に代わって、室墓の壁面を飾る画像塼のモチーフが多様化し、鎮墓武人・鎮墓獣、男女侍像、出行図なども表されたことが陶俑の重要性を失わせた可能性を指摘し、南朝の仏教への傾倒が、この時期、陶俑を含め南朝の墓葬美術を低調たらしめた主な原因であったと述べている。

⑤南北室墓の性格差——開かれた棺と墓室内祭祀

以上のように東晋・南北朝の墳丘、室墓の玄室構造、壁画、俑・明器などの地域・内容・盛衰の差を検討すると、中国の北朝域と南朝域で大きな差があることがわかる。絵画壁画や俑・明器などが発達した北部では漢・西晋の伝統を継承し、玄室の中で死者が暮らしているという観念のもとに葬制・墓制が成りたっていた。一方、南部では絵画壁画や俑・明器は発達せず、そういった観念は希薄になり、玄室が閉鎖的で槨的なもの(ただの棺を保護する施設)になっていったと考えられる。前漢まで南部に槨が存続したことも槨的な要素が強まる一因になったのかもしれない。そして、それに応じた葬制・墓制がそれぞれの地域で見られた。

北朝の開かれた棺

室墓では、死者が玄室内で暮らしているという観念から、棺は死者が自由に出入りできる「開かれた棺」であることが原則であった。しかし、棺にはより重要な遺体を保護するという本来の役割があった。そのため、曾侯乙墓の内棺のように、当初から、棺自体は密封したものであっても、棺に出入口を表現することで開かれた棺であることを示す方法がとられた。「偽門・偽扉」、「仮門・仮扉」などと呼ばれるものである。

室墓出土の棺には圧倒的に木棺が多いが、木棺は腐朽していることが多く、決して資料には恵まれない。しかし、発掘資料を丹念に収集分析した岡林孝作によると、前漢前期には鉄釘を使わない箱形の組合式木棺であったが、前漢中期頃から釘付組合式木棺が徐々に増加し、後漢には一般化したという。内面に赤、外面に黒の漆塗りが多い。そして、五胡十六国・北朝になると、木棺の前側（頭側）が広がり高さが増す片流れ形式のものが発達し、漆絵が描かれるものが多くなった。

では、南北朝の木棺や石棺には、漢の木棺や画像石棺のように偽扉や偽門などは表されていないのだろうか。現状では、寧夏《ねいか》回族《かいぞく》自治区出土の固原《こげん》北魏墓漆画木棺（片流れ形式）では、前短側板上部に被葬者の生前の生活を描き、その下部中央に偽門を描いたと推測されている。また、洛陽市北郊から出土した北魏画像石棺には細密な線刻画があり、前短側板に偽門と門吏が描かれていたことがわかっている。

現状では極めて例は少ないが、北朝の木棺や石棺にも戦国以来の系譜を引く偽門をもつ「開かれた棺」の伝統が確実に伝わっていたことがわかる。

ところで、北朝では、これらとは別系統の開かれた棺が用いられた。「石棺床《せっかんしょう》」と呼ばれる施設で、塼室墓や土洞墓で利用された。脚台の付くベッド状の屍床で、直接遺体を置く、広い

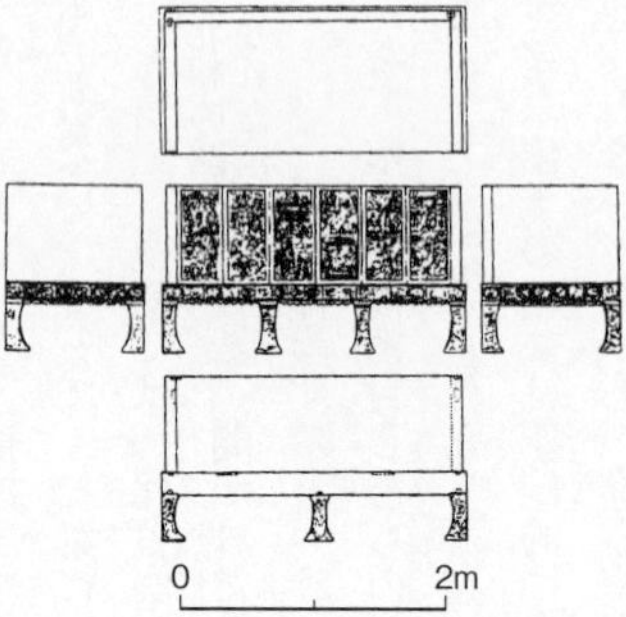

図6-19　石棺床（安伽墓）

意味での開かれた棺である（図6−19）。

少なくとも五世紀後半の北魏には出現していて、一般的なものは屍床の奥と左右を衝立で囲うもので、丁寧なものには正面側の中央左右に双闕を配し内部が邸宅であることを示すものがあり、衝立のない簡略なものもあった。石棺床の正面や衝立内面の装飾図像が有名だが、共伴《きょうはん》する俑群とともに、東晋、鮮卑、ソグドなどの風俗を映し、被葬者の出自を思わせる。

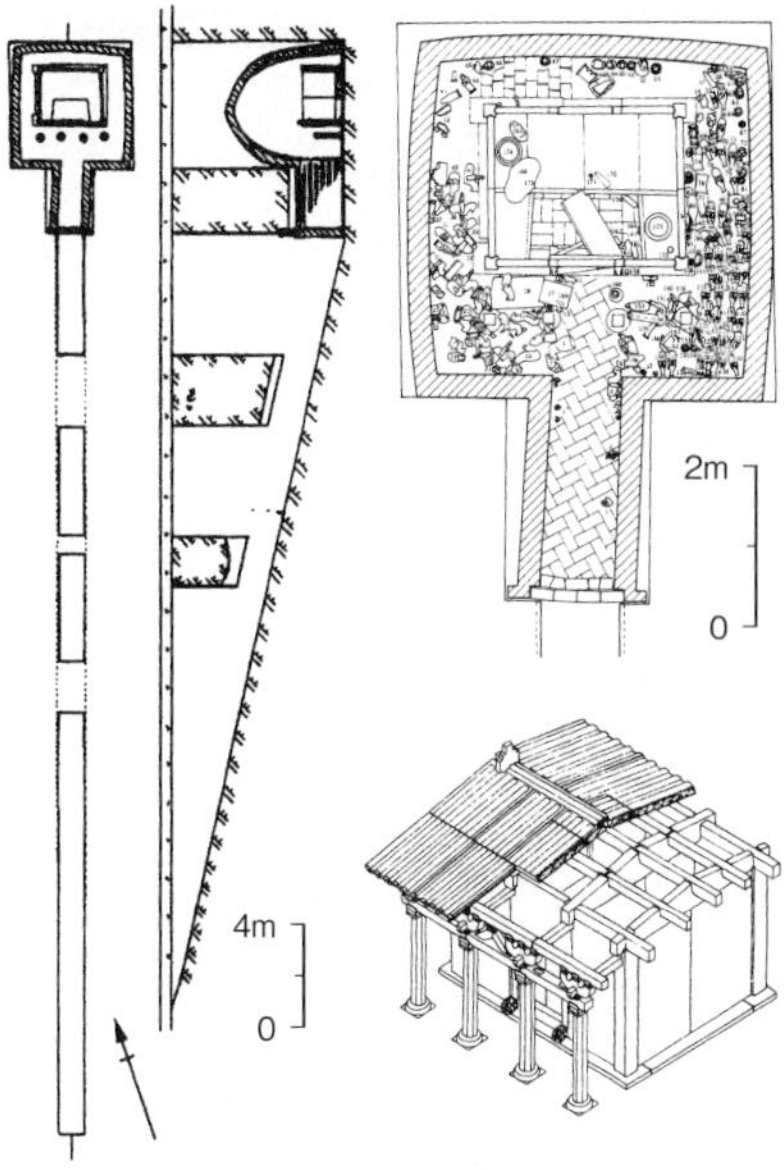

図6-20　殿堂式石槨（宋紹祖墓）

また、石棺床を家形で覆った「殿堂《でんどう》式石槨」と呼ぶものがある。現状で比較的古い例は山西省の宋紹祖《そうしょうそ》墓（塼室墓、北魏、四七七年、図6−20）で、切妻平入横口式家形石槨（棺がないので石棺と呼ぶべきか）の中にコの字形の石棺床があり、二個の石灰枕が置かれていた。横口式家形石槨（石棺）には他に入母屋平入のものなどがあり、いずれも横口には両開きの石扉が付く。内部に石棺床(棺なし)があるものや、低い棺台(木棺あり)があるものがある。なお、隋・唐の墓制は北朝の墓制を継承したため、入母屋平入横口式家形石槨は隋・唐にも流行した。たとえば、陝西省懿徳《いとく》太子墓(七〇六年)では線刻の両開きの扉があり、内外に二人ずつ扉を開く係の女性が立っている。

南朝の「墓室内祭祀」

一方、玄室内で死者が生きているという観念が希薄な南朝では、玄室内の儀式に新たな要素が出現してきた。三国(魏)・西晋には奥室に棺台、前室に塼や石造りの祭台を設け、周りを帷帳《いちょう》で囲う施設が出てきた。東晋になると玄室内を照らす灯皿を置く棚や龕《がん》が現れ、南朝前期(宋・斉)では縦長長方形単室の奥側に棺台を造り、その前に帷帳をめぐらす祭台を設け、墓誌などを置き、壁面に灯皿を付ける例が一般化した(図6-21a)。棺台の前には凴几《ひょうき》(脇息《きょうそく》・肘掛け。図6-21b)が置かれ、祭台上には飲食器が配された。

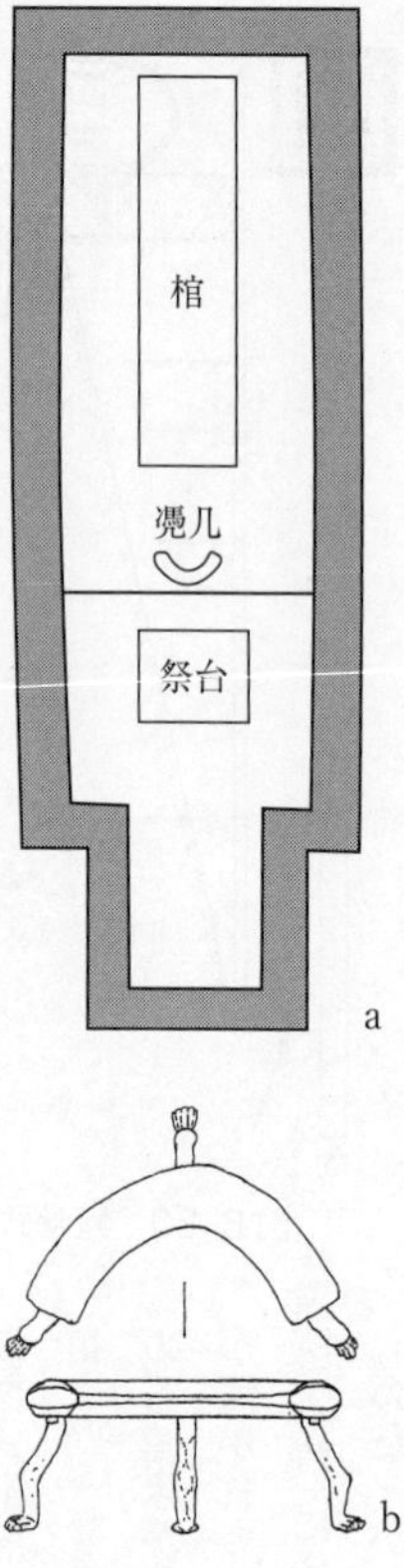

図6-21 南朝の墓室内空間と凴几

向井佑介は、「魏の文帝曹丕が終制において薄葬を命じ、陵前に寝殿を建設し園邑を造営することを禁じると、墓前に祠堂を建設することはできなくなり、墓室内で故人をまつることが流行した」という中国の研究者の説を紹介した上で、葬送儀礼の過程で生者が室内に入り、凴几に寄りついた死者に飲食物を供える「墓室内祭祀」であるとした。

この見解に従えば、墓室内はすでに死者が暮らす空間ではなく、生者が立ち入ることが許された空間で、そこに死者の魂の依代である凴几を設けて食物供献儀礼を行ったことになる。生者による死者への供養の儀礼と言える。したがって、ほぼ同時に出現した凴几、祭台、帷帳、食器、灯皿などは、死者が使う副葬品とは異なり、生者が使用するものであることに注意しておきたい。この時には南朝の棺は閉ざされた棺になっていた可能性が高いが、死者の魂は、呼びよせれば、棺から出てくるものと観念されていたのだろう。

⑥夫婦合葬を中心とした家族墓

黄暁芬によると、墳丘墓への埋葬は、前漢までは一墳一葬が基本で皇帝や官僚・貴族の多くは同陵異墳（同じ陵園の異なる墳丘）、ないし同墳異穴（同じ墳丘内の異なる墓穴・埋葬施設）に埋葬された。隣接する家族墓地でも夫婦や親子でさえ同一の墓穴に葬られることはなかったという。しかし、後漢後半になると夫婦の同墳異穴や同室合葬がしばしば見られるようになり、三国

（魏）・西晋以後、玄室の簡略化が進む中で、夫婦や、夫婦を中心に二、三世代にわたる家族墓の築造が行われ、従来の大型墓にはない追葬の風習が始まった。当時の室墓で流行していた墓誌によると、洛陽市裵祗墓では後室に裵祗母太婦人、前堂北側室に裵祗夫婦（二九三年没）、その東壁に掘られた土洞側室に裵祗の娘が追葬されていた。同様の現象は南方でも定着しつつあり、南北ともに皇帝陵をはじめ大型墓を中心に追葬による夫婦合葬が基本となり、時にはさらに追葬された。

6　船棺葬（舟葬）――江南の他界への乗物・鳥と船の出会い

以上の他に、古墳の葬制との係わりで知っておきたい葬制に、既述の槨墓や室墓が広がる以前から長江以南（江南）を中心に普及していた船棺葬（舟葬）がある。以下では、辻尾榮市らの成果を参考にその様相を概観する。

①船棺葬（舟葬）の始まり

この地域では、丸木船は新石器時代中期の河姆渡《かぼと》文化（前五〇〇〇～前四五〇〇年頃）には出現し、少なくとも後期の良渚《りょうしょ》文化（前三五〇〇～前二二〇〇年頃）では身の底部断面が緩い弧状をなす丸木状の刳抜式木棺（「独木凹弧棺」）が普遍的に用いられていた。その中には、浙江《せっこう》省反山《はんざん》遺跡例のように木棺の四周を板で囲った木槨状の施設を伴うものもあった。北部の黄河中流域の仰韶文化にあるような人の魂は龍に乗って他界へと赴くという信仰に対し（191頁）、ここでは人の魂は船に乗って他界へ赴くという船棺葬（舟葬）の信仰が生まれていたものと思われる。なお、刳抜式木棺を入れた木槨状施設と槨墓の槨との関係は不明である。

②四川省成都商業街船棺葬墓群ほか

船棺葬は殷・周、特に戦国前後に流行した。戦国の蜀の王族墓地との説もある四川省の成都商業街船棺葬墓群（戦国前期）では、大型の竪穴土坑からクスノキの丸太材を半裁し刳りぬいた船棺が多数出土している（図6-22）。

形態には船形と箱（匣）形がある。多くの船形は半裁した丸太の細い方を船首状に斜めに削り、船尾を垂直に切りおとし内部を刳りぬいたもので、同形のものを棺身と棺蓋にしている（a）。一部の船形は、いわゆる割竹形の棺身で、船首も船尾も垂直に切りおとし内部を刳りぬいている（b。蓋は不詳）。一方、箱形は長方形箱形の身の内部を刳りぬき、板状の蓋をしたもので、一部に縄掛突起が付く（c）。船形には長さ一八・八～約四・五メートルと規模に差があり、小型は副葬品用。箱形は殉葬など従属的地位の被葬者用と考えられている。また、他の遺跡では、

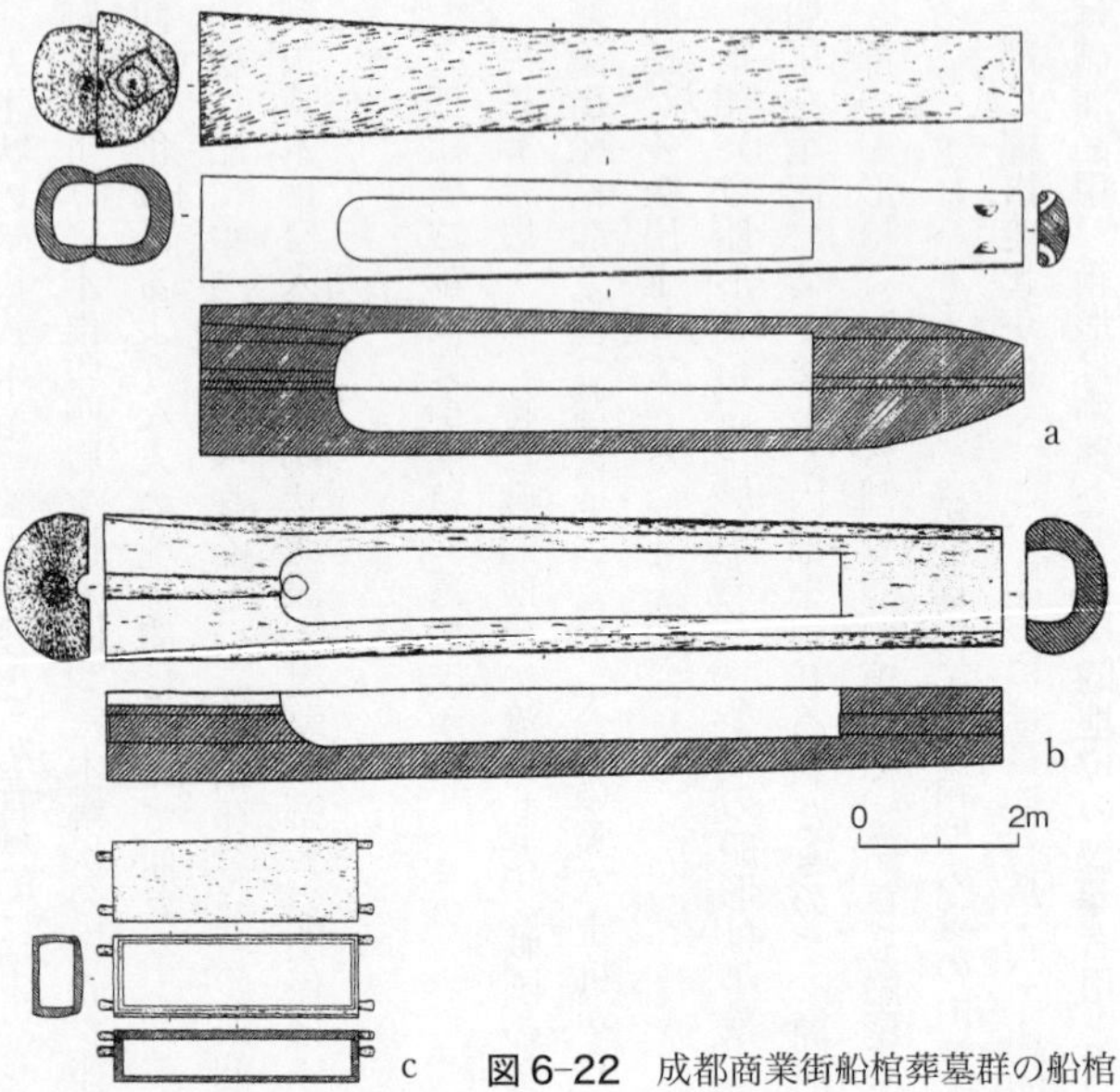

図6-22　成都商業街船棺葬墓群の船棺

小型の組合式木棺や刳抜式の箱形木棺を船に乗せ埋葬したものもある。

いずれにしても、ここでは棺の形態差にかかわらず、どれもが船棺で、規模や形態の差は被葬者の階層差や入れるものの差などに係わっていることがわかる。

③江南での他界への乗物

船棺直葬の場合は、船棺は遺体を入れる容器であるとともに、遺体を運ぶ容器（乗物）でもあったが、それは船が死者の魂を他界へと運ぶ乗物と観念されていたからにほかならない。先の棺を乗せた船の場合は、棺を運ぶ乗物としての船が埋葬の折に木板などを被せられ、そのまま棺として埋められたものと思われる。

ところで、同じ戦国でも黄河流域にある中期の河北省中山王陵一号墓（被葬者は「𠺷《さく》」、前三一四年没）の墳丘裾にある「葬船坑《そうせんこう》」では、盗掘され燃やされた跡から、主船と見られる大型船一艘、中型船三艘、小型船二艘の痕跡が検出された。木板を組みあわせ鉄製の箍《たが》で留めた初期の構造船（多くは漢代から）で、彩色され飾られた船であった。この槨墓では他に車馬坑二基（ともに馬は一二頭出土）なども見つかっている。ここでは船も車馬とともに他界への乗物になりえたのであろうか。

④槨墓・室墓と船棺

ところで、槨墓や室墓で使用された木棺は長方形の箱形木棺（後には片流れ形式木棺）で、丸太状の刳抜式木棺はめったに使われていない。系譜関係は十分明らかでないが、春秋後期の浙江省印山越王墓《いんざんえつおう》（長方形周濠、全体三五〇×三〇〇）で、特殊な合掌《がっしょう》形天井の木室の中に、丸太の両端を垂直に切り、半裁して両端まで刳りぬいて、蓋・身とした、長さ六メートル余りの漆塗割竹形木棺（船棺、小口板なし）が安置された例を知る程度である。

四川省で調査された他の遺跡では、戦国～前漢（前四世紀～前一世紀）にかけての墓が数多く見つかっており、船棺墓、土坑墓、槨墓、室墓と推移したと考えられている。良渚文化の槨状施設（刳抜式木棺）と槨墓（組合式木棺）の関係は不明である。したがって、南部へ槨墓、室墓が普及した段階には、主要な地域では船棺葬はほとんどなくなり、後代には江南の一部の民族や階層の人びとの葬制として残ったものと思われる。

⑤鳥と船の出会い

では、古墳のように、鳥に誘われた船に乗って他界へと赴くという鳥船信仰はいつ頃から認められるのであろうか。

他界への乗物と鳥という組合せで言えば、注目されるのは戦国中期の女性と龍と鳥を描いた「人物龍鳳図」（図6–23 a）や、男性が操る龍（龍船）とその尻尾に留まる鳥を描いた戦国後期の「人物御龍図」（図6–23 b）で、龍は他界（崑崙山）への乗物、鳥は他界からの使者である鳳凰と理解されている。黄河流域に新石器時代からあった龍に乗って他界へ赴くという信仰に、戦国中・後期の帛画の絵では他界からの使者である鳳凰が加わった。

図6–23　人物・龍・鳥のいる帛画
（a 人物龍鳳図，b 人物御龍図）

ところが、「南船北馬」とよく言われるように、遠方へ向かう乗物として馬が発達していた中国の北部では、埋葬施設が槨から室へ変化した前漢には、室墓的要素である昇仙図の他界への乗物は龍から車馬へと変化した。一方、新石器時代から乗物として主に船が用いられていた南部の長江流域では、船棺直葬(時に木槨状施設あり)の段階から、他界への乗物としては船が重視されていて、この葬制と北部的要素である龍や鳳凰が融合し、他界への乗物としての船と龍が一体化し、それに他界からの使者である鳳凰が加わったものと思われる。この場合、他界は天上にある可能性が高く、船棺葬は無前提に海上他界と結びつくものではないと思われる。

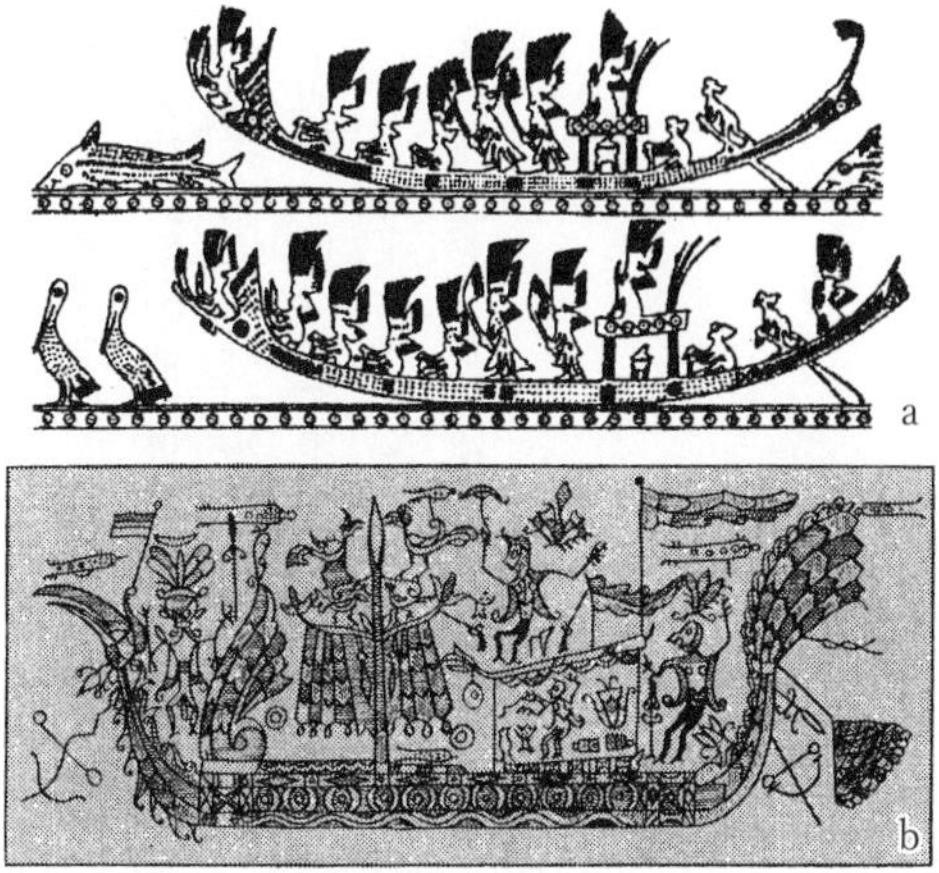

図 6-24　南の鳥船
(a 銅鼓，b 南島〈ボルネオ〉)

なお、船と鳥とが結びついた鳥船の図柄には、少なくとも戦国末～前漢初(前三世紀)には出現していた雲南やベトナムから東南アジアに広がる銅鼓《どうこ》(先行例あり)や、南島諸民族の葬送儀礼に見られるような、船首が鳥の頭、船尾が鳥の尻尾をなす鳥船(図6-24)と、後に列島で見られるような船首に鳥が留まる鳥船(59頁図2-2b・c、270頁図7-11aなど)の二種類がある。人物御龍図(前三世紀)を原型とすれば、時空ともに中間の例は不明だが、図柄的には、船首に水先案内の鳥が留まる列島的な鳥船の方がより原型に近いように思われる。二つの鳥船は親子関係ではなく兄弟関係なのであろう。

なお、長江下流域では新石器時代以来の水稲農耕文化に由来する太陽神崇拝と関連づけられる鳥の図柄や形象が見られるが、今のところ、葬送と関連づけられるものはないようである。

第七章　日中葬制の比較と伝播経路

古代中国の政治、社会、文化は、長期にわたって日本のそれらに大きな影響を与えてきた。本書の最後に、これまで述べてきた古墳の葬制と古代中国の葬制とを比較し、その伝播経路も考慮しつつ、現在の知見をまとめてみたい。以下、時期ごとに、中国における槨墓、室墓、船棺葬(舟葬)、それぞれの葬制がどのように古墳の葬制に係わったのかについて検討する。両者の関係はすでに弥生時代から始まっていたので、話はそこから始めることになる。

1 弥生時代

①前期〜後期前半——墳丘墓の定着と船棺の先駆け

墳丘墓の定着

中国南部の長江流域で発達した水稲農耕文化が朝鮮半島を経由して、前一〇世紀頃の弥生早期に日本列島に伝わってきた。したがって、弥生文化の中には源流となった地域、経由した地域、それぞれの文化的要素が濃淡の差をもって数多く含まれていた。

墓制の棺としては、九州北部では北方系の箱式石棺、組合式箱形木棺、少し遅れて列島独自の大型甕棺の直葬が一般的となり、一部には周溝墓や台状墓といった墳丘をもつ墓も含まれていた。また、畿内を中心とした地域では、周溝墓や台状墓に組合式箱形木棺を直葬する墓制が定着した。両地域ともに、棺は閉ざされた据えつける棺であった。

船棺(刳抜式木棺)の先駆け

しかし、それらに混じって、中期前葉(前四世紀頃)には、少数ではあるが中国南方系の割竹・舟形の刳抜式木棺も、九州北部の福岡県福岡市吉武高木一・二・四号墓などで出土しており、中期後葉には畿内に及んでいた。また、同市比恵一号墳丘墓(方形、三〇×二二、中期前葉、図7-1)では刳抜式木棺(長さ二・五メートル。以下同様)のみならず、それを板で覆う木槨状施設も出土している。この底部断面が弧状を呈す刳抜式木棺を木槨状施設で覆う墓制は、長江下流の良渚文化などでも発見されていることから判断すると、それらは弥生文化の本源地の墓制の名残(余波)のようなもので、列島に伝わった最初の船棺かと考えられる。言いなおせば、列島に伝わった初期の稲作文化の中には、僅かながらも、すでに船棺葬(舟葬)の習慣が含まれていた可能性が高いのである。

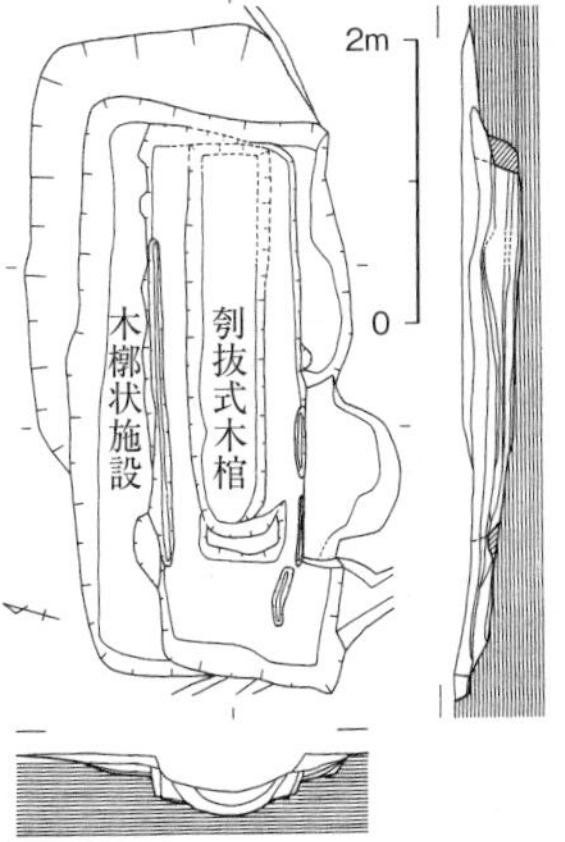

図7-1　比恵1号墳丘墓の刳抜式木棺と木槨状施設

　こうした刳抜式木棺の仲間は、弥生文化の成立に大きな影響を与えた半島南部の初期鉄器時代(細形銅剣《ほそがたどうけん》文化、前五世紀後半〜前四世紀以降)にも認められ、韓国義昌郡茶戸里《たほり》一号

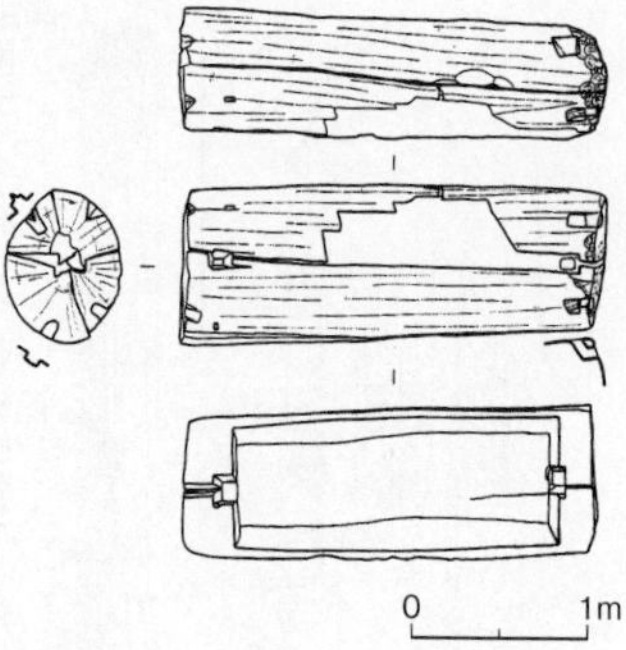

図7-2　茶戸里1号墓の刳抜式木棺

墓出土の割竹形刳抜式木棺(二・四、直葬、前一世紀、図7-2)は、この文化の伝統が残る原三国時代(前一世紀〜後三世紀中葉)初期の例としてよく知られている。

その後、弥生中期中葉頃から九州北部に中国製の鏡や鉄刀などが伝わるようになると、畿内でも、首長墓の出現に応じたかのように、蓋や翳や麈尾《しゅび》(団扇形木製品)などといった首長の身辺を飾る中国系の道具が出はじめた。また、葬制との関係は明らかではないが、鳥形土器、鶏形土製品、船形土製品・木製品などの形象遺物も現れだした(以下、「〇形」を省略する場合がある)。

②後期後半〜終末期——槨墓や室墓の諸要素の伝来と船棺の拡散

そして、後期後半〜終末期(二世紀〜三世紀前葉)になると、葬制面で一層、中国的要素が顕在化しはじめた。

楯築墳丘墓　その代表例が弥生後期後半の楯築墳丘墓である(12頁図1-5)。この墳丘墓の構成要素を検討すると、中国からの影響と考えられる要素には、円形原理の墳丘をはじめ、槨墓的要素としての木槨と組合式箱形木棺、室墓的要素としての明器や俑と関係する家形土器や人形土製品（16頁図1-7a）などを指摘できる。ただ、墳丘墓の造り方は他の弥生墳丘墓と同じ墳丘先行型であることから、この墳丘墓は、新しい外来の諸要素を加えつつも、従来の伝統的な台状墓の造り方で造られたものと判断できる。

木槨

弥生中期前葉頃より、列島では木槨は、構造的に不安定な木槨状施設が九州北部から中国地方西部にかけ分布する。しかし、弥生後期後半頃にはそれとは別系統と考えられる、本場中国には及ばないものの、より本格的な構造の木槨や石槨が瀬戸内海中部や山陰の一部で造られだした。中でも岡山県の楯築墳丘墓の木槨（図1-5b）は、二重底で組合式木棺（閉ざされた棺）を納める、より本場に近い木槨と評価されている。木槨は、中国では後漢には中心部では衰退しだすが、周辺部では分布を広げ、半島北西部では前漢の植民地である楽浪《らくろう》郡（前一〇八〜後三一三年）の設置とともに本格的な木槨が造られだした。そして、その影響を受けて、半島南部では原三国時代後半（二世紀頃）から地域的に変容した木槨が造りはじめられた。しかし、現状では列島の楯築墳丘墓などの木槨との直接的な系譜関係は不明である。東アジア各地の木槨を比較した岡林孝作は、「漢の周辺諸民族が漢の墓制である木槨を受容するにあたっては、それぞれが民族的な独自性を保持しながら、さまざまな形で取りいれています」と指摘している。

また、楯築墳丘墓の第二埋葬施設が刳抜式木棺（推定二・二）の直葬であることも注目される（図1-5c）。前述のように、刳抜式木棺は弥生時代の早い段階に伝わってきてはいたが、発見例はごく少数だった。しかし、弥生後期後半から終

船棺（刳抜式木棺）の拡散

末期になると発見例が増加し、岡山県南部や京都府北部（「舟底《ふなぞこ》状木棺」と呼ばれている）などでは面的な広がりをみせつつ、九州北部を含め、閉ざされた棺として西日本各地に広がっていった。岡山県倉敷市女男岩《みょうといわ》遺跡（十数メートルの墳丘墓、弥生終末期）では、刳抜式木棺の直葬に明器の影響を受けたと考えられる台付家形土器（16頁図1-7b）が伴っていた。

形象土器・土製品類

形象土器（容器）や土製品・木製品については、関東以南の地域で家や鳥、稀には鶏や船の土器が、木製品では鳥や鶏などが増え、地域的な広がりをみせた。その中には、家や鶏の土器や人形土製品のように、明確に葬送儀礼で用いられたものも出現してきた。鳥形土器などについては、半島では原三国時代（前一世紀〜後三世紀中葉）の瓦《が》質《しつ》土器に見られる鴨《かも》形土器（図7-3）などが関連するかもしれない。瓦質土器がより高温で焼成されるようになった陶質《とうしつ》土器の初期のもの（四世紀）に女男岩墳丘墓例に類似する台付家形土器があるのも興味深い。五・六世紀を中心に陶質土器にはさまざまな形象土器や、土器を装飾する人物・動物形土製品が発達する（247・261頁）が、瓦質土器の中にその萌芽があったのだろう。

中国的要素の顕在化

以上、この段階には、都出比呂志が中国的要素として指摘した「密封思想」(閉ざされた棺・槨)や「朱の愛好」などを含む槨墓的要素とともに、埴輪のもとになったと推測される明器や俑に由来する室墓的要素、および船棺など、中国南北各地域に係わる葬制の要素が出揃い、墳丘先行型の墳丘墓づくりや、円筒・朝顔形埴輪の祖型となった特殊壺・器台を含む食物供献儀礼など、地元の伝統的な葬制と混在していた点が注目される。

しかし、次の古墳前期になるとこれらの木槨やその仲間の石槨はほとんど造られなくなり、槨に納められる棺は組合式木棺ではなく、割竹・舟形の刳抜式木棺が中心になった。また、墳丘における食物供献土器の一部である特殊壺・器台が次の段階で埴輪になったのに対し、家・鶏形土器や人形土製品などは直ちには埴輪とはならなかった。詳細は省くが、楯築墳丘墓段階の葬制と古墳前期前葉の古墳の葬制との間には、奈良県桜井市ホケノ山墳丘墓(積石囲木槨、舟形木棺)のような試行錯誤の段階があり、さらに飛躍が必要だったのである。

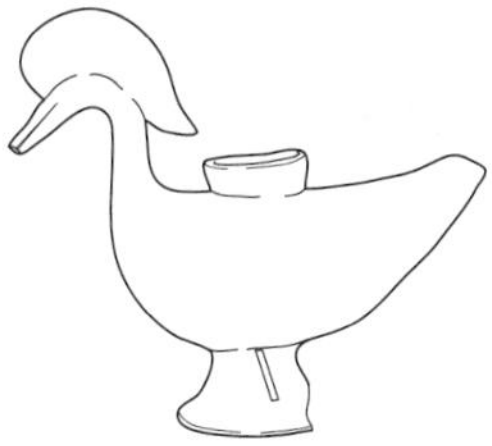

図 7-3　瓦質鴨形土器

2　古墳時代前期

①前期前葉――古墳の儀礼の創出と他界表現の始まり

円形優位の墳形、竪穴系の槨、刳抜式木棺

古墳時代に入ると、前の時期から畿内でも散見しはじめた円形や前方後円形など円形原理の墳丘墓が、円主方従の考えのもと、前方後円墳として成立した。そして、ヤマト王権の最高権力者である大王の前方後円墳を頂点に、前方後円墳、前方後方墳、円墳、方墳が形と規模を基準に一定の秩序をもって造られだした。

埋葬施設は、長大化した割竹形・舟形の刳抜式木棺（四〜七メートル）を納めるために、槨も狭長な竪穴式石槨となり、床には棺を安定化する断面弧状の粘土棺床が設けられた（42頁図1―15）。遅れて出現する粘土槨も含め、ともに極めて列島的な閉ざされた棺・槨であった。槨に船棺としての刳抜式木棺を納める例は東アジアでは極めて珍しい。

他界表現の始まり――埴輪の出現

一方、墳丘には葺石が施され、埴輪として吉備由来の特殊壺・器台や、地元の大和由来の茶臼山型二重口縁壺が食器形埴輪として立て並べられた。これらの埴輪は現世の日常の土器から、底部の打ち欠き・穿孔などで日常

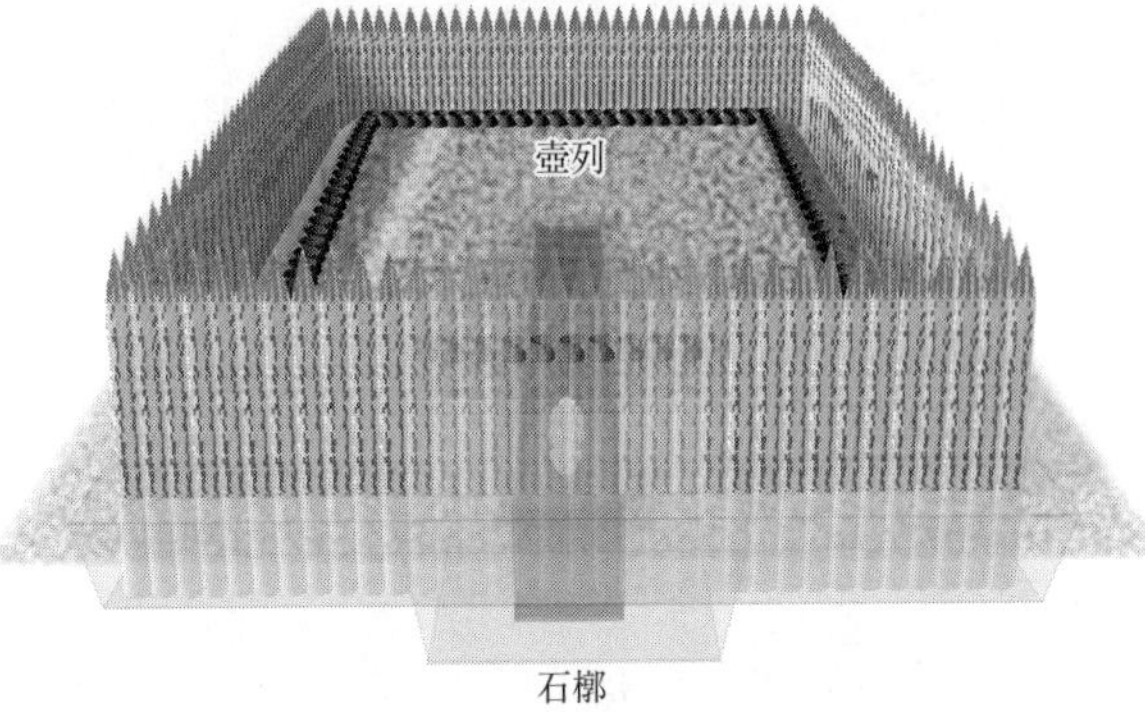

図 7-4　桜井茶臼山古墳の方形壇を囲む柵列復元図

性を否定した仮器の段階を経るなどして、焼成前に穿孔する本格的な仮器となり他界のものになったことから、「土器の埴輪化」と捉えられる。おそらく、この時期から、室墓的要素である「他界の可視化」として、古墳の墳丘表面に他界を表現することが始まったのであろう（楯築墳丘墓でもその可能性はあるが、未熟で継続せず）。

発掘調査された奈良県桜井市茶臼山古墳（二〇七、前期前葉）では、後円部中央の埋葬施設の真上に方形壇があり、その上縁の四周に壺形埴輪が並び、それら全体を囲むように直径三〇センチ余りの丸太を隙間なく立て並べた木柵があったと推測されている（図7-4）。他の古墳の周濠からも建築部材や器財形木製品が出土することを考慮すると、この段階の他界表現にはより多くの木製品が用いられていた可能性がある。

古墳の墳丘表面に他界が表現されるようになった理由は、明器や俑などとともに「他界を可視的に表現する」という室墓的な墓制の考え方が伝わってきたことや、後述のように、古墳の儀礼で遺体を船に乗せて他界へと誘う筋書きの舞台装置としての他界が必要であったこと、他界を表現する場としては内部空間の少ない閉ざされた棺・槨は不向きであったことなどの理由が考えられる。

その結果、墳丘の内部には槨墓的な閉ざされた棺が、墳丘の外面には室墓的な他界の表現が施されるようになった。古墳の他界は天上にあり、船棺に由来する刳抜式木棺を用いているとはいえ海上他界の気配はない。

天鳥船信仰の表現

ところで、この時期には、奈良県天理市東殿塚古墳の楕円筒埴輪に描かれた、鳥が船首に留まる準構造船の絵(59頁図2-1b)からわかるように、すでに、死者の魂は鳥に誘われた船に乗って他界へと赴くという、天鳥船信仰が列島に伝わってきていた。そして、この信仰は、船と鳥の組みあわさった絵や図柄や造形だけを見ても、埴輪へのヘラ描きの絵(前期前葉)、鳥の留まる船形埴輪(中期前葉、図2-1c)、装飾古墳の彩色壁画(後期中・後葉、182頁図5-18、270頁図7-11a)、装飾付須恵器(後期後葉~飛鳥前葉、64頁図2-2a)と、古墳時代を通じて継続した。船や鳥が別々に作られた船形埴輪や水鳥形埴輪(中期~後期中葉)もその信仰に含まれるものと思われる。

では鳥と船はどのようにして結びついたのであろう。

前章で述べたとおり、中国北部では新石器時代(仰韶文化)の頃から死者の魂は龍虎に乗って他界へと赴くという信仰があり、戦国中期には被葬者と、被葬者が乗る龍(龍船)と、他界から迎えに来た鳥(鳳凰)の三者が組みあわさった図像(人物龍鳳図・人物御龍図、232頁図6-23)が描かれた。そして漢代に入ると、中原を中心とした北部では他界への乗物は現実的な車馬に代わったのに対し、新石器時代より船棺葬の伝統をもつ南部の長江流域では、他界への乗物である船と龍船が重なり、それに他界への案内者である鳥が加わったものと推測される。ただ、現状では長江流域に想定される鳥船と古墳時代の鳥船を繋ぐ直接的な資料はない。鳥との関係を問わなければ、刳抜式の船棺は数少ないながらも弥生中期前葉にはすでに列島に伝わっており、弥生後期後半〜終末期に伝わった新しい葬制の一要素としても刳抜式木棺が一定の広がりをみせ、それが古墳時代の割竹・舟形の刳抜式木棺へと繋がっている。

東殿塚古墳の鳥船の要素である準構造船も、弥生前期後葉〜中期前葉にさかのぼる例(鹿児島県中津野遺跡、滋賀県赤野井浜遺跡など)があり、他界の鳥(鳳凰)かと考えられる絵も弥生中期後葉には確認できる(253頁図7-6c)。そのため、天鳥船信仰の伝来は弥生時代にさかのぼる可能性もある。

『三国志』「魏書」東夷伝弁辰《べんしん》条に「大鳥の羽を用いて死者を送るが、それは死者を(天上に)

飛揚させたいからである」とあるので、死者の魂を他界に運ぶ鳥の信仰は半島南部にまで及んでいた可能性が高いが、この話は列島のヤマトタケルの白鳥伝説（魂が白鳥になって飛びさる話）と通じるもので、ともに天鳥船信仰の一種とみなすことができるだろう。

かつて鳥船をもって日本文化の南方起源説が提唱されたことがあるが、列島の鳥船は鳥が留まる船であり、船本体が鳥（船首が鳥の頭、船尾が鳥の尻尾）である銅鼓や南島の鳥船（233頁図6－24）とは異なる。同じ長江流域に起源をもつ可能性が高いが、鳥船の図柄からすれば列島の方がより本来的かもしれない。なお、『記』に記された「天鳥船」、「鳥之《とりの》磐楠船《いわくすふね》神《のかみ》（天鳥船）」などとの関係は不明で、あくまで考古学的に付けた名称である。

以上のように、古墳時代の葬制の基層となるものは、弥生文化、ひいては中国・長江流域の船棺葬の文化にその淵源があったと推測される。後述のごとく、古墳時代には、その上に槨墓的要素や室墓的要素が複雑に重なり融合し、列島独自の葬送文化を生みだしたものと思われる。

墳丘上食物供献儀礼

なお、埋葬終了後の墳丘上での食物供献儀礼も弥生時代からあった。楯築墳丘墓ではそこで用いられた壺や器台の一部が特殊壺・器台になり、古墳では食器形埴輪となったが、墳丘上の食物供献儀礼が行われなくなったわけではない。

墳丘上の食物供献儀礼は、寺戸大塚古墳のように古墳完成後の墳頂部で、あるいはこれに加えて、東殿塚古墳の前方部側面裾に新しく設けられた初現的な造出などの墳丘裾でも、主に実用の食器を用いて行われたものと考えられる。

②古墳前期中・後葉――形象埴輪による他界表現の本格化

埴輪中心の他界表現へ

前期中葉になると、初めて家、鶏、冠帽などの埴輪が出現した。食器形以外の埴輪による他界表現の始まりである。埋葬施設の真上に方形壇を設け家々を配置するのは、高橋美久二が指摘するように、中国の墓上(墳丘なし)、ないしは墳丘上に営まれた建築物の影響があったかもしれない。ただし、家々は死者の霊が寄りつく依代として祭祀の対象になったわけではない。さまざまな型式からなる家々は死者が住む他界の屋敷(邸宅)として埴輪群の中心、他界の中心になった。鶏は他界に住む鳥として家の近くに配される場合が多かった。特殊壺・器台はほとんどが姿を消し、普通円筒や朝顔、二重口縁壺が普及しはじめた。

器財形埴輪は中国の明器の影響を受けた、死者が他界での生活に必要とする品々であったと思われる。しかし、伝来の経路はほとんど明らかではない。なお、死者の他界での生活に必要な品々の埴輪と副葬品の使いわけについては、表3-2(107頁)を参照していただきたい。

陶質土器の形象土器・土製品

半島南部では、瓦質土器(木棺墓、木槨墓)の一部や、特にそれに続く五・六世紀を中心とした新羅や伽耶の陶質土器(積石木槨墓、竪穴式石槨墓、竪穴系横口式石室)において、器財、人物、動物が土器や土器を装飾する土製品として発達した(240・261頁参照)。その中には、明器的な形象土製品に船(準構造船を含む。人が乗るものあり)、荷車、履《くつ》、草《ぞう》履《り》などがあり、形象土器には家、角杯《かくはい》、瑞獣(龍)、鴨(鳥)、馬(騎馬人物などを含む)、角杯付き車輪などがある。鴨は瓦質土器の時期からあり、陶質土器でも新羅の台付家形土器に四世紀代にさかのぼる例があり、家形土製品は高句麗や百済にもあるという。韓国の宋義政は鴨(鳥)や馬や船を死者の霊魂の乗物と理解している。

これら半島南部の例も、列島の埴輪と同じように、中国北朝系葬制の室墓的要素である明器や俑が遠方へ拡散した段階での地域色のあるものとして捉えることができるのであろう。ともに埋葬施設が主に竪穴系の槨や土坑の段階に伝わった室墓的要素であるが、半島南部の形象土器・土製品は副葬品として槨内に納められたのに対し、列島の埴輪は古墳の墳丘上に配されて他界を表現する手段となった。

他界表現の充実と食物供献の埴輪化

前期後葉には新たに武器(靫)、武具(盾・短甲)、威儀具(蓋・翳)など器財の種類が増加し、他界表現が充実していった。それにともない遺構では、他界の出入口の表現が造出や島状遺構を生みだしつつ徐々に整備されていった。

また、一連の古墳の儀礼の最後に墳丘上で行われる、海の幸や山の幸を供える墳丘上食物供献儀礼は、この頃から小型(ミニチュア)土器や笊形・食物形土製品を使ったものとなり、儀礼

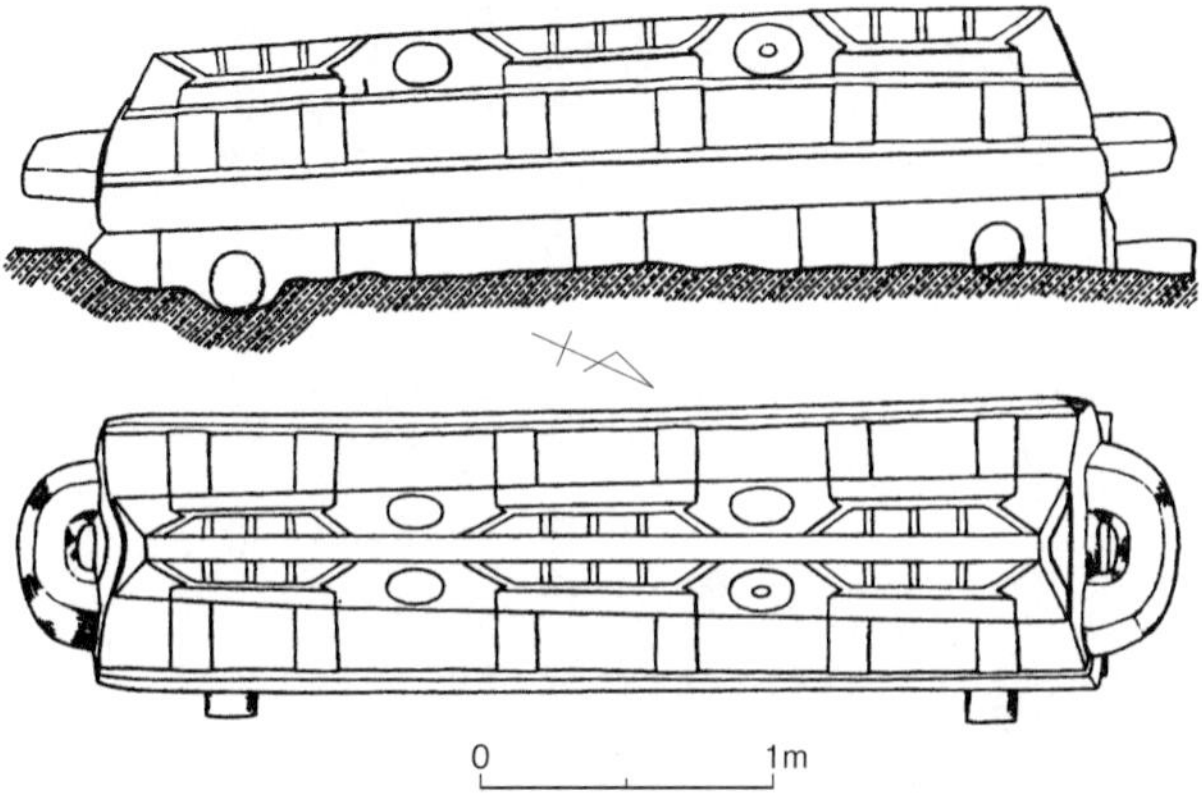

図7-5　家と鏡の浮彫のある舟形石棺(鶴山丸山古墳)

自体が固定的に継続化した行為として他界のものとなり、埴輪化していった。

石棺の出現と家形の形象

前期には大型石材を加工する石工技術が高句麗から伝わったと推測されるが、前期後葉から木棺を真似て割竹・舟形刳抜式石棺や箱形組合式石棺が造られだし、竪穴系の槨の時代の棺を特徴づける究極の据えつける閉ざされた棺となった。

その中の一部の舟形石棺には、屋根を象った寄棟形や時には切妻形の棺蓋をもつ「屋根形棺蓋舟形石棺」(九州有明海沿岸中心)や、家を浮彫にした舟形石棺(鶴山丸山古墳、図7-5)が現れた。遺体を家形のものに葬るという室墓的な考え方が、石槨内の閉ざされた棺に表現された独特のものと言うことができる。棺を縛った帯や紐をルジメントとして浮彫にした石棺も出現した(178頁図5-16)。

3　古墳時代中期

①中期前葉――儀礼の完成と九州的石室の伝来

儀礼の完成　この時期には、死者の魂は鳥に誘われた船に乗って天上にある他界へと赴くという天鳥船信仰に基づき葬送儀礼を執り行い、飾られた船に遺体を乗せて古墳へと牽引していくとともに、行く先の古墳の墳丘表面には、葺石や埴輪や木製品などで他界を表現するという古墳の儀礼の様式が完成した。それは、遺体を船棺に入れて葬るという狭義の船棺葬(舟葬)を基層としながらも、列島独自に発達した葬送儀礼であった。

そして、その筋書きや道具立てが完成すると、墳丘内の埋葬用の棺は船である必要性がなくなった。したがって、儀礼が発達した畿内を中心とした地域では、棺は急速に船としての性格を失い、船としては機能しないような割竹形木棺や石棺も出現し、儀礼が完成した中期には王権下で最も格式の高い棺として組合式の長持形石棺が登場した。それに対し、九州から東北南部の王権周縁部では中期以後も舟形の石棺や木棺が多く残ることになった。時には船そのものが埋葬に使われた例(千葉県大寺山洞穴遺跡第一洞。一二基以上、古墳中期〜飛鳥)もある。

古墳の儀礼が完成したこの時期は、まさに首長連合体制をとるヤマト王権の成熟期(完成期)

にあたる。王権はこの儀礼を広めるとともに、その執行を統括し、墳丘の形と規模で被葬者の政治的身分を表現する政策をより徹底することで体制を維持・強化した。

葬列と他界表現の筋書き

では、古墳の儀礼の筋書きや、墳丘に他界を表現する方法の着想はどこから来たのだろう。注目されるのは現実世界と他界の接点である他界の入口の表現方法である。他界の入口は造出周辺にあり、そこには死者が無事他界に着いた証として、死者が乗ってきた船やこれを導いた水鳥の埴輪が置かれ、他界に入る前には囲形埴輪が示す浄水で禊をし、造出で儀礼を行って、その後に葺石の岩山を登り、墳丘頂上部にある屋敷に入り、そこで生活するという筋書きになっている。

そこで想起されるのは、中国後漢代に発達した画像石墓（室墓）の昇仙図である（212頁図6-14）。そこでは、他界へと車馬を連ねてやって来た被葬者は他界の入口の双闕の前で車馬から降り、木に馬を繋ぎ車馬を置き、他界へと入って挨拶し、鳳凰が留まり西王母がいる楼閣の二階に落ちつく、という筋書きが示されている。

特に、他界の入口で乗物を降り、そこに乗物を置くという表現で無事他界に到着したことを明示する手法などは、埴輪の表現と酷似している。早計かもしれないが、古墳の儀礼の、葬列から埴輪配列が示す他界表現まで、画像石に表現された昇仙図の筋書きが大きな影響を与えた可能性がある。

葬送儀礼の本質は、仏教風に言えば、死者の冥福を祈ることにあるが、冥福を祈るとは死者が死後の世界で迷うことなく他界に着き、そこで幸福な生活を送ることを祈ることであるから、乗物こそ違え、他界に着いたことを明示することが特に重視されたのであろう。

鳥が留まる家

この時期には画像石との関係が指摘できる、もう一つの埴輪がある。それは二羽の鳥が留まる家形埴輪で、内部に西王母が鎮座し屋根に二羽の鳥(鳳凰)が留まる楼閣の図柄に類似する。兵庫県加古川市行者塚古墳(九九、中期前葉)の右造出から出土した囲形埴輪の中にあった家形埴輪(図7-6a)などがその例で、類例は少ないものの中期前葉~後期まで散見する。類似の図柄は奈良県河合町佐味田宝塚《さみだたからづか》古墳(一一二、前期後葉)出土の家屋《かおく》文鏡《もんきょう》(日本製、図7-6b)にも見られることから、この図柄は当時の社会に一定度広がっていたものと推測される。

屋根に鳥が留まる図柄と言えば、奈良県田原本町唐古・鍵遺跡から出土した弥生土器(中期後葉)に描かれた高層の細い建物の絵が知られているが、近年の再整理で、同じ土器の左に高層建物、右に大型の寄棟建物だけではなく(図7-6c)、さらにその右側に高層建物が描かれていたことが判明した。鳥は高層建物の上から二番目の屋根の左に一羽、右に二羽留まっている。この図柄は、他界の入口に立つ双闕(天門)とその奥の屋敷を表現しているのであろう。他界の家の描き方は、弥生時代にはすでに一部で知られていた可能性がある。

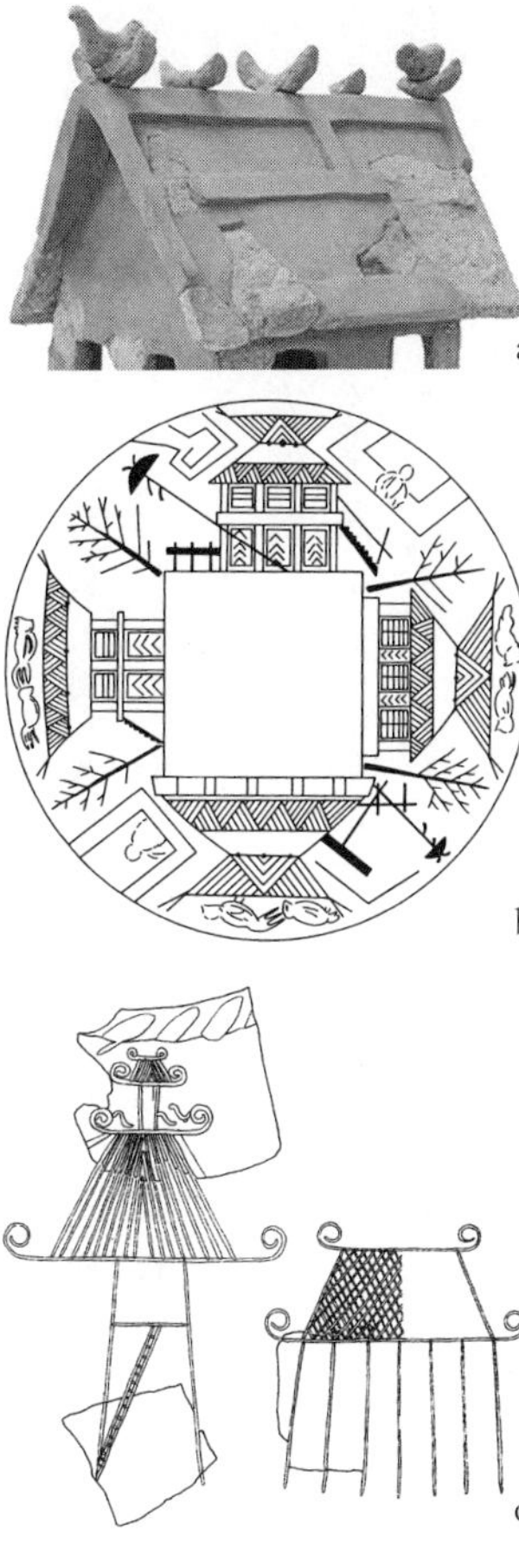

図 7-6　鳥の留まる家
(a 行者塚古墳，b 家屋文鏡〈佐味田宝塚古墳〉，c 唐古・鍵遺跡)

横穴式石室の系譜

ところで、九州北部の玄界灘沿岸では、この時期（四世紀後葉）に列島で初めて横穴式石室が造りはじめられた。そこで、この石室の系譜を知るため、先行研究を参考に、半島における石室の系譜を私なりに整理すると以下のようになる。

半島では楽浪郡の設置（前一〇八年）を契機に木槨墓の築造が始まり、原三国時代以後には半島全域に広がった。続いて二世紀後半頃になると楽浪でも塼室墓が造られだし、塼積み、塼・石積み、遅れて石積みの横穴系の室墓が普及した。楽浪の塼室はドーム（穹窿）形天井の方形単室や方形複室（基本二室）のものが主流であった。そして、塼室の出現にともない一部で偭や明器が副葬された。これらの室墓は開かれた棺・室と判断される。

四世紀になると地元の高句麗でも横穴式石室が造られだした。初期には回廊式など複雑な構造のものもあったが、主流は同じドーム形天井の方形単室や複室の石室であった。五世紀の中国吉林省集安の太王陵《たいおうりょう》(方・六三、広開土王陵説有力、四一二年没。図7-7a)や将軍塚(方・三二)は平天井ではあるが方形単室の石室であり、主に六世紀に発達した「平壌型石室」(図7-7b)も三角持ち送りドーム形天井の方形単室石室であった。しかも、太王陵には妻入横口式家形石槨があり(近接する千秋塚《せんしゅうづか》にも同石材の石槨片)、六世紀前葉の北朝鮮・平壌市土浦里大塚の平壌型石室からは、頭から肩部を彫り窪めた屍床、ないしは石枕の一部が発見されていて、高句麗の室墓も開かれた棺・室であったと推測できる。

楽浪・高句麗地域の室墓がドーム形天井の方形単室墓を基本としたのは後漢~北朝系の方形単室墓(開かれた棺・室)の影響があったものと思われる。

また、高句麗の南に位置する半島西部の百済でも、形態的にはこの系統の横穴式石室が少なくとも五世紀までには出現し、四七五年に漢城《かんじょう》(?~四七五年、現ソウル市)から遷都した熊津《ゆうしん》(四七五~五三八年、現公州市)ではドーム形天井で方形~幅広長方形単室の「宋山里型石室」(五世紀後葉~六世紀前葉、図7-8)を生みだした。いずれも鉄釘や鉄鎹《てつかすがい》を用いた組合式木棺が出土するが、開かれた棺かどうかは不明である。

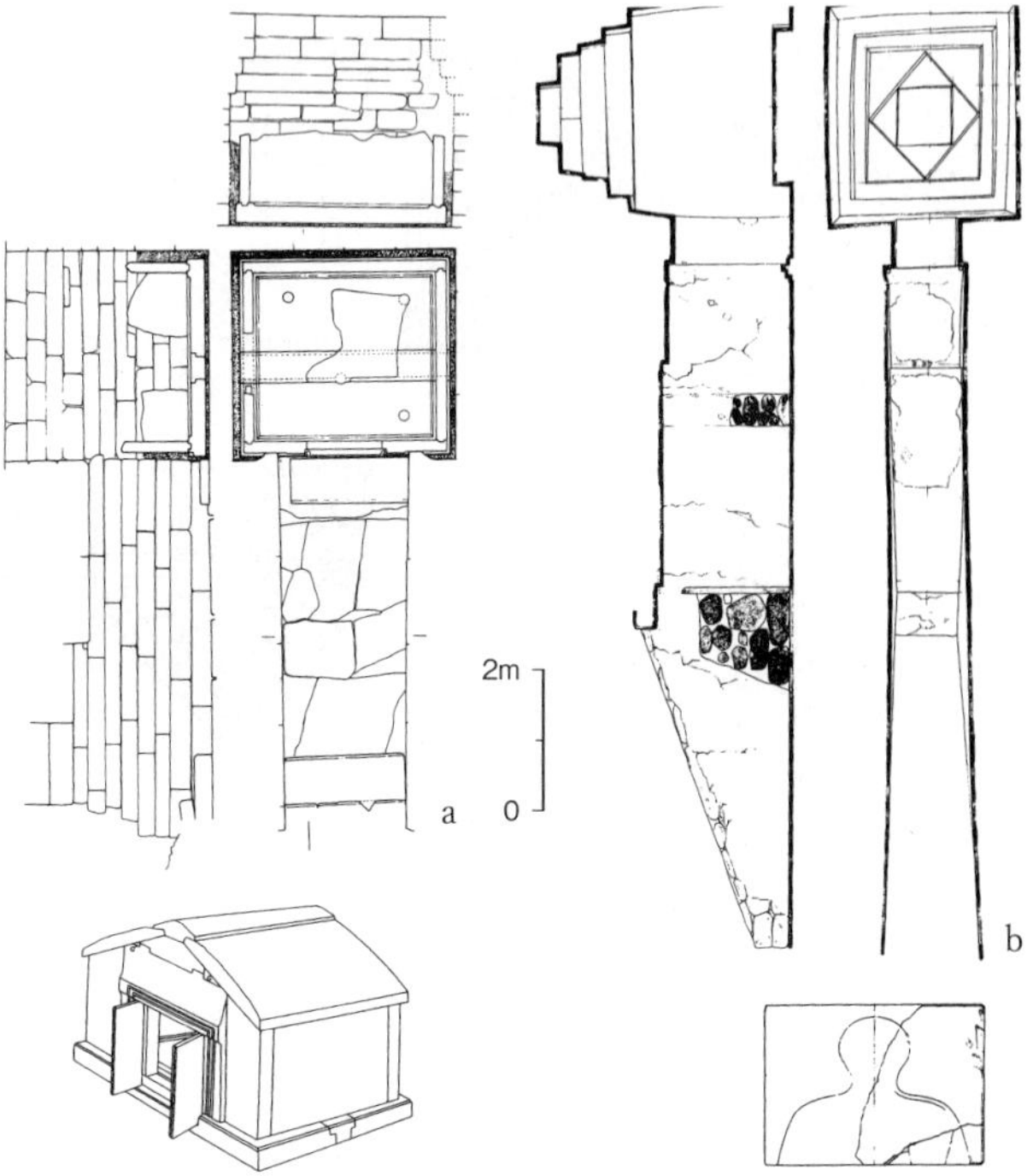

図 7-7　方形単室の横穴式石室と横口式家形石槨・人形石枕
（a 太王陵，b 土浦里大塚の石室・石枕）

と言うのも、文献に東晋への朝貢が記されはじめた四世紀後葉頃から、百済には中国南朝系の葬制であるアーチ形天井の縦長長方形単室（長／幅比二〜三、217頁図6-17b）で閉ざされた棺・室の影響が及びだしたからである。最近調査が進んでいる漢城時代の横穴式石室について、吉井秀夫は玄室平面が正方形に近い例と、長／幅比一・五〜二前後の例と

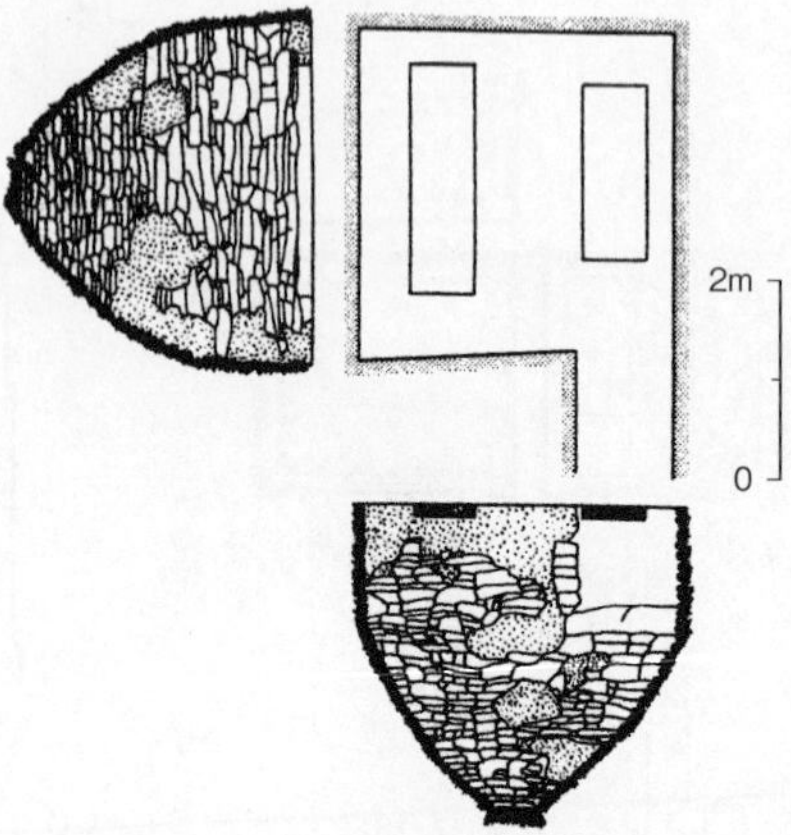

図7-8　宋山里型横穴式石室(宋山里5号墳)

に大別でき、後者には比三の例があると指摘し、前者は熊津時代の宋山里型石室に、後者は「表井里型石室」に繫がると予想しているのと整合する。ともに左片袖式の石室が多い。

そして、熊津では六世紀前葉には中国南朝の直接的影響下に百済・武寧王の夫婦合葬陵(王・五二三年没、五二五年埋葬。妃・五二六年没、五二九年埋葬。図7-9)の塼室墓が築かれたのである。

百済の石室は、中国・漢~北朝・高句麗系の要素と、中国・南朝系の要素が入りまじった状況から南朝系の要素が優位になっていく過程にあったものとみられる。そう考えると、百済の石室は基本的に閉ざされた棺・室だった可能性が高い。後述のように(263頁)、その後、百済から伝わった列島の畿内的石室には、この両系統の石室の影響が認められるのであるが、ともに閉ざされた棺・室のものである。

九州的石室の伝来――開かれた棺の系譜

以上のような状況から見ると、四世紀後葉には出現しはじめた九州の開かれた棺・室の系譜は、北朝・高句麗系の棺・室に求めるほかはない。関連する棺は、偽門をもつ木棺・石棺、石棺床、横口式家形石棺・石槨であるが、半島や列島に偽門をもつ棺は未発見であるため、石棺床や横口式家形石棺・石槨などが候補になる。

そこで具体的に比較すると、九州的石室の開かれた棺を示すA類の仕切石型（A1類）や石障型（A2類）は、床に直接遺体を置いて板石で囲うという点で、脚台はないものの、屍床面を衝立で囲う北朝の石棺床に近い。石屋形型（A3類）の蓋が屋根形のものは平入横口式家形石棺で、北朝の横口式家形石棺・石槨に近い。六世紀になるが、福岡県の桂川王塚古墳の石屋形は板状の蓋だが、屍床には人形（二人分）が彫られていて、高句麗・土浦里大塚の屍床に類似する（255頁図7-7b）。また、中期中葉（五世紀

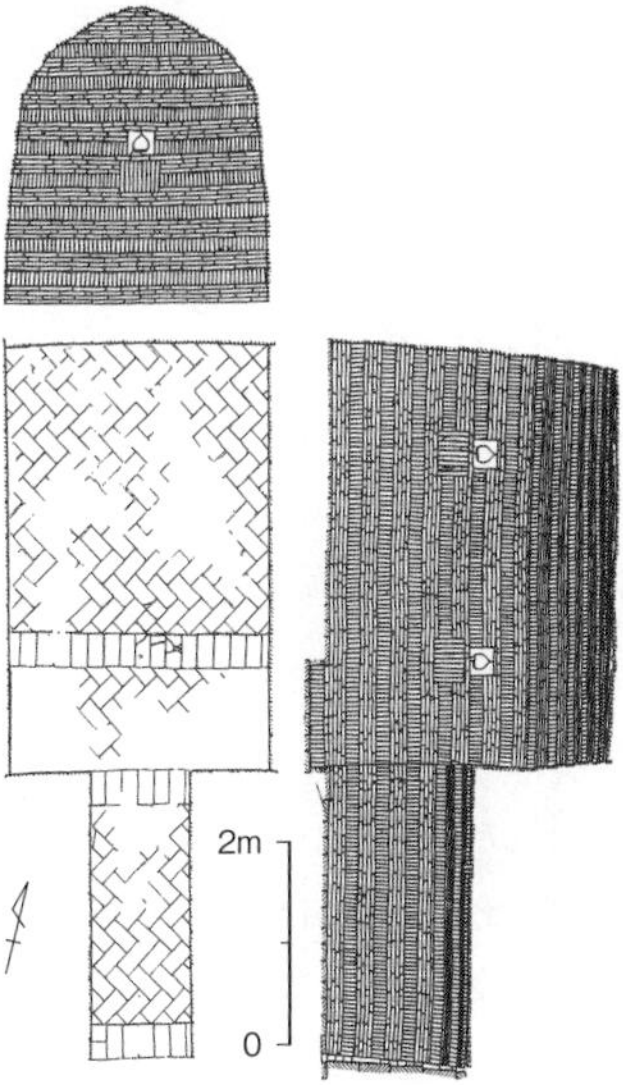

図7-9　武寧王陵の塼室

前葉)の福岡県八女市石人山古墳などの妻入横口式家形石棺(B類)は、ほぼ同時期の高句麗・太王陵の横口式家形石槨(図7-7a)に類似し、ともに北朝の横口式家形石棺・石槨に通じるものである。

以上から、ここでは九州的横穴式石室の系譜を北朝・高句麗系と推測しておきたい。半島南部では、六世紀には洛東江流域の竪穴系横口式石室で、また六世紀後半〜七世紀以降には新羅の横穴式石室で屍床台が発達するが、それらも北朝・高句麗系統のものかと思われる。

地下式横穴

一方、九州南東部の鹿児島県から宮崎県にかけての一部の地域では、ほぼ同時期に同じ横穴系の室である地下式横穴が造りはじめられた。これらが五世紀後葉に大分県北部から福岡県南東部に出現し、東北地方南部にまで広がった横穴(屍床が中心の開かれた棺・室が基本)の原型になったとすれば、その出現の意味は非常に大きい。ただ、この出現については、北朝で発達した土洞墓との関連を推測させるだけで、詳細は不明である。出現の初期から玄室内を家形に象り、浮彫や彩色で棟持柱、棟、梁などを表現しているのは、同じ開かれた棺・室である北朝との近さを暗示している。

②中期中葉——人物・動物埴輪の登場

この時期には東アジア世界との交流が活発に行われ、多くの人・もの・情報が伝来し、古代化に向けての文明開化的状況が現出した。新しい文化や技術が伝わり、生活様式は大きく変わろうとしていたのである。

人物・動物埴輪の登場

中国の俑に由来すると考えられる人物・動物埴輪の登場もその一つで、権力者になった被葬者の他界での生活を、新しい生活様式で具体的に表現するために作りはじめられたと考えられる。ほぼ同時期には、窖窯を用いて土器を高温の還元炎で焼きあげる陶質土器の焼成技術が半島南部から伝わり、列島でも同質の土器である須恵器の生産が始まった。そして、その技術は埴輪の焼成にも応用され、以後、埴輪は基本的に窖窯で焼かれることになった。窖窯の伝来と人物・動物の出現には深い関係がありそうだが、現状ではそれ以上の掘りさげは難しい。

最初から、屋敷（王宮）に仕えたと思われる裸足の人物（女性か力士）や、馬や狩猟を示す犬・鷹などが揃い、人物・動物は当初から各種を組みあわせて特定の場面を表現する目的で作られたと推測できる。

そこで、後期中葉のものだが、大阪府高槻市今城塚古墳の埴輪群（103頁図3-19）が人物・動物導入期の姿を残しているとすると、家々は屋敷（王宮）を表現するために画像石の図柄や明器の家の配列を参考に（すでに実在していたかもしれないが）、室内三区（一～三区）・門前一区（四区）を構成するように置かれ、人物・動物は各区それぞれの機能に従って配置された。一区は寝所・

厠、二区は私的生活の場（居間）、三区は政治・儀式・宴会等の公的生活の場、そして四区は屋敷の前庭で、牛馬の列が他界へ着いたことを示したものと思われる。

古墳にはすでに、墳頂部や造出にある屋敷（本邸）を中心に他界が表現されていたため、それとは別に配置された屋敷は周濠の外側に設けられた別邸とでも言うべきもので、そこでの新しい生活様式を具体的に表現したものだったと思われる。列島で牛馬を用いる習慣が伝来したのも、中期中葉である。

人物・動物と俑

楊泓は、俑や明器の内容は絵画壁画と共通するとしつつ、西晋以後の俑を第一群の鎮墓獣・鎮墓武士俑、第二群の出行儀仗俑、第三群の男女の侍僕・舞人・楽人などの俑、第四群の明器の厨房道具類と家畜俑類に区分した（221頁）。これを埴輪と比較すると、鎮墓武士俑は、人物・動物の直前に登場し継続して用いられた盾と戟を持つ盾持人がこれに相当する可能性があり（左手に盾、胸の高さの右手に長柄の武器を持つと推定できる鎮墓武人俑は四世紀中葉の五胡十六国には出現。221頁図6-18a）、出行儀仗（行列）俑は四区の牛馬の列、第三群は二〜四区の人物に相当する。そして、第四群の厨房道具や食材は食器形埴輪や食物形土製品としてすでに他界に備わっていたのである（当時の列島では食肉用の家畜なし）。人物・動物が加わったことで、埴輪は俑や明器の世界のほぼ全体を満たしたことになる。今城塚古墳の出行行列の馬の列に少数の牛が伴っているのは、いかにも俑の出行行列に類似する。

埴輪起源説話

『紀』によれば、垂仁天皇二八年に倭彦命《やまとひこのみこと》が亡くなった時には陵のさかいに近習《きんじゅう》の者を生きたまま埋めたてたが、その様子があまりにも悲惨だったため、天皇は殉死の当否に頭を悩ませていた。そんな時、三二年に皇后の日葉酢媛命《ひばすひめのみこと》が亡くなると、野見宿禰《のみのすくね》が殉死に代えるものとして、出雲国の土部《はじべ》に土で人・馬と種々の物の形を作らせ天皇に献上した。これを埴輪といい、この時より陵墓に埴輪を立てることがはじまったという。

しかし、日本の弥生・古墳時代には確実な殉葬の例はない。それに比べ、古代中国ではすでに紀元前に説話の内容のような現象が実際に起こっていたのである(199頁)。「埴輪起源説話」は、先の「黄泉国訪問神話」同様、古代中国の故事伝承が中期中葉頃に俑の情報とともに列島に伝わり、列島風に改変された説話であろうと思われる。伝播経路が十分明らかでない人物・動物埴輪そのものも、古代中国の俑の影響を受けつつも古墳風に変容しなおされたものである可能性が強い。たぶん、殉葬のなかった列島に、この説話が伝わってきていること自体が、俑が埴輪の原型であった証の一つになるのであろう。

半島における陶質の装飾土偶

ところで、半島南部では人物・動物埴輪に相当するものはないが、類品としては五・六世紀に新羅や伽耶で発達した陶質土器の形象土器・形象土製品や土器の装飾に用いられた「装飾土偶」がある。明器的な形象土器・土製品については先に紹介したが(248頁)、装飾土偶とは長頸壺《ちょうけいこ》の肩部や高杯の蓋などに付けられた小型の人物・動物のことである。宋義政によると人物には妊婦像、性風俗、狩猟(弓矢と猪など)、奏楽(琴・笛・琵琶)、騎馬、乗船、曲芸、荷物を運ぶ人などがあり、動物には犬、馬、牛、猪、虎、鹿、兎、鶏、鳥(鴨、白鳥など)、蛇、蛙、蟹、魚、亀などがある。しかし、その日常的で多様な内容は、首長(大王)の屋敷(王宮)に仕える人びとを基本とする人物・動物埴輪とは一線を画すもので、列島では六世紀を中心に見られる装飾付須恵器の小像群に近い。陶質土器に見られる人物・動物付装飾土器も、形象土器・土製品と同様に俑や明器の影響を受けた可能性は高いが、人物・動物埴輪とは異なる半島南部的な受容の仕方と捉えておきたい。

殉葬との関係

興味深いのは、「装飾土偶は大型積石木槨墓の主体部には副葬されない点からみて、殉葬が禁止されていなかった当時の葬制のもとで、積石木槨墓を造営できない集団(竪穴式石槨墓など)が殉葬の代わりに採択した習俗と推定される」(括弧内は引用者)という宋の指摘である。

確かに韓国慶州市の皇南《こうなん》大塚(五世紀)南墳の積石木槨墓から八、九人、北墳から約一〇人の殉葬が見つかっているように、新羅やその領域となった伽耶の地域では五・六世紀の有力な墓には殉葬例が少なくない。中国の先秦時代に見られた木槨と殉葬の組合せはこの地域まで広がってきていて(一部、竪穴系横口式石室)、そこでは基本的に俑を副葬する必要はなかった。宋の指摘は、殉死者を副葬できない階層では、室的要素である俑の影響を受けた装飾土偶付土器を、殉死者に代えて槨の中に副葬したというのである。新羅では、木槨と殉葬がなくなり、横穴式石室(開かれた棺・槨)が普及しだした統一新羅発足前後の段階(七世紀)になって初めて、俑と呼べるような人形土製品が副葬されだしている。

それに対し、人物・動物埴輪が作りはじめられた列島の中期古墳はいまだ槨の時代ではあったが、明確な殉葬の例はなく、俑的なものを槨内に副葬することもなかった。

父系イデオロギーの流入

なお、104頁で検討したように、人物・動物埴輪が表現する他界の屋敷での生活は父系イデオロギーに基づく男性優位の支配者の生活だったと推測されることも重要である。『紀』によると応神一六年に王仁《わに》が渡来し、『記』では『論語』等を伝えたという話を思いおこさせる。

4　古墳時代後期

①後期前・中葉——畿内的石室の伝来と九州的石室の変容

畿内的石室の伝来

畿内では、横穴式石室は中期後葉〜後期前葉に出現した。初期には一部で九州的石室も散在したが、この時期の畿内の主な石室には、幅広長方形〜方形単室で擬似ドーム〜ドーム状天井の高井田山型石室(長/幅比一・六〜一・〇前後、161頁図5-8)と、縦長長方形単室で擬似アーチ状天井の藤の森型石室(比二以上、160頁図5-7)とがある。

高井田山型は後期前葉に現れたが、これまでも指摘されているように、百済の熊津時代(四七五～五三八年)前期の「宋山里型石室」(方形～幅広長方形単室ドーム形天井、256頁図7-8)の系譜を引くものと考えられ、大きくは中国北朝系の方形単室ドーム形天井を基本とする石室の伝播と考えられる(254頁)。本来この系譜は開かれた棺・室であったと推定されるが、百済地域で中国南朝系の閉ざされた棺・室と接触し、宋山里型石室は閉ざされた棺・室になっていた可能性がある。高井田山型は後期前葉頃までは主流だったが、後期中葉に縦長長方形単室で平天井の畿内的石室が成立して以後は、あまり広がらず、滋賀県西部など一部の地域で造られつづけた。棺は釘付組合式木棺で、閉ざされた棺・室である。

一方、ここでは、中期後葉頃、畿内でいち早く造られだした藤の森型石室を重視した。類例は多くはないものの、この縦長長方形単室で擬似アーチ状天井の石室は、百済地域を経て、中国南朝の縦長長方形単室でアーチ形天井の塼室(217頁図6-17b)に繋がるものと判断したからである。藤の森型は、構造からみる限り、その後に利用石材が塊石になったこともあり、縦長長方形単室で平天井の畿内的石室を生みだす中心となったと推定される。

南朝の塼室では、北朝のように彩色絵画壁画や俑・明器が発展しないことから、室内で死者が暮らしているという観念が希薄な、槨的な性格の閉ざされた棺・室だったと考えられるが、畿内的石室が同様の性格だったことの一因は、古墳時代前・中期の竪穴系の槨の伝統の強さだけではなく、伝わってきた石室の性格にもあったのだろう。

石室内食物供献儀礼

ところで、畿内での横穴式石室の出現とともに生じた現象として、石室内に多くの須恵器(多)や土師器(少)が入れられ、時にはその中に魚骨や貝殻(ハマグリ、サザエ、カラスガイなど)など食物の残骸が残っている場合がある(152頁図5-3)。従来の副葬品にはなかったこれらの土器群は、どう理解するのがいいのだろうか。これまでの研究では、これらは黄泉国訪問神話に出てくる「ヨモツヘグイ」や「コトドワタシ」と関連づけて理解されてきた。

ヨモツヘグイとは、黄泉国(死者の国)の竈で煮炊きした食物を食べることを意味し、それを食べると死者の国の人になり再び現世にはもどれないという話である。したがって、この話が成立するためには、死者が石室内で生きていることや煮炊き用の竈が必要となる。しかし、畿内的石室は死者の動きのない閉ざされた棺・室なのであり、土器群には食物を煮炊きする煮沸具はほとんどなく、飲食物を供える供膳具が主体を占め、特殊なミニチュア炊飯具を除けば、竈の副葬もない。

ところが、「室」が誕生した古代中国の室墓では、明器の主要な種類の一つに竈が含まれており(199頁図6-7a)、後漢などの横穴では、横穴とともに彫りだされた造付けの竈が備わっている例も少なくない。したがって、ヨモツヘグイの伝承は、室内で死者が竈で食事を煮炊きして暮らしていると考えられた古代中国の葬制の中で生みだされた話と考えられる。

これらの見解に対し、特に室内の土器群に関して、向井佑介は南朝の塼室墓の儀礼との関連で、葬送儀礼の過程で生者が室内に入り、凴几に寄りついた死者に飲食物を供える「墓室内祭祀」が百済を通して伝わってきたものとの理解を示した(227頁)。先にみた畿内の石室の性格に影響を与えた南朝系の石室との関係からみても、十分考えられる。ただ、畿内的石室の場合は、死者は棺内に密封されており、死者の魂が棺を抜けだし何らかのものに寄りつくという観念はなかったと思われ、凴几のような依代もない。生者が行った死者に対する儀礼という点では同じだが、儀礼の内容や手法に変化が認められる。

それまでも、弥生墳丘墓や前期の古墳の儀礼の最終段階で、食物を供える墳丘上食物供献儀礼が行われてきた。後にその儀礼は小型土器や食物形土製品を用いて固定化・埴輪化したとはいえ、同じような死者との別れの儀式として墓室内祭祀が列島風に改変された可能性が高い。

一方、コトドワタシは夫婦の交わりを断つと解釈されることが多いが、夫婦に限らず、石室の入口を閉じ、死者と本当の最後の別れをすることに係わる儀礼的行為として、後期には畿内的・九州的石室を問わずありえた行為と言うことができるだろう。

いずれにしても、こうした土器群は本来の副葬品とは違った意味合いをもつものとして、今後の研究では扱われることになるものと思われる。

なお、開かれた石室や横穴のなかの遺体や副葬品の毀損《きそん》、再配置などについて「再生阻止儀礼」が指摘されているが、それは、開かれた棺・室内で死者がまだ生きていると考えられていた最終段階頃の社会において、死者が蘇って室から出てくることを怖れた生者が、室内に入って行った行為の一つと考えられる。

ヨモツヘグイとミニチュア炊飯具

ところで、小林行雄はヨモツヘグイを論じるにあたって、食物供献とともに、現在はミニチュア炊飯具と呼ばれている小型の竈、釜、甑《こしき》(蒸し器)のセット(図7-10、和歌山県岩出市船戸山三号墳)も取りあげている。まさに死者の国で煮炊きをするのに相応しい明器である。畿内やその周辺の群集墳を中心に、一部の石室や横穴から出土するが、本来は開かれた棺・室に適合するものである。

図7-10　ミニチュア炊飯具(船戸山3号墳)

そこで、現状で最古の例が出土している石室を検討すると、奈良県桜井市桜井公園二号墳や滋賀県大津市福王子二号墳など、ともに幅広長方形の高井田山型石室にあたる。この型式の石室は開かれた棺・室である北朝系の方形単室ドーム形天井の系譜を引くため、楽浪の塼室や高句麗の石室内に納められた明器の竈（器形が異なり、実物大）の伝統を引きついでいる可能性が高い。畿内周辺でミニチュア炊飯具が出土する石室には、高井田山型的な幅広長方形の石室が多いことも指摘できる。水野正好は、文献と大津市北郊の幅広長方形〜方形石室とミニチュア炊飯具の関係から漢人《あやひと》系渡来人との関係を論じたが、漢人の渡来経路は高井田山型石室の伝播経路と重なっているかに見える。ただし、現状では半島での類品の発見例はないに等しい。

追葬による複数埋葬

室は玄室と墳丘外とを繋ぐ羨道の存在によって、時を違えて遺体を同じ室内に埋葬する追葬を可能とした。中期前葉に伝わった九州的石室も当初から複数人の追葬が認められた。ただ、夫婦や、夫婦を中心とした複数埋葬が中心となるのは六世紀前半（後期中葉）以降のこととされており（153頁）、その段階では藤の森型から発展した畿内的石室（定型化した畿内型石室が中心）は、国家による民衆掌握の基本単位としての夫婦を中心とした、有力家族を埋納する家族墓としての役割を担ったものと思われる。

九州的石室の変容①

後期中葉（六世紀前半）には、九州的石室にも変化があった。まず、開かれた棺の典型である石屋形（蓋が屋根形のものは平入横口式家形石棺）が、後期中葉以後には九州中・北部の主要な棺として発達したことである。最古の例とされているのは、熊本県菊池川流域に所在する和水町塚坊主古墳（後期前葉後半、180頁）だが、この古墳の石室が初期の複室石室（二室）であることも注目される。なぜなら複室はそれまでの列島や半島南部の石室にはなかった構造だからである。

ただ、中国では南・北朝ともに室墓の単室化が進んだものの、複室は周辺部に残り、半島北部の高句麗では北朝鮮・平安南道の徳興里古墳（鎮〈中国からの移民〉・四〇九年没）をはじめ六世紀前葉まで複室が造られていた。複室の発生については九州自生説もあるが、開かれた棺同様、高句麗の複室が九州の複室の出現に影響を与えたものと考えられる。高句麗の葬制は九州北部の葬制に細く長く影響を与え続けていたのである。次の絵画壁画も同様である。

九州的石室の変容②

もう一つの変化は、彩色絵画による壁画の出現である。埋葬施設への装飾は中期までは主に棺の内外面に幾何学文や直弧文、あるいは鏡や靫といった密封・辟邪の文様や器財を線刻や浮彫で表し、時には彩色するものであったが、塚坊主古墳で彩色を主体とした文様表現が出現すると、後期中葉には石室壁面へ直接彩色する方法が始まり、船、鳥、人、馬などの絵画的なものが出現した。

しかも、それらには、単独の図柄だけではなく、図柄を組みあわせ、船首に鳥が留まる船に人が乗り舵を取る図（福岡県うきは市珍敷塚古墳、182頁図5-18、鳥船塚古墳では船尾にも鳥）、船に人が乗り舵を取る図（福岡県うきは市原《はる》古墳）、船に人が乗る図（佐賀県鳥栖市田代太田古墳、熊本県山鹿市弁慶ガ穴古墳）など、一定の場面を表現したものもあった。いずれも天鳥船信仰に基づき死

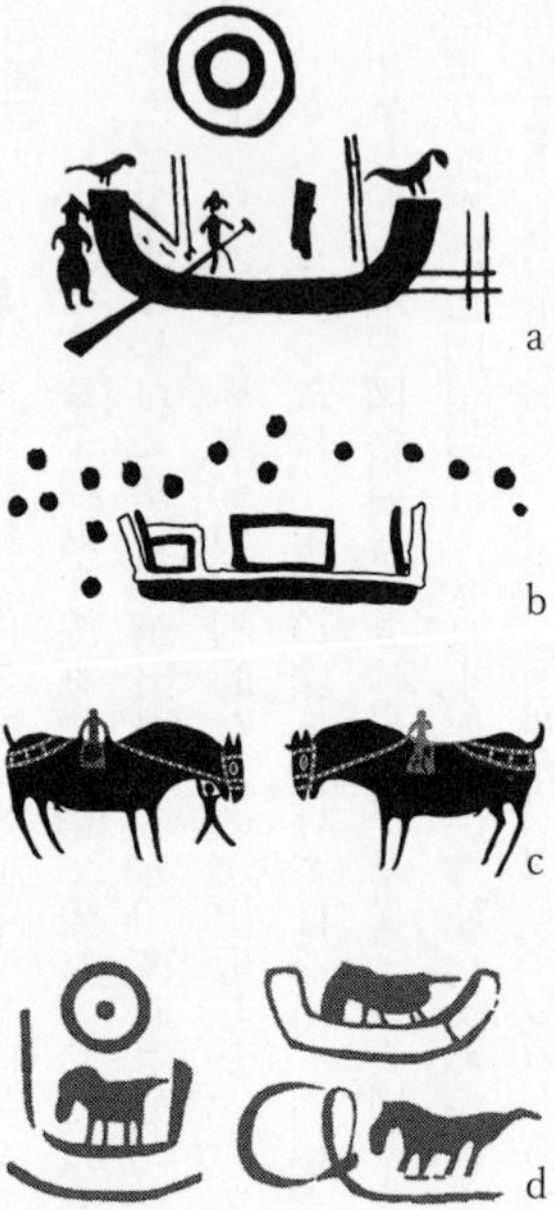

図 7‒11　他界への乗物
（a 鳥船塚古墳，b 五郎山古墳，c 桂川王塚古墳，d 弁慶ガ穴古墳）

者が他界へと向かう様子を描いた、「古墳風の昇仙図」とでも言うべきものである。特に鳥船塚古墳の図（図7‒11ａ）は、港の船着き場に到着した船を表しており、「一種の葬送儀礼の姿をしめす」と森貞次郎が指摘したもので、太陽が輝く天空を天翔けてやってきた死者が操る鳥船が、他界である石室内部の船着き場に到着した図ということができる。それはまさに、水鳥形埴輪と船形埴輪による他界の入口の表現にほかならない。

したがって、これらの図が描かれた時には、石室内は明確に他界であると観念されていたものと思われる。というよりも、それ以前から九州的石室の内部は他界であると認識されていたからこそ、新来の方法でそれを表現することができたのであろう。列島の開かれた棺・室内での他界表現は、曲がりなりにも、この時期になって完成した。

なお、船の図には、他に船に箱状のもの（屋形や積荷とされる。閉ざされた棺ではない）が描かれている例が福岡県筑紫野市五郎山古墳（星空を行く船、図７－11ｂ）や弁慶ガ穴古墳にあり、後者では箱状のものの上に鳥が留まっている。

さらに、鳥船と同じ主旨の図柄として描かれたものに、馬に人が乗る図（福岡県桂川町王塚古墳など。口絵図２ａ・図７－11ｃ）や、船に馬が乗る図（弁慶ガ穴古墳、図７－11ｄ）などがある。この頃には馬もまた他界への乗物として認識されるようになっていたのである。

他界への乗物として車馬や馬を使うといえば、中国の室墓の葬制が思いうかぶが、その信仰が列島に伝わってきたのであろう。その契機になったのは、中期中葉（五世紀前葉）における馬そのものの伝来や、俑と同様な性格をもつ人物や馬の埴輪が作られるようになったことが考えられる。この時期は天鳥船信仰に基づく古墳の儀礼の最盛期であった。

しかし、中期後葉〜後期にかけて徐々に船や水鳥の埴輪は減少し、代わって人物や馬が増加した。後期中葉の今城塚古墳の内堤の埴輪群では、王宮の側面に水鳥が数多く並んではいるものの、船はなく、前庭には馬一二頭と牛二頭が二列に並べ置かれていた。それらの牛馬が他界への乗物を意味するなら、中期中葉に伝わった他界への乗物としての牛馬（特に馬）の信仰は徐々に各地へと広がり、九州の石室では鳥船や騎馬とともに両者が融合した船に馬が乗る図まで考えだされたことになる。

なお、後期中葉には、中国や高句麗の壁画の図柄である天文図としての太陽や、月に住む蟾蛉（珍敷塚古墳）、星を思わせる珠文《しゅもん》（桂川王塚古墳、五郎山古墳、図7－11ｂなど）、そして後期後葉には、船や馬とともに四神の青龍、朱雀、玄武が描かれた（竹原古墳、183頁図5－19）。少数ながら馬に乗って狩猟する図（五郎山古墳、泉崎横穴）などもある（186頁図5－22）。

彩色絵画による壁画は、中国北朝や半島北部の高句麗で発達したが、半島南部では百済・新羅各二例、伽耶一例と数も少なく、図柄も四神や蓮華文などであった。したがって、人や馬が描かれた壁画の系譜を求めると、開かれた棺・室、前後二室の複室構造の石室などのことも勘案して、高句麗とするのが妥当であろう。しかし、壁画の図柄に高句麗や中国と繋がる表現があったとしても、そこには九州を中心とする壁画に共通する天鳥船信仰の表現はまったくない。密封・辟邪的文様や他界への乗物の図柄の基本は、極めて列島的である。

②後期後葉——新しい他界観と葬制

前方後円墳と古墳的他界観の消滅

古墳時代後期後葉（六世紀後葉）になると、大王墳としては見瀬丸山古墳や奈良県明日香村平田梅山古墳（欽明天皇陵古墳、一四〇）などを最後に、前方後円墳は造られなくなった。王権全域ではいまだ群集墳と呼ばれる小型円墳群や横穴群が数多く造られていたが、前方後円墳は王権下全域でほぼ同時期に消滅する。それとともに、前方後円墳を物的基盤としてきた天鳥船信仰も衰退し、埴輪も見られなくなった。

古墳から他界表現がなくなったことで、墓は単なる遺体や遺骨を葬った、墓標のある場所に近づいたのである。

代わって、古墳時代後期後葉から飛鳥時代になると、中国・朝鮮半島諸国から仏教文化をはじめとする新しい文化や政治や社会制度が積極的に取りいれられ、古墳が社会の秩序を反映するような、血縁原理を紐帯とする集団関係は社会の表面から姿を消し、国が定めた法制的原理が集団関係を律する社会が動きだした。

仏教的他界観の出現

その中で、死者が赴く他界観にも大きな変化があった。新しく建立された寺院内部の壁画には、仏教的他界である浄土世界が描かれるようになったのである。当時、列島に伝わった仏教には祖先崇拝や鎮護国家の思想が含まれており、『紀』推古二年(五九四)に記された「三宝興隆詔《さんぼうこうりゅうのみことのり》」も、寺院建立の目的が王権護持と祖霊信仰にあったと指摘されている。また、仏像の光背《こうはい》などに、近親者の冥福を祈る銘文が刻まれた例(法隆寺宝物光背ほか)もある。祖先信仰と深く係わる仏教的他界観は、特に支配者層や知識人の間で速やかに広がっていた可能性が高い。

「古墳から寺院へ」とよく言われるが、それは時代を反映した巨大な構造物が古墳から寺院へと変わったというだけではなく、人びとの他界観も古墳的他界観から仏教的他界観へと変わったことを意味する。言うなれば、寺院は新しい他界であり、新しい他界の擬えものなの

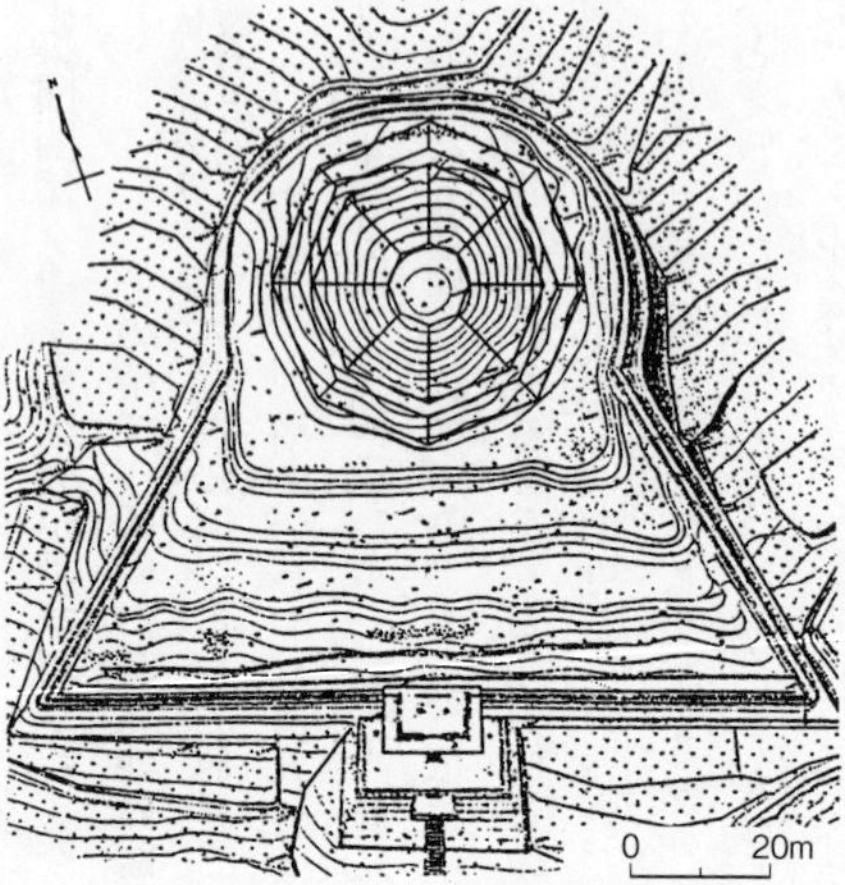

図7-12　八角墳（段ノ塚〈舒明天皇陵〉古墳）

であった。

方墳・八角墳の登場

墓制面では、大王墳は前方後円墳に代わって、大阪府太子町春日向山古墳（用明天皇陵古墳、方墳、六五×六〇、伝五八七年没・五九三年改葬）や山田高塚古墳（推古天皇陵古墳、方墳、五九×五五、伝六二八年没・同年改葬）などの方墳が造られ、その後は奈良県桜井市段ノ塚古墳（舒明天皇陵古墳、上八角下方墳、四二・一〇五、伝六四一年没・六四三年改葬。図7-12）から奈良県明日香村中尾山古墳（推定文武天皇陵、八角墳、二〇、伝七〇七年没・同年火葬）まで、一部を除き（孝徳天皇、六五四年没、円墳か）、八角墳が造りつづけられ、群集墳にも方墳が目立つようになった。方墳採用の背景には、先述（15頁）の通り、中国の墓制の影響が考えられるが、八角墳は中国思想を元に列島独自に考案されたと考えられている。いずれも墳丘表面に他界の表現はなく、古墳は死者の遺体を納める墓そのものとなっていった。

持ち運ぶ棺

この頃になると、木棺では組合式木棺を接合する釘も小型化し、板材も薄くなり、遺体を棺に入れて「持ちはこぶ棺」が普及しだした。高級なものでは、布を数十枚重ねて固めた夾紵棺《きょうちょかん》(31頁図1-12)、籠のような編み物の棺に漆を塗った籃胎棺《らんたいかん》、組合式木棺に漆を塗った漆塗木棺なども登場した。陶棺や石棺の内面に漆を塗った例もある。

横口式石槨

また、持ちはこぶ棺に適合した埋葬施設として新しく伝来したのが、横口式石槨である。初期のものは複室的で、玄室の奥に設けた石槨に、持ちはこんできた遺体を入れた棺を横から直接挿入するようになっていた。この複室的構造の横口式石槨や、その省略形は中国北朝系との指摘がある。しかし、二上山白色凝灰岩で造られた、短い羨道が付く奈良県香芝市平野塚穴山古墳(図7-13b)や、それ以降の明日香村高松塚古墳(図7-13c)やキトラ古墳など長方形箱形のもの(一方の短側石側に墓道が付く)は、南朝・百済(陵山里《りょうざんり》型石室、図7-13a)系と考えられている。

火葬

この後、ヤマト王権の都は飛鳥・藤原京から七一〇年に平城京(現奈良市)へと移った。天皇陵は山陵となり、大王墳・天皇陵としての古墳はここに終焉した。

群集墳など、民衆の古墳は造りつづけられたが、飛鳥時代後葉には新しい葬制として仏教に基づく火葬が普及しはじめる。『続日本紀』によると、文武四年(七〇〇)道昭《どうしょう》和尚を栗原(現明日香村)で火葬し、天下の火葬はここに始まったという。

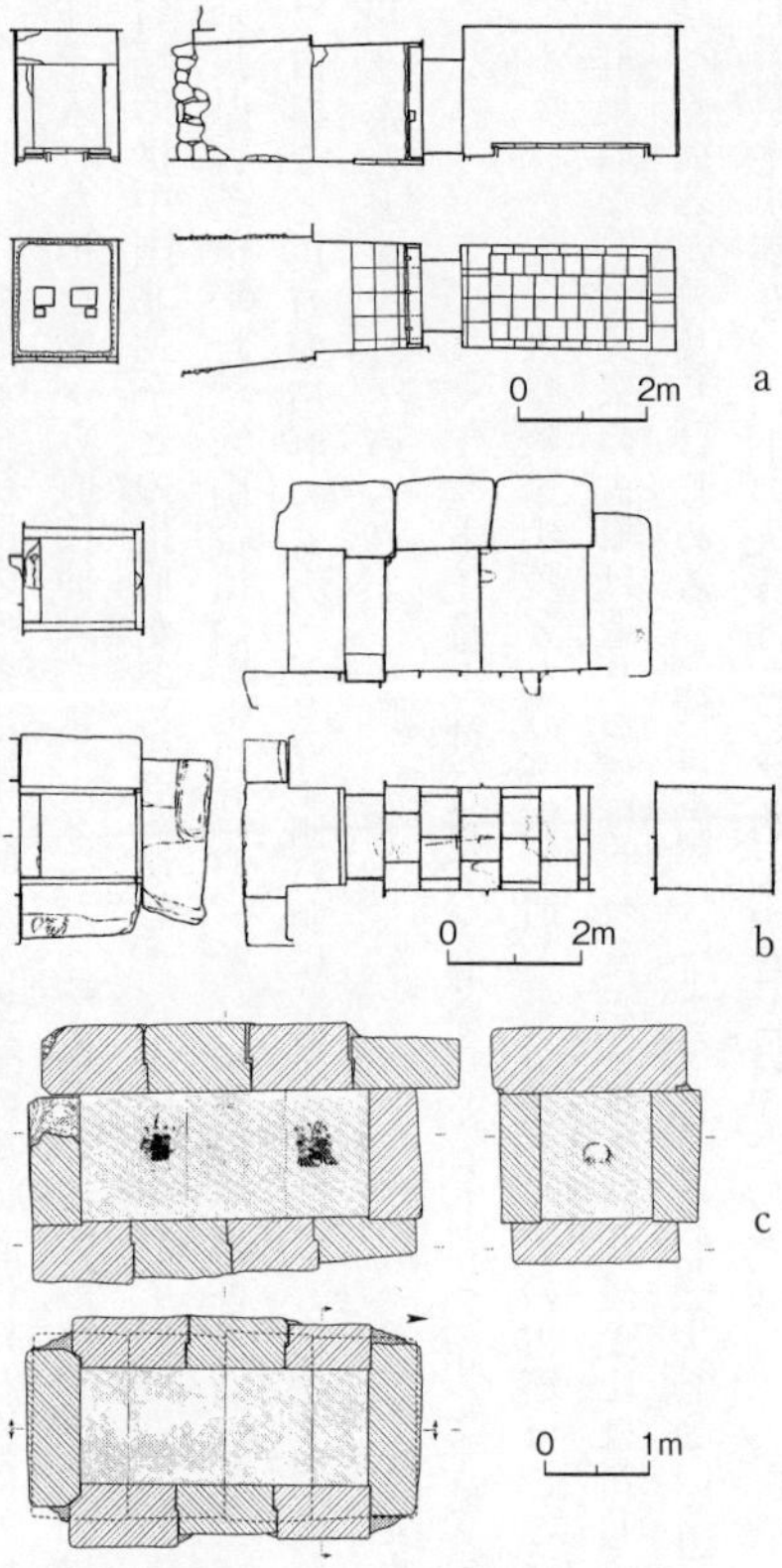

図7-13　陵山里型石室と横口式石槨（a陵山里東下塚，b平野塚穴山古墳，c高松塚古墳）

民衆の墓である群集墳が、無袖式横穴式石室―竪穴小石槨―木棺直葬―火葬へと変化していく様子は、大阪府柏原市田辺古墳群・墳墓群の発掘成果などがわかりやすい。

おわりに

日本の古墳を研究している私にとって、古墳はともかく、古代東アジアの広大な時空の中に広がる膨大な資料の森は、計り知れない未知の世界であった。しかし、無謀に近い試みとは知りつつ、好奇心に駆られ、数少ない手がかりに導かれつつ藪を掻きわけ、何とか森をくぐり抜けることができた。何度も道に迷い、行き来を繰りかえしたが、それは新鮮で刺激に満ちた魅力溢れる旅であった。出てきたところが、それなりの場所であったかどうかは、読者の皆さんの評価を仰ぐしかない。

その結果、日本列島の弥生・古墳時代の葬制・墓制は、新石器時代以来の中国大陸における葬制・墓制の影響を強く受けつつも、それらを巧みに消化し、列島独自に作りあげたものであることが明らかになった。

すなわち、古墳づくりをはじめとする「古墳の儀礼」は、弥生時代に水稲農耕文化の源流である中国江南の新石器時代の船棺葬をはじめ、経由地の朝鮮半島南部で加わった要素からなる基層の上に、黄河や長江の中流域での春秋末期・戦国初期〜秦・前漢にかけての槨墓から室墓への大変革にともなう槨墓的要素と室墓的要素、および東晋・南北朝期の地域差のある室墓の要素、さらに朝鮮半島諸国で変容した要素などが複雑に絡みあいながら列島に伝わり、列島内でも九州、畿内など地域差をもちながら独自に発達したものであることが判明した。

古墳の儀礼は、仏教が伝わる以前の、基本的に文字を持たない古墳時代社会でも、それなりの死生観・他界観のもとで独自の祖先崇拝が育まれ、その信仰に基づいて執り行われたものであった。本書では、その信仰を「天鳥船《あまのとりふね》信仰」と名付けたが、その核心は、死者の魂は鳥に誘われた船に乗って他界へ赴くというもので、その筋書きに則って葬送儀礼が執行され、死者の魂は他界へと送り届けられた。古墳は、この儀礼の中で、死者の遺体を葬り保護・密封する墓であるとともに、墳丘の表面に葺石・埴輪・木製品などを使って死者の魂の行くべき他界を表現した重要な舞台装置である「他界の擬えもの」(模造品)として機能したものと思われる。

祖先崇拝が重んじられた社会にあって古墳の儀礼は、この他界観と信仰のもとに、死せる大王や首長の冥福を祈る儀礼として盛大に執り行われたのであり、そうすることが、残された人びとにとっても社会的地位の保障や安全、繁栄に繋がると考えられたものと思われる。この古墳の儀礼は、ヤマト王権全域において、長期にわたり繰りかえし行われ、当時の社会の人・もの・情報の流通を促す最大の原動力となったのであり、古墳づくりは国づくりそのものでもあった。

それにしても、本書のように古墳の儀礼を理解すると、それが創出された時期が三世紀中葉頃であったことが気にかかる。『魏志』倭人伝によると「共に一女子を立てて王と為し、名づけて卑弥呼《ひみこ》という。鬼道《きどう》を事とし能《よ》く衆を惑わす」という。新村出編『広辞苑』(第三版、岩波書店、一九八三年)のように「鬼」を「死人のたましい」と解するならば、卑弥呼《ひめこ》は死者の魂の扱い方、すなわち葬送儀礼に通じていて、新古の葬制を包括した古墳の儀礼の創出に深く係わり、その執行に多くの人びとを動員したと理解することも可能なように思われる。

最後に、筆者も係わりをもつようになった高松塚古墳とキトラ古墳について触れておくと、本書の問題意識との関係では、なぜ極彩色の壁画が描かれた空間は、人が立つこともできないほど狭いのかが問題となる。

その理由は、すでに町田章が指摘しているように、壁画が、唐や高句麗の壁画同様、本書で言う北朝・唐系の広い室墓(開かれた棺・室)内に描かれた要素であるのに対し、それが描かれた埋葬施設は、南朝・百済系の横口式石槨(閉ざされた棺・槨、276頁図7-13c)で、内部空間は木棺一基を収納すればいいだけの狭いものであったことによると思われる。

すなわち、両古墳は中国北朝・南朝双方の葬制の流れを汲んで室墓的要素と槨墓的要素が融合してできあがった、極めて列島的な古墳と言うことができる。また、室墓的他界を表現した最後の古墳でもある。まさに両古墳は墳丘墓としての列島の古墳の最後を飾るに相応しいものと言うことができるだろう。

謝辞

大学一回生で初めて古墳（京都府向日市寺戸大塚古墳）の発掘調査に参加して以来、もう五〇年余りの時が流れた。この間、日本は言うに及ばず、韓国、中国ほか多くの方々のお世話になり、育てていただいたことに、深く感謝するとともに、厚くお礼申しあげます。

本書に関しては、森下章司（大手前大学）、下垣仁志（京都大学）、廣瀬覚（奈良文化財研究所）、中村弘・藤原怜史（兵庫県立考古博物館）の方々に原稿のチェック・校正のご苦労をおかけした。特に森下さんには丁寧なコメントをいただき、藤原さんには挿図作成にご尽力いただいた。また、立命館大学に留学していた劉振東さん（中国社会科学院考古研究所）の案内で、幾度も河北・河南・陝西・湖北・湖南・四川・安徽・江蘇・浙江省などの主要な墳墓を集中的に見て回れたことは、古墳と古代中国の墳丘墓との比較を試みる切っ掛けとなった。同行の方々にもお礼を言いたい。

資料の提供・翻訳、資料・年代の確認、作画の提供などでは青木政幸（辰馬考古資料館）、一瀬和夫（京都橘大学）、梅本康広（向日市埋蔵文化財センター）、岡田章一・山田清朝（兵庫県立考古博物館)、岡林孝作(奈良県立橿原考古学研究所)、加藤晴彦(京都府与謝野町教育委員会)、鐘方正樹(奈良市立埋蔵文化財調査センター)、長友朋子(立命館大学)、原田昌浩(南山大学)、早川和子(考古イラストレーター)、山本亮(東京国立博物館)の皆さんのご協力を得た。

学生から助手時代を過ごした京都大学一二年、富山大学六年半、立命館大学二九年半、兵庫県立考古博物館九年の間には小林行雄、樋口隆康、近藤義郎、秋山進午、山尾幸久、近藤喬一、都出比呂志の各先生、および同僚、学生、職員ほかの方々からも多大の力をもらった。博物館では、本書に係わるテーマで、月一回、昼食時間に三〇分、九年で六三回の「新大中トーク」を行ったが、熱心に聞いてくださった皆さんにも、お礼申します。また、いつも好きなことをやらせてくれている家族にも深く感謝している。

最後に、本書の刊行をお薦めいただいた明治大学の吉村武彦先生、岩波書店の古川義子さん、刊行をお認めいただいた岩波書店、励まし、辛抱強く脱稿をお待ちいただいた担当の飯田建さん、ならびに関係の方々にも厚くお礼申しあげます。

岩波新書新赤版一〇〇〇点に際して

ひとつの時代が終わったと言われて久しい。だが、その先にいかなる時代を展望するのか、私たちはその輪郭すら描きえていない。二〇世紀から持ち越した課題の多くは、未だ解決の緒を見つけることのできないままであり、二一世紀が新たに招きよせた問題も少なくない。グローバル資本主義の浸透、憎悪の連鎖、暴力の応酬——世界は混沌として深い不安の只中にある。

現代社会においては変化が常態となり、速さと新しさに絶対的な価値が与えられた。消費社会の深化と情報技術の革命は、種々の境界を無くし、人々の生活やコミュニケーションの様式を根底から変容させてきた。ライフスタイルは多様化し、一面では個人の生き方をそれぞれが選びとる時代が始まっている。同時に、新たな格差が生まれ、様々な次元での亀裂や分断が深まっている。社会や歴史に対する意識が揺らぎ、普遍的な理念に対する根本的な懐疑や、現実を変えることへの無力感がひそかに根を張りつつある。そして生きることに誰もが困難を覚える時代が到来している。

しかし、日常生活のそれぞれの場で、自由と民主主義を獲得し実践することを通じて、私たち自身がそうした閉塞を乗り超え、希望の時代の幕開けを告げてゆくことは不可能ではあるまい。そのために、いま求められていること——それは、個と個の間で開かれた対話を積み重ねながら、人間らしく生きることの条件について一人ひとりが粘り強く思考することではないか。その営みの糧となるものが、教養に外ならないと私たちは考える。歴史とは何か、よく生きるとはいかなることか、世界そして人間はどこへ向かうべきなのか——こうした根源的な問いとの格闘が、文化と知の厚みを作り出し、個人と社会を支える基盤としての教養となった。まさにそのような教養への道案内こそ、岩波新書が創刊以来、追求してきたことである。

岩波新書は、日中戦争下の一九三八年一一月に赤版として創刊された。創刊の辞は、道義の精神に則らない日本の行動を憂慮し、批判的精神と良心的行動の欠如を戒めつつ、現代人の現代的教養を刊行の目的とする、と謳っている。以後、青版、黄版、新赤版と装いを改めながら、合計二五〇〇点余りを世に問うてきた。そして、いままた新赤版が一〇〇〇点を迎えたのを機に、人間の理性と良心への信頼を再確認し、それに裏打ちされた文化を培っていく決意を込めて、新しい装丁のもとに再出発したいと思う。一冊一冊から吹き出す新風が一人でも多くの読者の許に届くこと、そして希望ある時代への想像力を豊かにかき立てることを切に願う。

（二〇〇六年四月）

和田晴吾

1948 年奈良県生まれ
1977 年京都大学大学院文学研究科博士課程中退．博士(文学)．京都大学助手，富山大学人文学部助教授，立命館大学文学部教授，兵庫県立考古博物館館長を歴任
現在—立命館大学名誉教授，兵庫県立考古博物館名誉館長
著書—『古墳時代の葬制と他界観』(吉川弘文館，2014 年)，『古墳時代の生産と流通』(吉川弘文館，2015 年)，『古墳時代の王権と集団関係』(吉川弘文館，2018 年)，『講座日本の考古学』第７・８巻(共編著，青木書店，2011・12 年)ほか

古墳と埴輪　　岩波新書(新赤版)2020

2024 年 6 月 20 日　第 1 刷発行
2024 年 9 月 25 日　第 2 刷発行

著　者　和田晴吾《わだせいご》

発行者　坂本政謙

発行所　株式会社 岩波書店
〒101-8002 東京都千代田区一ツ橋 2-5-5
案内 03-5210-4000　営業部 03-5210-4111
https://www.iwanami.co.jp/

新書編集部 03-5210-4054
https://www.iwanami.co.jp/sin/

印刷・理想社　カバー・半七印刷　製本・中永製本

ISBN 978-4-00-432020-3　　Printed in Japan

参考文献

はじめに

近藤義郎 1976「原始史料論」『岩波講座・日本歴史』別巻 2，岩波書店

第 1 章

鐘方正樹 2004「日中における王陵の墳形変化とその関連性」『博望』第 5 号，東北アジア古文化研究所

岸本一宏 2001「弥生時代の低地円丘墓について」『兵庫県埋蔵文化財研究紀要』創刊号，兵庫県教育委員会埋蔵文化財調査事務所

近藤義郎 1983『前方後円墳の時代』岩波書店

近藤義郎編著 1992『楯築弥生墳丘墓の研究』楯築刊行会

坂本太郎ほか校注 1965・1967『日本書紀』上・下(『日本古典文学大系』67・68)，岩波書店(以下，『紀』の引用は本書から)

佐藤晃一 1992『作山 1 号墳からのメッセージ』(『加悦町文化財調査報告』第 18 集)

沢田むつ代 1998「藤ノ木古墳の被葬者にみられる遺骸の埋葬方法に関する一私見」『Museum』No. 556，東京国立博物館

辻　秀人編 2008「大塚森古墳の研究」『歴史と文化』(東北学院大学論集)第 43 号

都出比呂志 1979「前方後円墳出現期の社会」『考古学研究』第 26 巻第 3 号，考古学研究会

濱田耕作 1936「前方後円墳の諸問題」『考古学雑誌』第 26 巻第 9 号，日本考古学会

山尾幸久 1986『新版・魏志倭人伝』(『講談社現代新書』835)講談社(以下，倭人伝の引用は本書から)

和田晴吾 2014『古墳時代の葬制と他界観』吉川弘文館

和田晴吾 2018『古墳時代の王権と集団関係』吉川弘文館

第 2 章

石原道博編訳 1951『新訂・魏志倭人伝他 3 篇―中国正史日本伝(1)―』岩波書店

磯部武男 1989「舟葬考―古墳時代の特殊葬法をめぐって―」『藤枝市郷土博物館―年報・紀要―』1，藤枝市郷土博物館

木村栄一ほか訳 1970『論語・孟子・荀子・礼記』(『中国古典文学大系』第 3 巻)平凡社

参考文献

小林行雄 1944「舟葬説批判」『西宮』第 3 号(『古墳文化論考』平凡社，1976 年に所収)
後藤守一 1935「西都原発掘の埴輪舟(其一・其二)」『考古学雑誌』第 25 巻第 8 号・第 9 号，日本考古学会
辰巳和弘 1992『埴輪と絵画の古代学』白水社
辰巳和弘 2011『他界へ翔る船』新泉社
林巳奈夫 1992『石に刻まれた世界—画像石が語る古代中国の生活と思想—』(『東方選書』21)東方書店
松本信広編 1971『論集 日本文化の起源』第 3 巻(民族学 1)，平凡社
和田晴吾 2014『古墳時代の葬制と他界観』吉川弘文館

第 3 章
石野博信ほか編 1992『古墳Ⅲ・埴輪』(『古墳時代の研究』第 9 巻)雄山閣出版
賀来孝代 2002「埴輪の鳥」『日本考古学』第 14 号，日本考古学協会
近藤義郎・春成秀爾 1967「埴輪の起源」『考古学研究』第 13 巻第 3 号，考古学研究会
後藤守一 1942『日本古代文化研究』河出書房
高橋克壽 1996『埴輪の世紀』(『歴史発掘』9)講談社
塚田良道 2007『人物埴輪の文化史的研究』雄山閣
日高　慎 2015『東国古墳時代の文化と交流』雄山閣
水野正好 1971「埴輪芸能論」竹内理三編『古代の日本』第 2 巻，角川書店
水野正好 1974「埴輪体系の把握」村井嵓雄編『埴輪と石の造形』(『古代史発掘』第 7 巻)講談社
山田清朝 2018「造り出しの機能について—朝来市所在池田古墳の調査成果から—」『兵庫県立考古博物館研究紀要』第 11 号，兵庫県立考古博物館
森田克行 2011『よみがえる大王墓・今城塚古墳』(『シリーズ「遺跡を学ぶ」』077)，新泉社
若狭　徹 2009『はにわの世界—古代社会からのメッセージ—』東京美術

第 4 章
石川　昇 1989『前方後円墳築造の研究』六興出版
大林組プロジェクトチーム 1985「現代技術と古代技術の比較による『仁徳天皇陵の建設』」『季刊大林』第 20 号，大林組広報室
清水眞一ほか 1991『桜井市城島遺跡外山下田地区発掘調査報告書』桜井市教育委員会
都出比呂志編 1989『古墳時代の王と民衆』(『古代史復元』第 6 巻)講談社

直木孝次郎 1960「土師氏の研究―古代的氏族と律令制との関連をめぐって―」『人文研究』第 11 巻第 9 号，大阪市立大学文学部(『日本古代の氏族と天皇』塙書房，1964 年に所収)
西嶋定生 1994『邪馬台国と倭国―古代日本と東アジア―』吉川弘文館
堀田啓一 2000「百舌鳥古墳群と造墓集落について」『古代学研究』第 150 号，古代学研究会
読売新聞西部本社・大王のひつぎ実験航海実行委員会編 2006『大王のひつぎ海をゆく―謎に挑んだ古代船―』海鳥社
和田晴吾 2014『古墳時代の葬制と他界観』吉川弘文館
和田晴吾 2018『古墳時代の王権と集団関係』吉川弘文館

第 5 章

小田富士雄 1998「装飾古墳にみる大陸系画題」『古文化談叢』第 40 号，九州古文化研究会
国立歴史民俗博物館編 1993『装飾古墳の世界・図録』朝日新聞社
小林行雄 1951「家形石棺」上・下『古代学研究』第 4，5 号，古代学研究会(『古墳文化論考』平凡社，1976 年に所収)
小林行雄編 1964『装飾古墳』平凡社(『古墳文化論考』平凡社，1976 年に所収)
第 2 回九州前方後円墳研究会実行委員会編 1999『九州における横穴式石室の導入と展開』九州前方後円墳研究会
第 4 回九州前方後円墳研究会実行委員会編 2001『九州の横穴墓と地下式横穴墓』九州前方後円墳研究会
高木正文編 1984『熊本県装飾古墳総合調査報告書』(『熊本県文化財調査報告』第 68 集)熊本県教育委員会
田代健二 2005「横穴墓の成立過程」『古文化談叢』第 53 集，九州古文化研究会
田中良之 1995『古墳時代親族構造の研究―人骨が語る古代社会―』柏書房
土生田純之 1998『黄泉国の成立』学生社
埋蔵文化財研究会第 51 回研究集会実行委員会編 2002『装飾古墳の展開―彩色系装飾古墳を中心に―』埋蔵文化財研究会(蔵富士寛「装飾古墳の展開―菊池川流域―」を所収)
森下浩行 1986「日本における横穴式石室の出現とその系譜―畿内型と九州型―」『古代学研究』第 111 号，古代学研究会
安村俊史・桑野一幸 1996『高井田山古墳』(『柏原市文化財概報』1995-II)柏原市教育委員会

参考文献

横穴式石室研究会編 2007『研究集会・近畿の横穴式石室』横穴式石室研究会事務局
和田晴吾 2014『古墳時代の葬制と他界観』吉川弘文館

第 6 章
伊藤清司 1998『死者の棲む楽園―古代中国の死生観―』(『角川選書』289) 角川書店
岡田　健・曽布川寛 2000『世界美術大全集』東洋編・第 3 巻(三国・南北朝)，小学館(八木春生「南北朝時代における陶俑」などを所収)
岡林孝作 2004「中国における木棺と棺形舎利容器―いわゆる「片流れ形式」の木棺形式をめぐって―」『シルクロード学研究』21，シルクロード学研究センター(『古墳時代棺槨の構造と系譜』同成社，2018 年に所収)
岡村秀典 2021『東アジア古代の車社会史』臨川書店
黄　暁芬 2000『中国古代葬制の伝統と変革』勉誠出版
黄　暁芬 2011「中国の墳墓―後漢～魏晋南北朝―」『講座・日本の考古学』第 7 巻，青木書店
杉本憲司 1994「呉越文化の鳥」『鷹陵史学』19，佛教大学歴史研究所
成都文物考古研究所編 2009『成都商業街船棺墓』
曽布川寛・谷　豊信編 1998『世界美術大全集』東洋編・第 2 巻(秦・漢)，小学館(曽布川「秦漢美術の性格」・「漢代墳墓絵画に描かれた世界」などを所収)
高濱　秀・岡村秀典 2000『世界美術大全集』東洋編・第 1 巻(先史・殷・周)，小学館(谷豊信「曾侯乙墓」などを所収)
辻尾榮市 2010「舟・船棺起源と舟・船棺葬送に見る刳舟」『人文学論集』28，大阪府立大学人文学会
土居淑子 1995『古代中国考古・文化論叢』言叢社
原田淑人 1929「漢代の木棺に就いて」『考古学雑誌』第 19 巻第 7 号，日本考古学会
町田　章 1987『古代東アジアの装飾墓』同朋舎出版
向井佑介 2012「中国諸王朝と古墳文化の形成」『古墳時代の考古学』7，同成社
楊　泓 1997「俑的世界」『美術考古半世紀 中国美術考古発現史』文物出版社
劉振東 2013『中日古代墳丘墓の比較研究』立命館大学大学院文学研究科博士論文(『冥界的秩序―中国古代墓葬制度概論―』文物出版社，2015 年)

第7章
東　潮 1997『高句麗考古学研究』吉川弘文館
小田富士雄 2005「考古資料にみる大陸系葬・祭の思想―古墳壁画から墓誌へ―」『七隈史学』第6号，七隈史学会
井上秀雄ほか訳注 1974『東アジア民族史』I（正史東夷伝）（『東洋文庫』264）平凡社
岡林孝作 2017「楯築弥生墳丘墓木棺・木槨の構造的特質と系譜」『楯築墓成立の意義』（『考古学研究会例会シンポジウム記録』11）考古学研究会
鐘方正樹 2007「北周墓と横口式石槨」茂木雅博編『日中交流の考古学』同成社
川尻秋生 2013「古代王権と仏教・寺院」小林三郎・佐々木憲一編『古墳から寺院へ―関東の7世紀を考える―』（『考古学リーダー』22）六一書房
金　元龍監修 1989『韓国の考古学』講談社
宋　義政 2002「新羅の土偶」『東アジアと日本の考古学』2（墓制2），同成社
髙久健二 1988『楽浪古墳文化研究』韓国・學研文化社
高橋美久二 1991「「木製の埴輪」とその起源」上田正昭編著『古代の日本と東アジア』小学館
張　成 2016『中国古代鎮墓像』科学出版社東京
都出比呂志編 1989『古墳時代の王と民衆』（『古代史復元』第6巻）講談社
土生田純之ほか 2000『特集・韓国の考古学』（『考古学ジャーナル』No. 461）ニュー・サイエンス社
速水　侑 1986『日本仏教史　古代』吉川弘文館
水野正好 1969「滋賀郡所住の漢人系帰化氏族とその墓制」『滋賀県文化財調査報告書』第4冊，滋賀県教育委員会
森下章司 2016『古墳の古代史―東アジアのなかの日本―』（『ちくま新書』1207）筑摩書房
吉井秀夫 2010『古代朝鮮―墳墓にみる国家形成―』（『学術選書』047）京都大学学術出版会
吉井秀夫 2010「百済墓制研究の新潮流」『季刊　考古学』第113号，雄山閣
吉留秀敏 1989「九州の割竹形木棺」『古文化談叢』第20集，九州古文化研究会
和田晴吾 1989「畿内・横口式石槨の諸類型」『立命館史学』10，立命館史学会

おわりに
町田　章 1987『古代東アジアの装飾墓』同朋舎出版

挿図出典一覧

＊ほとんどの挿図は原図を加工している．出典のないものは和田による．
＊紙幅の節約のため，出典の表示は可能な限り短くしている．
＊「○○ 2003」のみの表記は，参考文献に掲げてある場合と，挿図出典一覧内で繰りかえし出てくる場合とがある．

口絵
図1　早川和子作画
図2　小林行雄模写図
第1章
図1–4　渡辺貞幸 1995「「出雲連合」の成立と再編」『古代王権と交流』7，名著出版
図1–5　a・c 宇垣匡雅 2021『楯築墳丘墓』岡山大学文明動態学研究所ほか．b 岡林 2017
図1–6　奈良文化財研究所編 2017『奈良文化財研究所紀要 2017』
図1–7　a 宇垣 2021．b 間壁忠彦ほか 1974『倉敷考古館研究集報』10
図1–8　a 西藤清秀 2013「箸墓古墳・西殿塚古墳の墳丘の段構成について」『橿原考古学研究所論集』16．b 原田昌浩作図
図1–11　文化庁文化財部記念物課ほか編 2013『発掘調査のてびき』各種遺跡調査編
図1–14　辻編 2008
図1–16　写真[和田]と解説板
図1–17　大手前大学史学研究所・加古川市教育委員会提供
第2章
図2–1　a 井上義光 2006「特別史跡巣山古墳―第五・六次―」『大和を掘る』24，奈良県立橿原考古学研究所附属博物館．b 天理市教育委員会 2000『西殿塚古墳・東殿塚古墳』(市報告 7)．c 藤井寺市教育委員会 1994『石川流域遺跡群発掘調査報告』IX(市報告 10)．d 福田哲也ほか編 2005『史跡宝塚古墳』松阪市教育委員会(市報告書 1)
図2–2　a 大分県安岐町教育委員会 1997『一ノ瀬古墳群』(町報告書 6)，国東市教育委員会提供．b 東京国立博物館(Colebase(http://colbase.nich.go.jp))
第3章
図3–1　高橋克壽 2017「埴輪に捧げられた祈り」『古墳時代 美術図鑑』(別冊太陽・日本のこころ 246)
図3–2　a 大手前大学史学研究所・加古川市教育委員会提供．b 後藤守一 1933『上野国佐波郡赤堀村今井茶臼山古墳』(『帝室博物館学報』6)

図 3-3　石野ほか編 1992
図 3-4　a 山口大学人文学部考古学研究室編 1990『京都府平尾城山古墳』(同報告 6). b 小郡市教育委員会 1988『津古生掛遺跡』II (市報告書 44)
図 3-6　石野ほか編 1992
図 3-7　a 宇垣 2021. b 春成秀爾ほか 1984「箸墓古墳の再検討」『国立歴史民俗博物館研究報告』3. c 笠野毅ほか 1976「大市墓の出土品」『書陵部紀要』第 27 号
図 3-8　兵庫県教育委員会 2015『池田古墳』(県報告 471)
図 3-9　天理市教育委員会 2000
図 3-10　藤井寺市教育委員会提供
図 3-11　塩谷修 2014『前方後円墳の築造と儀礼』同成社
図 3-12　高橋 1996 の写真より作画
図 3-13　高槻市立今城塚古代歴史館編 2016『王権儀礼に奉仕する人々』
図 3-14　高槻市立今城塚古代歴史館編 2016
図 3-15　群馬県教育委員会 1980『塚廻り古墳群』
図 3-16　a 高槻市立今城塚古代歴史館所蔵・提供. b 石野ほか編 1992
図 3-17　a 塚田 2007. b 石野ほか編 1992. c 高槻市立今城塚古代歴史館編 2015『大王墓にみる動物埴輪』
図 3-18　a 高橋 1996 の写真より作図. b・c 石野ほか編 1992
図 3-19　森田 2011 をもとに和田の理解を加える

第 4 章

図 4-1　清水 1991
図 4-2　藤井寺市教育委員会 1993『新版 古市古墳群』(津堂城山古墳より)
図 4-3　大王のひつぎ実験航海実行委員会ほか編 2006, 83 頁の写真
図 4-4　藤井寺市教育委員会 1993

第 5 章

図 5-1　永原慶二監修 1999『岩波日本史辞典』
図 5-2　塚田 2007
図 5-3　和歌山県立紀伊風土記の丘 2016『岩橋千塚とその時代』
図 5-4　文化庁文化財部記念物課ほか編 2013
図 5-5　福岡市教育委員会 2002『鋤崎古墳』(市報告書 730)
図 5-6　宮崎県高原町教育委員会 1991『立切地下式横穴墓群』(町報告書 1)
図 5-7　横穴式石室研究会編 2007
図 5-8　横穴式石室研究会編 2007
図 5-9　横穴式石室研究会編 2007
図 5-10　奈良県立橿原考古学研究所編 1989『斑鳩 藤ノ木古墳概報』吉川弘文館

図 6-20　山西省考古研究所ほか 2001「大同市北魏宋紹祖墓発掘簡報」『文物』2001-7

図 6-21　藤井康隆 2014『中国江南六朝の考古学研究』六一書房

図 6-22　成都文物考古研究所編 2009

図 6-23　辻尾 2010

図 6-24　a 辻尾 2010. b 大林太良 1965『葬制の起源』角川新書

第 7 章

図 7-1　福岡市教育委員会 1983『比恵遺跡―第 6 次調査・遺構編―』(市報告書 94)

図 7-2　国立中央博物館考古歴史部編 2012『昌原 茶戸里』国立中央博物館

図 7-3　韓国考古学会編・武末純一監訳 2013『概説・韓国考古学』同成社の写真より作図

図 7-4　岡林孝作提供

図 7-5　梅原末治 1938『近畿地方古墳墓の調査』3, 日本古文化研究所

図 7-6　a 大手前大学史学研究所・加古川市教育委員会提供. b 辰巳 1992. c 田原本町教育委員会 2015『唐古・鍵遺跡考古資料目録』I

図 7-7　a 吉林省文物考古研究所ほか 2004『集安高句麗王陵』文物出版社. b 関野貞ほか 1929『古蹟調査特別報告』5, 朝鮮総督府

図 7-8　東潮・田中俊明編著 1989『韓国の古代遺跡』2, 百済・伽耶篇, 中央公論社

図 7-9　国立公州博物館 2009『武寧王陵・新報告書』I

図 7-10　和歌山県立紀伊風土記の丘提供

図 7-11　a・b 小林編 1964. c 国立歴史民俗博物館編 1993 の復元図より作成. d 埋蔵文化財研究会第 51 回研究集会実行委員会編 2002

図 7-12　白石太一郎 1982「畿内における古墳の終末」『国立歴史民俗博物館研究報告』1

図 7-13　a 有光教一 1979「扶余陵山里伝百済王陵・益山双陵」『橿原考古学研究所論集』4. b 泉森皎ほか 1977『竜田御坊山古墳・付平野塚穴山古墳』(『奈良県史跡名勝天然記念物調査報告』32). c 奈良文化財研究所編 2023『高松塚古墳壁画を伝える』